定边脱贫攻坚引领发展

燕继荣　王禹澔 等◎著

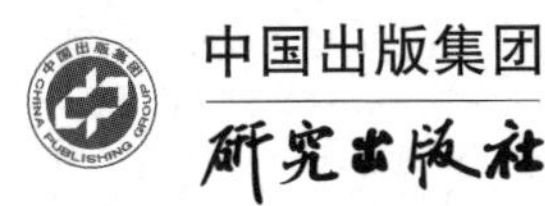

图书在版编目（CIP）数据

定边：脱贫攻坚引领发展 / 国务院扶贫办组织编写
. -- 北京：研究出版社，2021.1
ISBN 978-7-5199-0877-5

Ⅰ. ①定… Ⅱ. ①国… Ⅲ. ①扶贫－案例－汇编－中
国 Ⅳ. ① F126

中国版本图书馆 CIP 数据核字（2021）第 051204 号

定边：脱贫攻坚引领发展

DINGBIAN: TUOPIN GONGJIAN YINLING FAZHAN

国务院扶贫办　组织编写

责任编辑：寇颖丹

研究出版社 出版发行

（10011　北京市朝阳区安华里 504 号 A 座）

河北赛文印刷有限公司　新华书店经销

2021 年 6 月第 1 版　2021 年 7 月北京第 2 次印刷
开本：710 毫米 ×1000 毫米　1/16　印张：22.75
字数：292 千字

ISBN 978–7–5199–0877–5　定价：49.00 元

邮购地址 100011　北京市朝阳区安华里 504 号 A 座
电话（010）64217619　64217612（发行中心）

“新时代中国县域脱贫攻坚研究丛书”编审指导委员会

《定边：脱贫攻坚引领发展》编写组

主　　编： 燕继荣

副 主 编： 王禹澔

编写人员： 景　晶　牛玲玲　齐　钊　杜晓娜　梁贞情　乐繁兴　张　恩

序　言

从定边脱贫看中国治理

2021 年 2 月 25 日上午，全国脱贫攻坚总结表彰大会在北京人民大会堂隆重举行。习近平总书记在会上庄严宣告："经过全党全国各族人民共同努力，在迎来中国共产党成立一百周年的重要时刻，我国脱贫攻坚战取得了全面胜利……创造了又一个彪炳史册的人间奇迹！"

中国脱贫攻坚战取得全面胜利，这意味着自近代以来扣在中国头上的"贫穷落后"的帽子从此可以摘掉了。中国脱贫攻坚战完成了 9899 万农村贫困人口的全部脱贫，832 个贫困县全部摘帽，12.8 万个贫困村全部出列，区域性整体贫困得到解决，实现了消除绝对贫困的艰巨任务。如果进行世界比较，这些成就正是人类反贫困历史上的伟大奇迹。

贫困与贫困治理是全球性议题。后发展国家如何走上健康发展轨道，这是自 20 世纪中期以来世界关注的话题。后发展国家一般都是"贫穷国家"，表现为国家实力不足，百姓生活贫困。所以，对后发展国家而言，"脱贫"，实现"从贫困到富裕"的转变，就是相当长时段内国家发展的总任务。第二次世界大战以来，一些新型小国或地区走上了"脱贫"道路，创造了"发展型国家"的版本。今天，中国作为一个发展中的大国，经历了独立、统一、革命、建设、发展的主题转换，摆脱了贫穷状态，开启了全面建设社会主义现代化强国的新征程。在脱贫攻坚的伟大战役中，从保障扶贫，到开发扶贫，再到谋求全面协调可持续的国家治理，中国共产党带领中国走出了一条新型的贫困治理道路。

中国贫困治理之所以能够取得如此成就，与中国特色社会主义的国家体制、中国共产党领导的政治体制以及综合扶贫精准的合理决策和有效的监督体制是分不开的。社会科学尤其是政治学、公共管理学，应该以中国脱贫攻坚实践及成果作为重要案例，认真总结和提炼贫困治理的中国方案和中国智慧。

《定边：脱贫攻坚引领发展》一书是国务院扶贫办委托项目的研究成果，是北京大学政府管理学院、北京大学国家治理研究院联合组成的脱贫攻坚调查组在2018年12月赴陕西省定边县进行田野调查所形成的研究报告。我们出版此书的目的有二：第一，系统总结和评估定边县脱贫攻坚经验，以便奋斗在贫困治理、乡村振兴伟大事业中的地方学习借鉴；第二，希望更多的人能够透过我们所调研的具体的案例，观察和研究中国之治的特点和原因。

我们认为，定边扶贫实践具有普遍的代表性，它显示出，普遍改善民众生活，逐步提升贫困标准，大幅度减少贫困人口的规模是完全可行的。人类的发展历史，也可以说是一部反贫困的斗争历史。今天，发展中国家首要的任务是努力提高自己的生产力，实现经济起飞，走出“贫困陷阱”。

在过去的40年中，中国凭借改革开放政策，在既有的经济基础上，完成了生产技术的更新改造，实现了产业升级和经济起飞，并融入了国际经济体系。在经济发展方面，中国进一步丰富了“发展型国家”的内涵，并通过“北京共识”为后发国家实现经济发展提供了成功经验。一般来说，发展中国家也是贫困人口比较普遍、数量庞大且相对集中的国家。来自世界银行的数据显示，在1991—2000年10年间，全球生活在1美元以下贫困人口减少了2.74亿，其中中国减少了1.51亿，占全球减贫人数的55%，占所有发展中国家的75%。这些数据表明，中国的经济发展对于普遍改善民众生活具有重大贡献，中国一方面不断提升贫困标准，另一方面大幅度减少贫困人口规模，这样一升一降的双线交叉成效显著，中国成为近40年全球反贫困成绩最突出的国度。

从中国反贫困成就和制度体系变迁可见，中国反贫困从计划经济时期集体组织和集体经济下平均福利保障济贫，到改革开放时期的“以经济建设为中心”的开发式扶贫，再到新时代“以推进国家治理体系和治理能力现代化”为目标的既注重经济发展又注重社会保障的精准脱贫，其间，中国政府不断完善贫困治理体系，提高反贫困能力，最终形成比较系统完善的国家—社会—公民各方力量协同、政府—市场—社会多重机制作用、扶贫—脱贫两种能力并举、保障扶贫—发展扶贫双轨并行、国家宏观扶贫方略—地方精准扶贫实施上下贯通、制度资源—政策资源相得益彰的贫困治理格局。中国在贫困治理方面所采取的切实有效的手段，值得国际社会关注。

我们认为，定边扶贫实践反映了中国治理的智慧水平，它所具有的对贫困治理的认知，在很大程度上丰富了人类反贫困的理论。

生产和分配、效率与公平的关系问题被认为是现代国家治理的基本命题。在过去很长一段时段，贫困治理只被看作一种社会慈善事业，没有纳入国家行动的范畴，因此也没有成为政府政策和政府管理的议题。自由资本主义所形成的自由市场秩序，可以有效地促进经济发展，但未能提供贫困治理的有效方案。共产主义革命从所有制入手，结束自由资本主义发展，以政府计划取代自由市场秩序，可以有效抑制贫富差距，但在保持经济活力方面凸显不足。第二次世界大战以后随着社会主义运动的发展，福利国家普遍兴起，为贫困治理提供了宝贵经验。但是，在既有国际援助有限的条件下，如何自力更生摆脱贫困，而且必须在较短时间内让大规模贫困人口解决温饱问题、摆脱绝对贫困的境地，这是许多后发展国家面临的难题。中国把贫困治理作为政府的责任和国家治理的内容，也把贫困治理的成效视为政府和官员绩效考核的标尺，这应该是对发展型国家理论的重要推进。

从国家发展和治理的关系来看，中国特色社会主义或许在生产与分配、公平与效率的关系问题上，提供了一种实验，这种实验在多种所有制方式市场竞争基础上保持生产活力和生产效率的同时，加大政府贫困治理的责任和赋权，增加政府财政支配能力，通过财政转移支付、政府产业政策、政府基础建设和公共服务项目投资以及地区和机构之间的对口支援等更加灵活多样的手段，提高政府介入二次分配的效度，保证效率与公平的兼顾均衡。

“中等收入陷阱”被认为是发展中国家在经济起飞之后必须突破的一道门槛。如何开发国家内部需求，改善国民生活，提高国内人民购买力，实现经济的可持续发展，这是经济学在“发展型国家”理论基础上拓展的新话题。被认为构成“中等收入陷阱”的标志性因素很多，例如，环境污染、资源浪费、官员腐败等，但核心的要素是收入分配不公，贫富差距扩大，造成社会不稳定，使得经济发展出现中断。通过脱贫攻坚为政府高额财政积累确定新的投资方向，真正实现“取之于民用之于民”的治国理念，这不仅是“穷人经济学”的原理，也是发展中国家国家治理值得探索的方向。

我们认为，定边扶贫实践证明，习近平总书记关于扶贫工作的重要论述是对反贫困理论的整体性创新，对世界贫困治理实践也具有极大的参考价值。

“只谈世界上存在什么问题，而不去谈可行的解决方案，这样只能导致社会瘫痪，而非进步。”中国执政党把消除贫困、改善民生、逐步实现共同富裕，视为社会主义的本质要求和执政的重要使命，主张把解决贫困问题作为国家发展的目标，期待向全球减贫贡献中国力量。党的十八大以来，习近平总书记站在全面建成小康社会、实现中华民族伟大复兴中国梦的战略高度，把脱贫攻坚摆到治国理政的突出位置，提出一系列新思想、新观点，丰富发展了马克思主义反贫困理论，创新发展了中国特色的扶贫开发道路，为全球贫困治理贡献了中国智慧。

习近平总书记2015年在减贫与发展高层论坛上发出了“共建一个没有贫困、共同发展的人类命运共同体”的倡议。在中国脱贫攻坚的推进过程中，习近平总书记反复强调执政党各级领导机构要承担主体责任，要实行全面领导，提供组织保障；各地精准脱贫要因地制宜、分类施策；要增加资金投入，构建完善的多元化的扶贫资金投入体系；要动员各方力量，形成社会广泛参与的扶贫格局；对脱贫攻坚任务要实行严格的考核监督；要激发群众内生动力，让贫困户由“让我脱贫”转变为“我要脱贫”。

习近平总书记指出，“2020年，我们将全面建成小康社会。全面建成小康社会，一个也不能少；共同富裕路上，一个也不能掉队”。“治贫先治愚”，“扶贫必扶志”，“家有良田万顷，不如薄技在身”，“教育公平是社会公平的重要基础，要不断促进教育发展成果更多地惠及全体人民，以教育公平促进社会公平正义”。习近平总书记关于精准扶贫精准脱贫的重要论述不仅展现了中国扶贫由救济式扶贫、开发式扶贫到精准扶贫精准脱贫的减贫实践过程，而且也预示着中国贫困治理从贫困救济走向普遍社会福利体系建设，进而通过国家治理体系和治理能力现代化来保障个人权利实现和能力开发的理论方向。习近平总书记的这些论述在定边的脱贫实践中得到了广泛应用，显示了整体性创新的效用，对世界贫困治理实践具有极大的参考价值。

我们认为，定边扶贫实践展现，全社会广泛参与脱贫攻坚，形成“大扶贫”治理格局是中国脱贫攻坚取得胜利的重要经验。

贫困理论和扶贫方式呈现递进状态，共同构成“大扶贫”的治理格局。所谓“大扶贫”，就是从国家治理的视角，把扶贫任务纳入构建现代国家治理体系和治理能力的战略构想中，把当前目标与长远目标结合起来，在城乡统筹、区域协调、党政主导、社会参与的格局中，构建以经济救助、能力救助、权利救助为一体的以救济式扶贫、福利式扶贫、开发式扶贫、赋权式扶贫多重方式叠加的贫困治理体系。有学者指出，中国提出了构建以项目、行业、社会扶贫等多方力量为支撑，将流程管理、部门合作、区域协同有机结合的大扶贫格局，要求坚持党和政府在扶贫开发中的主导地位，发挥政府和社会两方面力量作用，引领市场、社会协同发力，完善东西部扶贫协作和定点扶贫机制，促进内部与外部统一，“输血”与“造血”并行，扶贫与扶志、扶智相结合，形成全社会广泛参与脱贫攻坚格局。

中国的脱贫攻坚战，对于发展中国家的发展和世界反贫困理论及实践都具有创新意义。从理论上说，它丰富了发展型国家的内涵，对现代国家和政府提出了更高的要求和期待——不仅要通过宏观调控手段和积极的产业政策来引导经济发展，还要运用社会分配政策和贫困治理专项工具促进共享发展。

贫困是制约一个国家发展的重要难题，贫困不仅是经济问题，更是制度问题，是制度的不公平导致经济、政治、文化权利的缺失。因此，反贫困要以公共治理为路径，重新思考公共治理的价值，并综合政治、经济、公共服务和行政等方面的治理和变革，才能实现真正脱贫。

习近平总书记在全国脱贫攻坚总结表彰大会上指出，“脱贫攻坚战的全面胜利，标志着我们党在团结带领人民创造美好生活、实现共同富裕的道路上迈出了坚实的一大步。同时，脱贫摘帽不是终点，而是新生活、新奋斗的起点。解决发展不平衡不充分问题、缩小城乡区域发展差距、实现人的全面发展和全体人民共同富裕仍然任重道远”。今后，中国由脱贫攻坚转入乡村振兴，我们期待更多人透过定边扶贫实践，领悟治理经验，为中国的乡村振兴贡献才智。

燕继荣

2021 年 3 月 10 日于燕园

前　言

陕西省榆林市定边县位于陕西省西北部，榆林市的最西端，东面毗邻靖边县，南面接壤甘肃省华池县、环县及陕西省吴起县，西面与宁夏回族自治区盐池县接壤，北面与内蒙古自治区鄂托克前旗相连，是陕甘宁蒙四省（区）七县（旗）交界处，居于鄂尔多斯草原向陕北黄土高原的过渡地带，素有“旱码头”和“三秦要塞”之称。全县面积 6920 平方千米，县域中南部约 4221 平方千米的区域为全省三大集中连片特困区之一的白于山区；北部处在毛乌素沙漠南沿，自然条件恶劣，常年干旱少雨、风沙弥漫，基础设施薄弱，农业发展处于常年“靠天吃饭”的境况。全县现辖 1 个街道 3 个乡 15 个镇 6 个社区 185 个行政村，总人口 35.21 万人，其中农业人口 29.07 万人。

定边县于 1986 年被确定为国定贫困县，2002 年被确定为国家级扶贫开发重点县。据统计，2000 年底，县人均纯收入 700 元以下未解决温饱户 9720 户 4.8645 万人，人均纯收入 700 ～ 820 元贫困户 1.76 万户 8.8 万人，两项合计全县共有贫困户 2.732 万户 13.6645 万人，分别占全县农业户和农业人口的 48.6% 和 52.2%。

改革开放以来，中国政府致力开展以农村扶贫开发为中心的减贫行动。在此背景下，定边县自 1986 年被确定为国定贫困县，先后经历了大规模开发式扶贫（1986—1993 年）、国家八七扶贫攻坚计划（1994—2000 年）、落实第一个扶贫开发十年纲要（2001—2010 年）整村推进等三个阶段，切实为了改变县域贫困落后面貌持续行动。2013 年精准扶贫方略实施以来，根据精准识别贫困户的数据统计，定边县有 79 个贫困村，建档立卡贫困人口 9765 户 35998 人。

习近平总书记在 2015 年中央扶贫开发工作会议上强调，2020 年全面建成小康社会，是中国共产党向全国人民作出的庄严承诺。党的十八届五中全会从实现全面建成小康社会的奋斗目标出发，明确到 2020 年我国现行标准下农村贫困人口实现脱贫，贫困县全部摘帽，解决区域性整体贫困。十八届五中全会又把扶贫攻坚改为脱贫攻坚，提出到 2020 年一定要兑现脱贫的承诺。“必须实现，而且必须全面实现，没有任何讨价还价的余地”。以习近平同志为核心的党中央号召全国人民坚决打赢脱贫攻坚战，陕西省委、省政府，榆林市委、市政府积极响应党中央号召，高度重视扶贫工作。定边县委、县政府历任领导经过认真学习脱贫攻坚政策、深入体会脱贫攻坚意义、切实有效推进脱贫攻坚工作，将脱贫攻坚工作当成第一民生工程和头等大事，并将定边县的脱贫攻坚工作提升到“一项刚性的政治任务，一场脱贫带动的深刻的社会良性变革，新时代基层县域治理现代化的生动实践”的战略高度。

脱贫攻坚战打响以来，定边县认真贯彻《中共中央　国务院关于打赢脱贫攻坚战的决定》和习近平总书记关于扶贫工作的重要论述，落实中央、省、市的总体部署，在省市党委、政府的领导下，强化“四个意识”，坚持以脱贫攻坚统揽经济社会发展全局，紧盯贫困人口“两不愁三保障”和贫困县脱贫摘帽目标，强化精准识别、精准施策、精准帮扶、精准退出，构建“三级书记”责任体系，建立“一抓三包”责任机制与人才高地指挥体系，创新实践“1+3+6”督查督导[①]与“职级抵押”激励

① “1+3+6”督查督导，即 1 支问诊队、3 支督查考核队、6 支专项督导队。详见本书第三章第一节。

体系，统筹实施了“菜单式”服务、“清单式”问效、“台账式”管理，优化多元增收的产业改革，大幅提升基础设施水平，加快农业现代化建设，构建“五个一批”就业制度与“以人为本”社会保障体系，团结各方社会力量，构建“政企合作”的金融模式，创新“扶志六法”激发群众内生动力。通过一系列行之有效的工作措施，经过四年多上下合力攻坚，以及各级帮扶单位和社会各界广泛参与，极大地改变了县域贫困地区的落后面貌，有效增加了贫困人口收入，改善了农村生产生活条件，减少了农村贫困人口，促进了县域经济发展。2014—2018 年，全县建档立卡贫困人口人均纯收入从 1522 元增加到 9215 元，增长率达 426.15%。2016 年、2017 年连续两年被省委、省政府表彰为全省脱贫攻坚绩效考核优秀县，先后被评为：全省县域经济社会发展十强县、全省农业科技创新型试点县、全省首批全民健身示范县、全省县城建设先进县、全省保障性安居工程建设十佳县、全省“万企帮万村”精准扶贫行动先进县、省级“双高双普”和国家义务教育发展基本均衡县、全省电子商务进农村农产品上行先进县、全国农业发展百强县、全国电子商务进农村综合示范县和全国计划生育基层群众自治示范县。2018 年 8 月，定边县圆满完成 79 个贫困村 8892 户 34159 人脱贫退出，农村面貌明显改观，公共服务设施供给力度不断加大，群众生产生活水平明显改善，贫困发生率由 2013 年的 11.23% 下降到 2018 年的 0.68%，圆满实现“两不愁三保障”目标。2018 年 9 月 28 日，经国务院扶贫开发领导小组评估同意，陕西省人民政府批准，定边县正式脱贫摘帽，退出贫困县序列。定边县落实中央脱贫攻坚方略和政策取得阶段性成效，同其他成功摘帽的贫困县一样，在实践中探索形成了若干具有推广和借鉴价值的典型经验和做法，这为打赢脱贫攻坚战与全国人民一道同步迈入全面小康社会奠定了坚实的基础。

本书聚焦定边县脱贫攻坚工作，全方位、多角度深入研讨定边县脱贫攻坚如何带动全县经济社会快速发展。

导论提纲挈领展示定边县脱贫攻坚行动全貌。首先，概述定边县特色脱贫攻坚创新机制，包括党建引领夯实脱贫攻坚责任机制、脱贫攻坚具体政策以及在政策解读与落地过程中要求干部“化简为繁”与面向群众“化繁为简”。其次，介绍定边县脱贫攻坚的生动实践，具体包括基础设施建设、加快产业发展尤其是农业与畜牧业结构转型、光伏与金融信贷服务新举措四个板块。再次，以数据统计为基础，以多样化图表为媒介，生动展示定边县域宏观的经济社会发展和贫困人口发展能力等情况，从而对定边县脱贫攻坚成效进行综合分析与客观评价。最后，从定边县思想认识、政策落地与县域治理提升角度分析了定边经验的典型意义。

第一章回溯历史，探寻定边县脱贫攻坚历史起点。首先，从地理位置与自然环境、历史沿革与人文资源、自然资源类型与分布、行政区划与经济社会发展状况等维度来呈现定边县概况。其次，梳理定边县不同历史阶段贫困状况，接着从自然条件、基础设施条件、文化与受教育条件等角度，探析定边县多维度致贫原因。最后，阐述定边县在如此贫困状况下，如何坚持不懈开展扶贫开发工作，包括不同历史时期扶贫开发工作的重点与成果，重点介绍新时期脱贫攻坚治理机制创设，包括夯实脱贫攻坚责任机制，锤炼脱贫攻坚政策体系、目标体系、责任落实体系以及政府社会贫困群众协同大扶贫体系。

第二章阐述定边县脱贫攻坚的基本任务。任何系统性工作都需要顶层设计，进而通过一系列具体措施保障实施。本章分为四个部分：一是展现定边县对贫困的科学认识，解答定边县贫困标准制定的学理与实践依据，这回答了脱贫攻坚的客体问题，即什么现象才是脱贫攻坚治理的对象；二是脱贫攻坚中处于基础性地位的设施建设所囊括的经济、社会、生态三大方面；三是探讨脱贫的衡量标准是什么，和为了达到这一目标，定边县的主要思路和措施；四是脱贫攻坚的主体力量是什么，也即主要依靠什么开展脱贫攻坚。可以说，这四个方面从客体、基础、目标、主体概括了脱贫攻坚治理体系构建所必需的四个方面，按照这一逻辑顺序，首先知道需要治理什么，其次知道治理基础是什么，再次知道治理目标在哪里，最终在确定上述问题之后，着手组织治理主体，挖掘主体力量，展开治理过程。

第三章聚焦脱贫攻坚组织保障体系。如果没有最优的顶层设计与严格的制度保障，没有高效的干部队伍与各部门的配合协作，没有基层党组织的强化与贫困群众的支持理解，脱贫攻坚战势必举步维艰。本章围绕定边县在脱贫攻坚组织保障体系构建方面所作的有益尝试展开论述，共分为三大部分：一是探讨脱贫攻坚组织设计，定边县以中央、省、市的政策文件为指导，将全县划分为东西南北中五大攻坚片区，实现脱贫指挥统一调度新格局，且采取“挂图作战”的方式，合理量化和细化全县任务，明确责任主体，建立“多轮驱动”督查体系、“三级书记”责任体系与“1+3+6”督查督导机制，层层构建脱贫责任体系；二是干部队伍的建设和管理，包括制定“职级抵押”制度，成立脱贫攻坚科学管理“四支队伍”；三是总结定边县抓党建的举措及所取得的成效，坚持以党建为统领，聚焦“三力提升”、抓实“三项举措”、推行“三带模式”。末尾一节介绍定边县抓党建、促脱贫的若干典型案例，包括抓党建兴产业助脱贫的红柳沟镇、党建引领政企合力的白泥井镇、党建引领产业助推的纪畔便民服务中心，以及四位优秀的第一书记等。

第四章介绍脱贫攻坚的基础设施保障。交通、电力通信、饮水、住房作为人民群众最基本的生活需求与保障，是破解脱贫攻坚难题的第一步，本章便以基础设施这四大板块展开：第一节介绍定边县交通脱贫攻坚工作的典型特点、取得成效与未来尚存有待提高之处；第二节介绍电力系统脱贫攻坚的工作路径、取得成效与典型经验；第三节解读水资源极度匮乏的定边县如何大力推进贫困地区的水利发展，着力解决了广大人民群众尤其是贫困人口的安全饮水、牲畜用水问题，真正实现了“小水窖、大效益”；第四节重点介绍易地扶贫搬迁与危房改造这两大脱贫攻坚难题，包括易地扶贫搬迁工作的措施、落实情况与成效，以及危房改造、安全住房工作的开展、问题与对策。本章末尾一节以衣食梁移民社区为易地扶贫搬迁工作典型案例，全方位展示定边县如何遵循“规划超前、设计新颖、特色鲜明、功能齐全、设施完善”的理念，对该移民社区进行科学规划。

第五章展示定边县如何强化农村集体经济发展，实现“造血式”扶贫。农村集体经济的发展是产业扶贫的重要根基，产业扶贫是通过“造血”的方式，扶植贫困地区产业发展，促进贫困地区经济增长，拓宽群众增收致富渠道，实现长久稳定脱贫。第一节简要阐释农村集体经济的发展对精准脱贫的重要性，集体经济的发展是帮助贫困地区摆脱贫困的关键，是推动产业项目扶贫的重要基础，是拓宽精准脱贫渠道的有效途径，是加快精准脱贫的物质保障。第二节重点介绍定边县积极推动贫困村集体经济发展的举措，包括推动贫困村集体产权制度改革与探索发展集体经济的路径，做到“一村一策”，加强主体培育，整合涉农奖补资金，用活扶贫资金等。此外，总结了定边县农村集体经济发展进程及实效。第三节以金融信贷扶贫模式为主题，概括定边县金融扶贫“5321”与评级授信亮点工程，且在客观分析扶贫小额贷款所面临的机遇与挑战后，提出相关政策建议。第四节以光伏惠民工程为主题，概括定边县光伏扶贫在科学选址、政企联动等方面的典型经验与成效。第五节针对农村集体经济未来发展策略，给出规范“三资”管理、拓宽发展路径等四项建议。

第六章聚焦定边县农业与畜牧业结构转型，呈现定边特色农业融合发展助力定边脱贫。定边县在整县脱贫目标牵引下，立足定边农业大县的实际，注重农业“三产”融合，适度引导，科学谋划，促进农业畜牧业规模化种养殖，借助脱贫攻坚机遇实现转型升级。全章分为四大部分：一是定边县为推进现代农牧业升级融合发展而制定的三大规划，包括完善的县域特色农业产业扶贫规划、乡镇农业产业扶贫规划与行政村产业扶贫规划；二是介绍定边县现代农业新思路，概括其农业转型“六字诀”与五大模式，并介绍现代农业转型升级成功后所带来的卓越成效；三是介绍定边县畜牧业产业培育与结构改革的指导思想与原则，并将其畜牧业功能分区与空间结构布局新思路概括为“一轴、两带、多点”；四是定边县打造精品畜牧产业项目，包括精准发力特色优势养殖品类与培育地方特色品牌，并积极创新措施加强畜牧业脱贫保障。末尾一节以沃野农业开发有限公司作为定边农业产业扶贫典型案例，介绍该公司作为国家级现代农业示范区定边核心区运营企业，如何秉持“政府引导、企业运营、农户参与、合作共赢”的发展理念，着力打造特色鲜明的现代化大型农业科技企业。

第七章着力阐释定边县民生为本的包容性社会发展的经验。脱贫攻坚政策背景下的包容性发展意味着贫困地区的公共服务水平应当随着当地财政收入和支出的增加而提高，应当推进基本公共服务水平均等化和机会平等建设，保障贫困人口也能公平地获得均等的服务。本章共分为四大板块：第一节围绕教育问题展开，叙述定边县如何以脱贫攻坚为契机，将教育作为“扶志”和“治愚”的根本，优先发展教育事业，健全教育扶贫班组体系，开创了“三向三七”的工作机制；第二节介绍定边县如何秉持精准原则，坚持“扶贫扶智同步”理念，健全就业扶持体系，其具体举措包括创建小微企业园、健全订单式学制培训、发掘扶贫公益岗、提高转移就业组织化程度、拓展就地就近就业领域等；第三节叙述定边县卫健系统如何竭力整合社会资源，围绕让建档立卡贫困户“看得起病、看得好病、看得上病、少生病”开展健康扶贫工作，及其取得的良好效果；第四节围绕定边县在“通”“扶”“兜”“振”四个方面的扶危济弱工作，叙述脱贫攻坚实战中锻造了助力社会兜底、织密民生保障网的定边经验，并将分类实施情况、特困供养分类供养内容、社会兜底临时救助申请流程等以图表形式予以清晰呈现。末尾小节以冯地坑乡作为包容性发展扶贫的乡镇标兵，介绍该乡的实际情况与整体工作思路，以及从“油耗子”到“护矿工”的企地共建的实践经历。

第八章放眼未来乡村振兴，叙述定边县脱贫攻坚巩固提升与2020年后的反贫困工作。全章分为三个部分：一是定边县脱贫攻坚巩固提升面临的三大问题与五大方针策略，问题包括产业契合度提升扩张、脱贫政策延续性与持续调动贫困群众内生动力，方针策略包括党建引领、目标导向、政策持续、改革创新、全社会动员。二是定边县建立脱贫长效机制的举措与探索，从完善党的领导、加强支撑保障、特色产业巩固升级、均衡城乡教育体系等十个维度探讨如何构建行之有效的长效脱贫机制。三是描绘定边县将依托前期脱贫攻坚的实践经验，持续反贫困工作的计划，以及继续深入贯彻实施乡村振兴战略的决心。

脱贫攻坚绝不是一蹴而就、一朝一夕的工作，意欲既巩固扩大已有脱贫成果，又稳固提升、有效推进新一轮的扶贫工作，就需要有持之以恒的精神与可持续运用的长效脱贫举措。脱贫摘帽不仅是对定边县前期脱贫攻坚工作的肯定，更是对定边县继续奋斗的激励。习近平总书记多次指示：实施乡村振兴战略，是决胜全面小康社会、全面建设社会主义现代化国家的重大历史任务，是新时代做好“三农”工作的总抓手。农业强不强、农村美不美、农民富不富，决定着全面小康社会的成色和社会主义现代化的质量。要深刻认识实施乡村振兴战略的重要性和必要性，扎扎实实把乡村振兴战略实施好。定边县将高举习近平新时代中国特色社会主义思想伟大旗帜，深入实施2020年后的反贫困工作与乡村振兴战略，久久为功，真抓实干地持续提升定边人民的获得感、幸福感与安全感，不断实现人民群众对美好生活的向往。

定边县作为革命老区和深度贫困区，面临不利的自然地理环境，能够举全县之力合力攻坚，在艰巨的脱贫攻坚战中脱颖而出、率先脱贫，依靠的是紧跟以习近平同志为核心的党中央关于脱贫攻坚的智慧引领，依靠的是在省市党委、政府的领导下积极开展“理论—政策—实践”互动转换。定边县脱贫攻坚是中国扶贫伟大实践中涌出的亮点之一，正是定边县如此生动的脱贫攻坚知行合一的实践，给予本课题组学习脱贫攻坚政策与经验的宝贵机会。希望本书为未来脱贫攻坚的理论与实践创新提供一个视角，亦为中国乃至世界县域减贫提供定边方案。

目 录

导 论 / 001

第一节 定边县脱贫攻坚组织创新机制 / 003

一、党建引领，夯实脱贫攻坚责任机制 / 003

二、定边脱贫攻坚政策的创新内容 / 005

三、政策解读与落地：对干部的“化简为繁”与面向群众的“化繁为简” / 008

第二节 定边县脱贫攻坚典型经验 / 013

一、基础设施为脱贫攻坚保障打下坚实基础 / 014

二、多措并举，加快特色产业发展壮大 / 015

三、定边县因地制宜脱贫攻坚新举措：光伏助力脱贫 / 017

四、定边县因地制宜脱贫攻坚新举措：精准信贷 / 019

第三节 定边县脱贫攻坚绩效评估 / 020

一、定边县整体经济社会发展状况 / 020

二、贫困人口发展能力的提升 / 034

第四节 定边脱贫经验的典型意义 / 037

一、统一思想认识：发挥党组织定力 / 038

二、分解政策落地：精准切脉，结合实际精准制定政策 / 040

三、成果巩固：以定边长治久安提升县域治理水平 / 041

第一章 | 定边县脱贫攻坚历史起点 / 043

第一节 定边县域特点 / 043

一、自然环境与历史文化 / 043

二、自然资源类型与分布 / 048

三、行政区划与经济社会发展 / 049

第二节 定边县贫困状况及致贫原因探析 / 052

一、定边县贫困状况梳理 / 052

二、定边县致贫原因探析 / 054

第三节 定边县脱贫攻坚总体部署 / 061

一、定边县脱贫攻坚情况概要 / 061

二、机制创设的具体布局 / 062

第二章 | 定边县脱贫攻坚的理论探索 / 065

第一节 贫困的标准与识别 / 066

一、贫困标准：绝对贫困与相对贫困 / 066

二、中国贫困线演变历程及定边县识别贫困的基本方法 / 069

第二节 基础设施的基础作用 / 071

一、基础设施的内涵演变：总量增长、合理分配、时空协调 / 071

二、注重软硬两个“基础设施”建设 / 074

第三节 “两不愁三保障”的基本目标 / 079

一、1986 年以来定边县人民收入的增长情况 / 080

二、“两不愁”脱贫治理的“十个一批”措施及其成效 / 081

三、“三保障”脱贫治理措施与成效 / 082

第四节　激发群众脱贫内生动力 / 087

第三章 | 定边县脱贫攻坚的组织机制 / 091

第一节　党委领导、政府实施与社会参与 / 091

一、发挥党委政府的领导作用 / 091

二、政府主抓五大攻坚战区 / 093

三、建立县乡村党政脱贫攻坚体系 / 094

四、构建“1+3+6”督查督导机制 / 098

第二节　创新干部责任与激励制度 / 099

一、创新“职级抵押”制度 / 099

二、成立脱贫攻坚队 / 100

三、管理“四支队伍” / 104

第三节　抓党建促脱贫的举措和成绩 / 107

一、聚焦基层党组织“三力提升” / 107

二、发挥党员先锋作用，抓实“三项举措” / 108

三、创新推行“三带模式” / 109

四、党建促脱贫典型案例 / 109

五、第一书记脱贫攻坚的典型案例 / 114

第四章 | 定边县脱贫攻坚的基础设施保障 / 121

第一节　交通脱贫攻坚，铺就幸福路 / 122

一、定边县交通脱贫攻坚工作典型特点 / 123

二、定边县交通脱贫攻坚成效 / 126

三、存在问题与后续巩固提升 / 127

第二节　电网脱贫攻坚，照“靓”脱贫路 / 127

一、定边县电力系统脱贫攻坚的工作路径 / 128

二、定边县电力和通信脱贫攻坚成效 / 130

三、定边县电力系统脱贫攻坚的典型经验 / 131

第三节　确保饮水安全，传递民生情怀 / 132

一、定边县饮水安全工作的主要措施 / 133

二、定边县饮水安全脱贫措施成效 / 135

第四节　易地扶贫搬迁与危房改造，圆了安居梦 / 136

一、定边县易地扶贫搬迁工作 / 136

二、定边县危房改造、安全住房工作 / 147

三、易地扶贫搬迁工作典型案例：衣食梁移民社区 / 154

第五章 | 再造农村集体经济，实现“造血式”扶贫 / 162

第一节　农村集体经济的发展对精准脱贫的重要性 / 163

一、农村集体经济的发展是帮助贫困地区摆脱贫困的关键 / 163

二、农村集体经济的发展是推动产业项目扶贫的重要基础 / 163

三、农村集体经济的发展是拓宽精准脱贫渠道的有效途径 / 164

四、农村集体经济的发展是加快精准脱贫的物质保障 / 165

第二节　定边县积极推动贫困村集体经济发展的主要举措 / 165

一、积极推动贫困村集体产权制度改革 / 165

二、积极探索发展集体经济摆脱贫困的路径 / 167

三、政府部门积极主导精准脱贫，助推集体经济发展 / 169

四、积极发展集体经济稳脱贫，让群众满意 / 170
五、营造良好氛围，发展集体经济 / 172
六、定边县农村集体经济发展进程及成效 / 173
七、定边县助力集体经济发展典型案例：精准扶贫蹚出“荣民模式” / 178
第三节　创新金融信贷扶贫模式，助力村集体经济发展 / 180
一、金融信贷扶贫成效 / 180
二、金融扶贫亮点:“5321”与评级授信 / 181
三、扶贫小额贷款的机遇与挑战 / 185
四、金融信贷政策建议 / 186
五、金融信贷扶贫案例 / 187
第四节　贫困村光伏产业助推精准脱贫 / 188
一、光伏扶贫成效 / 189
二、光伏扶贫亮点创新点 / 190
第五节　农村集体经济成效与展望 / 193
一、党建引领村集体工作，自力更生谋发展 / 193
二、干部深入群众，做好思想动员 / 193
三、拓宽发展路径 / 194
四、规范“三资”管理 / 195

第六章 | 特色产业融合发展助力定边脱贫 / 196
第一节　推进现代农牧业升级融合发展 / 197
一、制定完善的县域特色农业产业扶贫规划 / 197

二、制定完善的乡镇农业产业扶贫规划 / 198
三、制订完善的行政村产业扶贫计划 / 199
第二节　助力乡村农业经济转型："六字诀"与五大模式 / 200
一、现代农业新思路 / 201
二、农业转型助力脱贫攻坚新模式："六字诀"与"五模式" / 204
三、现代农业转型升级呈现卓越成效 / 208
四、定边县农业产业扶贫典型案例：沃野农业 / 211
第三节　畜牧业产业培育与结构改革："一轴、两带、多点" / 214
一、畜牧业发展指导思想与基本原则 / 214
二、定边畜牧业创新思路与亮点 / 216
三、畜牧业功能分区："一轴、两带、多点" / 217
第四节　品牌培育，打造精品畜牧产业项目 / 226
一、精准发力特色优势养殖品类 / 226
二、创新措施加强畜牧业脱贫保障 / 231
三、定边畜牧业脱贫经济发展成效 / 235

第七章 | 民生为本：定边县包容性发展的经验 / 238
第一节　民生为本的包容性发展模式 / 239
第二节　教育是"扶智""治愚"的根本 / 241
一、健全的班组体系："个十百千万"格局是教育扶贫的制胜法宝 / 241
二、寓扶贫于教育："三向三七"的工作机制 / 243

三、教育扶贫的定边经验及其完善建议 / 245

第三节 就业扶持体系是解决民生之要 / 246

一、创建小微企业园，促动自主创业就业 / 246

二、开拓就业扶贫载体，健全订单式学制培训就业体制 / 247

三、因地制宜发掘扶贫公益岗，健全岗位管理制度 / 248

四、发展劳务经济，提高贫困劳动力转移就业的组织化程度 / 249

五、发展县域经济，拓展就地就近就业的领域 / 249

六、就业扶贫的定边经验及其完善建议 / 250

第四节 健康医疗是基本保障 / 252

一、精准救治，让低收入人口看得起病 / 252

二、精准施治，让低收入人口看得好病 / 253

三、精确落实，让低收入人口看得上病 / 254

四、普遍设防，让全县人民少得病 / 255

五、健康脱贫的定边经验及其完善建议 / 256

第五节 社会兜底是全面建成小康社会的底线制度 / 258

一、“三通”兜底保障工作制度实现与群众沟通零距离 / 258

二、加强社会救助工作与扶贫开发政策的有效衔接 / 259

三、爱心超市积分机制激发自我发展的内生动力 / 262

四、兜底是对特殊群体“一个不能少的真情关怀” / 263

五、社会兜底保障的定边经验及其完善建议 / 264

六、包容性发展扶贫的乡镇标兵：冯地坑乡 / 265

第八章 | 巩固、提升与展望：走向乡村振兴 / 270
第一节 定边县脱贫攻坚巩固提升的目标方针 / 271
一、巩固提升面临的问题 / 272
二、巩固提升的目标任务 / 273
三、巩固提升的方针与策略 / 274
第二节 定边县建立脱贫长效机制的探索 / 276
一、加强和完善党对脱贫攻坚工作的领导 / 276
二、夯实精准扶贫、精准脱贫的基础性工作 / 279
三、加强精准脱贫巩固提升的支撑保障 / 282
四、加快补齐基础设施和公共服务设施短板 / 286
五、加快特色产业巩固升级 / 289
六、大力拓展就业、创业扶贫行动 / 292
七、持续推进生态扶贫 / 294
八、巩固教育扶贫成果，均衡城乡教育体系 / 295
九、稳步提升健康扶贫工作 / 296
十、扶贫扶志，持续激发内生动力 / 299
第三节 定边县 2020 年后的反贫困工作与乡村振兴 / 302

附录一 定边县“菜单式”扶贫政策一览表（2017 年版）/ 305
附录二 定边县扶贫大事记 / 316
后 记 / 331

导 论

陕西省榆林市定边县1986年被确定为国定贫困县，2002年被确定为国家级扶贫开发工作重点县。受历史、地理、自然环境等因素影响，全县贫困人口数量较多，贫困面大，贫困程度较深。特别是境内白于山区，属陕西省三大集中连片特困区之一，十年九旱、气候多变、灾害频发，加之受当地农户文化素质、劳动技能、思想观念等因素制约，导致生产力水平低下、产业基础薄弱，大多数人民群众生活在贫困线以下。1978年以来，定边县先后经历了大规模开发式扶贫（1986—1993年）、国家八七扶贫攻坚计划（1994—2000年）、第一个扶贫开发十年纲要（2001—2010年）整村推进等三个阶段，基本解决了贫困人口的温饱问题，有效增加了贫困人口收入，初步改善了农业农村生产生活条件。精准扶贫是中国共产党向全中国、全世界人民作出的庄严承诺，是一项必须完成的刚性政治任务。“全面建成小康社会、实现第一个百年奋斗目标，农村贫困人口全部脱贫是一个标志性指标”“必须实现，而且必须全面实现，没有任何讨价还价的余地”[①]。

党的十八大召开特别是2015年脱贫攻坚战开展以来，定边县认真贯彻落实《中共中央　国务院关于打赢脱贫攻坚战的决定》和习近平总书记关于扶贫工作的重要论述精神，并按照省市党委、政府总体部署，紧紧围绕实现贫困人口“两不愁三保障”和贫困县摘帽脱贫目标，加大投入、精准施策，实施了一系列行之有效的政策措施。定边县委、县政府将定边县的

---

① 中共中央党史和文献研究院：《习近平扶贫论述摘编》，中央文献出版社2018年版。

脱贫攻坚工作上升到“一项刚性的政治任务，一场脱贫带动的深刻的社会良性变革，新时代基层县域治理现代化的生动实践”的战略高度。同时设立定边县脱贫攻坚指挥部，成立 20 个行业扶贫办公室，创新“四支队伍”① 管理体制，形成四套班子齐抓共管、行业部门各司其职、四支队伍各负其责、部门联动、政企联手、干群连心的政府市场社会协同的大扶贫格局。在这一过程中，定边县创造性地构建了一套具有定边特色的脱贫攻坚创新机制。经过全县上下合力攻坚、各级帮扶单位大力支援和社会各界积极参与，2017 年底圆满完成脱贫退出任务，2018 年顺利通过了国家脱贫专项评估验收，2018 年 9 月 28 日，陕西省人民政府批复同意定边县正式脱贫退出，定边县脱贫攻坚取得了决定性的胜利。定边县的农村贫困人口从 2014 年的 31348 人，已经减少到 2018 年的 2000 人。定边县脱贫攻坚的速度超过国家整体减贫速度（见图 1）。

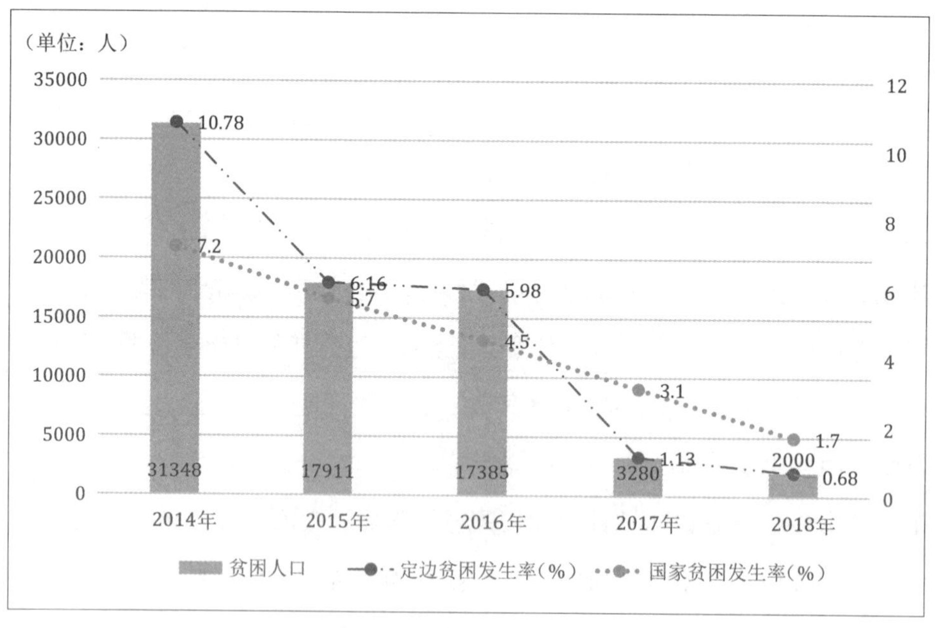

图 1　定边农村贫困人口变化（2014—2018 年）

① “四支队伍”：第一书记、驻村工作队、村“两委”、乡镇包村干部。

第一节　定边县脱贫攻坚组织创新机制

一、党建引领，夯实脱贫攻坚责任机制

强化扶贫队伍，培育脱贫攻坚与乡村振兴骨干。定边县把整合扶贫干部作为重中之重，精准调度、科学配置，让本领最强的人干最硬的事。

（一）提高政治站位，构建责任明确的落实机制

构建县、乡、村“三级书记”抓扶贫责任体系，逐级签订责任书，立下“军令状”；建立“一抓三包”责任机制，落实县级领导包乡包村联户、部门包村、干部包户责任制，所有贫困村派驻工作队、所有行政村选派第一书记、所有贫困户落实帮扶责任人。通过“四位一体”的职务任用，强化扶贫办的权威。充分发挥扶贫办牵头抓总、统筹谋划、综合协调、参谋助手等职能作用，将脱贫攻坚工作成效纳入年度目标责任考核，占考核分值权重达到46.1%，并由扶贫办对各乡镇、部门单位进行绩效考核评估；创新实施“扶贫干部鉴定”工作，凡遇到干部晋职、评优必须由县扶贫办出具鉴定意见，倒逼各级干部以严的作风、实的精神投身脱贫攻坚。

（二）整合优质资源，构建“人才高地”指挥体系

按照“抽硬人、硬抽人”的原则，从乡镇、部门单位抽调政策清、业务精、工作实的9名科级领导、7名工作人员，从县人才库抽调15名研究生、聘用25名退伍军人到扶贫办工作，为每个乡镇扶贫办增加3个编制，招录乡镇扶贫专干17名，充实到各个扶贫领域，做到了人岗相适、人尽其才、效果最佳。

（三）用活三项机制，构建“赛场选马”激励体系

创新实施“职级抵押”选人用人办法。出台脱贫攻坚激励办法，从

精神上、物质上和政治上予以鼓舞，强化后备力量建设。为了保持撤并村脱贫攻坚工作的稳定性，对三合一、四合一的行政村，采取增设支部副书记、享受同级村干部待遇的办法，定边县将335个行政村一步撤并到185个；对未当选的原任村干部，继续安排负责本村脱贫攻坚工作，并享受原待遇补贴到2018年底，有效保证了脱贫攻坚工作的延续性和稳定性；定边脱贫攻坚指挥部决定实施“雏雁”工程，新招录50名大专以上、35岁以下村级协管员，到贫困村、复杂村担任支书助理或主任助理，对在村上任满两届的，工资参照同期事业单位工作人员标准发放；被选任村“两委”正职满两届的，择优提拔为乡镇副科级干部，打造一支稳固的脱贫攻坚骨干队伍。

（四）定边县严格落实督导、督查、预警问责工作

脱贫攻坚指挥部先后出台了脱贫攻坚队伍管理、督查考核、问责处理等一系列办法措施，强化保证具体工作的实际推进。一是层层签订“军令状”。所有扶贫干部，包括乡镇党委书记、乡镇长，“四支队伍”等，全员覆盖签订“军令状”，从刚开始的“军令状”签订到部门、单位、乡镇，到后来的“军令状”直接签订到乡镇党委书记、乡镇长个人，确保工作落实落细、执行到位。二是县纪检、组织部门组成5个联合督查组，对县内各扶贫单位、扶贫干部进行常态化暗访督查，发现问题及时处理。2016年以来，定边县召回第一书记40人，通报批评党组织34个、部门单位23个、扶贫干部77人，约谈15人，提醒谈话133人，诫勉谈话73人，印发纪律通报6期，责令限期整改7个，点名通报作风不正不实干部98人。三是县扶贫办采取“1+3+6”督查模式，对县域所辖乡镇、村、组逐一进行定期常规督查检查，面对问题敢于下真功夫、上硬措施，动真碰硬、不怕惹人，发现问题，现场反馈，现场督办，限时解决。通过政治压力传导，确保责任落实，问题短板得到及时整改完善，各项工作得以高标准执行。

二、定边脱贫攻坚政策的创新内容

（一）围绕“两不愁三保障”目标建立了较为全面的脱贫政策网

实现“两不愁三保障”是精准扶贫的核心目标。定边县政府从产业、教育、医疗、社会保障等多方面入手，出台了30多项针对贫困人口的特惠政策，在中央“五个一批”[①]的基础上，根据自身情况增加了“转移就业脱贫一批、健康扶持脱贫一批、危房改造脱贫一批、金融信贷支持脱贫一批、社会力量支持脱贫一批”的“十个一批”[②]政策体系。

定边是农业大县，定边县委、县政府抓住农业这个主要抓手，认定发展生产是广大农民群众增收的根本。定边县围绕发展生产，形成了以发展生产为主的“产业+旅游业、畜牧业、光伏等”的模式。发展生产主要是从种养殖业入手，通过发放现金补贴、有机肥补贴等形式减少农户在生产资料方面的投入，降低准入门槛；尤其是对建档立卡贫困户，还提供科技对口帮扶、教育培训、代缴农业保险等服务，大大降低了贫困家庭的生产经营风险，有效控制了返贫问题的发生。力促定边从传统农业向现代农业转型，孕育涌现出了如沃野公司等一批现代农业企业。针对贫困农户缺资金的问题，2016年定边县筹资5000万元（其中陕西荣民控股集团出资1000万元），设立贫困户小额信贷担保基金，由县农商行放大10倍杠杆，向符合条件的贫困户发放贷款。在农业生产发展起来以后，定边县组织社会力量、龙头企业等帮助贫困农户与市场对接，探索利用互助资金、股份合作等形式，流转闲置土地、羊场，激发企业参与扶贫、助力脱贫的积极

① 党中央、国务院关于扶贫开发战略的思想内涵，“精准”是核心，分批分类是基础工具，精神脱贫是战略重点。基于此，提出了“五个一批”“六个精准”的基本方略。

② “十个一批”包括产业扶贫、易地搬迁、转移就业、教育资助、健康扶贫、生态补偿、兜底保障、危房改造、金融信贷和社会扶贫十个方面的举措。

性，让企业在发展自身经济的同时将贫困农户生产纳入其供应链，带动贫困农户脱贫致富。为降低贫困农户的生产经营风险，2017 年定边县利用财政资金，投入 1797.6 万元作为农业保险补贴，对贫困农户在生产玉米、马铃薯等方面给予直接的保险补贴，不但增加了贫困农户抵御风险的韧性，同时增加了他们发展农业生产的积极性。为便于贫困人口及时了解相关政策，定边县加大了对相关政策的宣传力度，例如建立产业脱贫技术服务 110 指挥中心，采用宣传车的形式走街串巷宣传扶贫政策，遇到生产中的问题现场解决，提高了办事效率。定边县还将精准扶贫政策绘制成政策一览表，通过帮扶干部将扶贫政策“菜单”送到贫困人口手中，方便贫困人口及时全面掌握相关政策，有问题的农户还可以通过政策解答人的电话进行个别咨询，真正做到了信息的公开透明。

（二）建立三级攻坚体系

对于脱贫攻坚而言，出台政策是第一步，落实执行是第二步。定边县按照县、乡、村三级“主官主抓、干部主帮、基层主推”的原则，层层分解责任、落实责任，建立了“一抓三包”的责任体系。一名县级领导包抓一个乡镇，包扶好、中、差三个贫困村，联系六个贫困户，以此类推，县直部门帮扶一个贫困村，科级干部包扶两个贫困户，79 个贫困村全部驻派工作队，不落下任何一个贫困户。县委书记、县长带头签订“军令状”，以下各级干部都要签订“军令状”，通过这种书面保证的形式达到督促、监督、倒逼责任落实的目的。同时将扶贫成绩与扶贫干部的晋升相挂钩，对于那些做得好的干部优先提拔，没有完成任务的干部要进行问责或者调离脱贫攻坚一线岗位。

（三）出台多项措施，提升贫困人口的教育医疗水平，构筑脆弱群体基本保障线

教育、医疗是定边县脱贫攻坚取得成效的重要前提。教育是阻断贫困代际传递的基本途径。截至 2017 年，定边县已经实现了 15 年免费基础教

育，保证了学龄儿童的受教育权利。另外，定边县与陕西职业技术学院结对帮扶，投入30万元与定边县职教中心共建产学研培训基地，通过发展职业教育培训，解决了1300多名“两后生”[①]的就业、创业问题，同时带领陕西职业技术学院的骨干教师，对口帮扶县第一、第五幼儿园，开展教师培训、环境创设、上示范课、观摩课点评等活动，惠及1.69万名在园幼儿。在医疗保障方面，定边县开展健康扶贫以来，通过整合资金，上调建档立卡贫困户的门诊住院比例，大大降低了因病致贫、因病返贫的比例。同时，与西安交通大学附属医院建立对口支援定边县医院关系，长期输送专家赴定边县医院开展帮扶工作，极大提高了定边县医院的诊疗水平，使定边县普通百姓尤其是贫困人口也能接受高水平医疗，极大降低了贫困人口接受优质教育、医疗的门槛。

为防止挣扎在贫困线边缘的脆弱人口再次陷入贫困，定边县出台多项针对贫困群众的普惠与特惠政策，从整体上提升定边县贫困人口的生活水平，同时减少了建档立卡贫困户与脆弱农户之间的矛盾。在医疗健康领域，建档立卡贫困户可以享受在各级定点医疗机构首次报销比例比其他患者高10%的政策优惠，在乡镇卫生院取消起付线，报销比例达到国家规定标准。对于年累积住院费用超过10万元的农户，无论是建档立卡户还是非建档立卡户均可享受二次报销。教育领域，在义务教育阶段，每个学生均可享受助学金补贴；而到了中高等教育阶段，定边县加大了对建档立卡贫困户的补贴力度，降低了助学贷款的门槛，对就业有困难的建档立卡贫困户还提供特殊的培训和帮扶。

（四）坚持生态扶贫，保住绿水青山

定边县地处生态脆弱地区，常年干旱，严重缺水，年平均降雨量325

① 在扶贫政策语境中，贫困“两后生”，一般指的是建档立卡的贫困家庭中，有劳动能力的、年龄在15至22周岁之间未婚且未继续升学的初中毕业生、高中毕业生（含辍学退学人员）。

毫米，森林覆盖率 29.4%。为扎实做好生态扶贫，定边县坚持把生态项目重点向贫困村倾斜，累计实施退耕还林 1.2 万亩，涉及贫困户 122 户、贫困人口 502 人。落实 2016 年、2017 年财政森林生态补偿基金，涉及贫困户 4545 户，兑现面积 57.68 万亩，补偿资金 449.1 万元。2018 年生态效益补偿覆盖 19 个乡镇，涉及贫困村 142 个，贫困户 4769 户，贫困人口 18103 人，涉及生态效益补偿面积 304979.98 亩，共兑现 3964739.74 元，户均收益 831.36 元，人均收益 219.01 元。为解决定边县安全饮水问题，定边县协调水利局、财政局等多个相关部门，对所属 79 个贫困村开展了安全引水工程，通过补贴建设用费、材料费等形式帮助贫困户修建庭院集水场，户均补助 1 万余元。同时投入 4000 万元财政资金实施安全饮水工程，敷设供水管线 200 千米，新建蓄水池 30 座，硬化集雨场 4 万平方米，贫困村自来水普及率达 97% 以上。

定边县光照资源充足，有利于发展光伏产业助力扶贫。按照国家光伏扶贫政策，全县共建成光伏扶贫电站 46.7 兆瓦（政府全额投资），覆盖建档立卡贫困户 9790 户 36253 人。其中，建成村级扶贫电站 26.7 兆瓦，惠及全县 79 个建档立卡贫困村贫困户；建成集中式扶贫电站 20 兆瓦，惠及全县 147 个非建档立卡贫困村贫困户。该县光伏扶贫实现了全县建档立卡贫困人口全覆盖，以使贫困户人均年增收 1000 元以上为奋斗目标，稳步发展壮大村集体经济。

三、政策解读与落地：对干部的“化简为繁”与面向群众的“化繁为简”

脱贫攻坚指挥部及县乡级领导剖析案例，树立样本，“化简为繁”，面向基层干部与贫困群众解读政策，“化繁为简”。精准扶贫工作既要精细准确，也要化繁为简，要让干部和群众对扶贫政策、措施、标准等清楚明白、熟悉掌握。定边县创新实施了“菜单式”服务、“清单式”问效、“台账式”管理、“哑巴式”佐证、“大数据”统筹等工作模式和“十个一批”等工作措施，简明扼要、突出重点，精准量化、精细管理，强化了对标落实，提升了工作效率。

（一）化繁为简：“菜单式”扶贫模式的形成和内涵

扶贫工作伊始，因对政策拿捏不准，将上级下发的文件“照单全收”“照单全发”，致使基层干部手忙脚乱，工作无头绪、效率低，群众对政策的认可和接受程度普遍较低，造成了“县级热，乡镇村组冷”的扶贫局面。2016年定边县委、县政府及时总结工作经验，决定由各部门结合各自工作，制定符合定边县域实际的文件。2016年围绕“十个一批”出台的文件异常繁多，仅健康扶贫政策内容就多达400余页。这给扶贫一线的干部学习掌握到具体执行政策造成了很大的负担，群众因自身情况差异较大无法确保充分理解政策，政策执行效果较差。2017年，定边县总结前两个阶段工作，及时调整工作思路，在制定和执行具体扶贫政策时，采取“化繁为简”的原则。

首先，实现帮扶政策由“政府端菜”到“群众点菜”的转变。运用调查研究列单、入户调查选单、脱贫计划下单、干部帮扶落单四步法，完成扶贫政策一览表，即供贫困户选择的“菜单”，参见附录一。其次，建档立卡贫困户根据自身情况在菜单上“点菜”，根据自身情况选择合适的帮扶措施。再次，帮扶干部再将贫困户享受到的实惠列成一张“获得清单”，贴在贫困户家里，既直观体现扶贫成效，让贫困户明白、“对账”认可。最后，通过定边县主要领导带头制作菜单模板、逐级推广、现场观摩、逐村普查、逐户点评等方式，确保贫困村档案、贫困户档案“精细精准、佐证齐全，逻辑严密、互为印证”。在线下工作的同时，建立精准扶贫大数据平台，实现与国家、省市扶贫信息系统、定边县各部门、乡镇、村、户信息互联互通，扶贫干部可通过手机App及时上传扶贫工作信息，管理部门亦可以通过手机或电脑随时随地查看贫困户的图文资料以了解贫困户的基本情况，既减少了干部的工作量，也使信息更新更及时准确。“菜单式”扶贫工作机制，实现扶贫工作管理简洁化、透明化、可回访化，切实减轻了扶贫干部的工作负担，提高了扶贫工作效率，方便实惠了贫困群众。

自2017年推广“菜单式”扶贫以来，定边县印发帮扶“菜单”2万余份，“菜单”具体细致，保证每一名贫困群众都能了解“菜单”背后的政策，进而主动选择“菜单”。

定边县通过实施“菜单式”脱贫举措，夯实责任担当，强化政策帮扶，倒逼工作落实，切实提高了工作效率，全面提升了脱贫成效。截至2017年底，全县国家扶贫标准以下贫困人口比例下降至1.13%，2014—2017年建档立卡贫困户人均收入年均增幅超过30%，贫困人口收入增长幅度远高于全县平均水平（见图2）。定边县2017年城乡居民收入比进一步降低为2.6∶1，低于全国平均水平的2.7∶1。

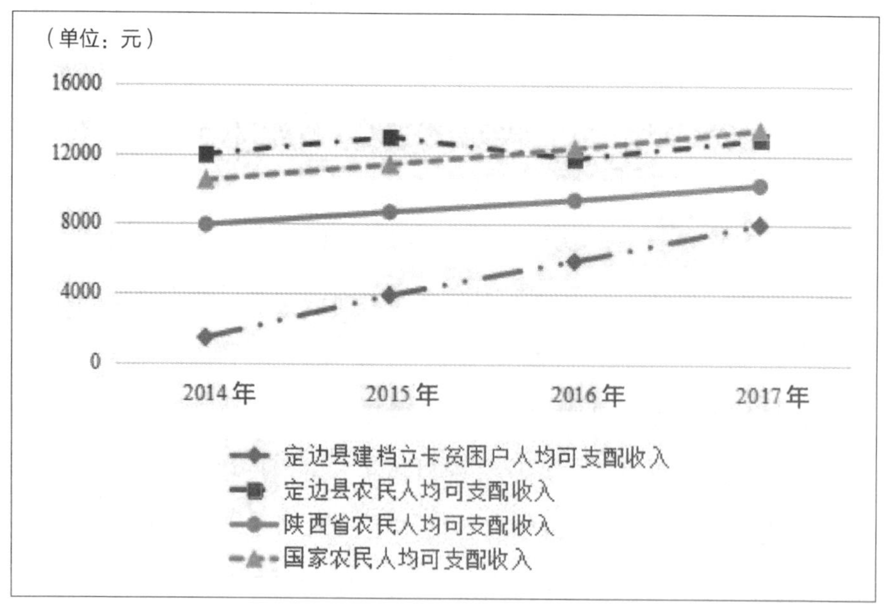

图2　2014—2017年定边县农民人均可支配收入

（二）化简为繁："清单式"问效的执行与监督

"清单式"问效机制包括落实责任、制定任务清单与问责清单。定边县脱贫攻坚指挥部将各项脱贫工作分解，落实责任领导干部、责任部门、责任人，严格完成时限，建设责任明确、指标具体、落实常态的任务清单，确保每一项工作能及时办结。对脱贫工作遇到的个性化难题，定边县脱贫攻坚指挥部召开不定期会议集中解答。同时，定边县所辖乡镇、部门结合工作实际，制订月度计划，把工作任务"化简为繁"，扶贫干部对政策及政策制定的逻辑明晰透彻，对重点工作实行周报、月报、季报，切实做到"天天有进展、周周有变化、月月有成效"。与此同时，制定任务清单，定边县将扶贫工作成效计入干部绩效考核，以彰奖惩，形成求真务实的工作氛围。根据扶贫年度工作目标，定边县将脱贫攻坚工作纳入年度目标考核（占 46.1%），同时对县所辖 18 个乡镇、1 个街道办、1 个便民服务中心和 86 个有扶贫任务的部门，进行社会扶贫、信访工作、参会情况等十方面绩效评估。对移民搬迁、资料档案等重点工作做定向考核、节点考核。制定"问责清单"，使县、乡、村干部逐级签订年度目标责任书和"军令状"，形成定责、履责、督责、追责一体化的落实体系。同时，通过脱贫攻坚"擂台赛"的方式，通过打分，综合排名前三的乡镇，依次给予奖金 50 万元、30 万元、20 万元。激发营造乡镇部门之间的横向对标、主动作为的工作氛围。

（三）"台账式"管理的探索实践

定边县脱贫攻坚指挥部要求贫困村驻村第一书记和驻村干部，根据脱贫攻坚指挥部确定的"四书、两卡、账簿、一说明"[①] 工作规范，真实客

---

① "四书"指家庭情况真实性承诺书、自主创业意愿书、自愿就业承诺书、干部帮扶责任书；"两卡"指精准脱贫明白卡、健康扶贫明白卡；"账簿"指贫困户纪实簿；"一说明"指贫困户情况说明。

观做好工作台账，做到准确无误，不出纰漏。坚决不能因为资料问题，影响全县脱贫攻坚整体工作。第一，建档立卡户的资料收集方式由“单一”转向“系统”，科学分类建账。即由单一的建档立卡贫困人员信息库，逐级建立健全脱贫攻坚人员信息库、项目库、建档立卡贫困人口库、帮扶措施、信访维稳等导向精准的脱贫攻坚系统数据库，健全脱贫攻坚档案管理体系，确保“扶贫决策务实、脱贫过程扎实、脱贫成果真实”。第二，扶贫工作人员主动管好“账”。帮扶干部对帮扶政策落实实行动态管理，确保让每名干部和群众做到“手中有账、心中有数”。2017 年 6 月，定边县脱贫攻坚指挥部着手构建县、乡、村、户四级政策获得清单。以县级政策获得清单为蓝本，20 个乡镇 226 个行政村分层细化获得清单，定边县 9765 户建立了 9765 份政策获得清单，让贫困群众清楚掌握自己的经济动态，明确脱贫路径，从而在脱贫攻坚中有更强的获得感。第三，扶贫工作人员对标工作台账，及时“销账”。根据工作台账，定期“回头看”，对完成的工作及时销账，对未完成的工作进行跟踪改进，限时完成。2017 年，全县对照脱贫标准销号 369 份，完成整改 33 批次，督促解决短板 1860 件，下发《精准扶贫督查整改通知书》《督办函》《督查通知》等 109 份。通过这一督查改进催行方式，确保各类台账经得起“看”、经得起“问”、经得起“查”。

（四）“大数据”统筹助力精准脱贫

在脱贫攻坚战略契机中，定边县建设了大数据平台，实现了与国家、省市扶贫数据互联互通，打破了乡镇与部门之间的“信息盲区”，让不同乡镇、部门中的碎片化信息交互，实现数据收集获取和应用的规模效应。随着脱贫攻坚大数据平台建立，较大幅度改善了费时费力的文件传输数据的方式，帮扶干部可以通过手机 App 即时将“走访摸底”及日常扶贫工作情况实时上传，管理部门得以及时查看。此外，还可以通过定边县的公众号、微信群、QQ 群等，传递文字、图片、视频等最新扶贫动态，减少了干部工作量，促进了信息及时更新。借助大数据平台，可以迅速界定贫困人口数量、分布区域等信息，实时精准掌握贫困家庭状况，进而减少抽样造成的片面性和人为失误。定边县通过大数据平台，对贫困数据进行实时监测和分析研判，动态掌握扶贫项目实施与资金使用进度，保障扶贫项目精准到位，确保财政专项资金安全投入高效运转。

定边县“菜单式”服务、“清单式”问效、“台账式”管理，是面向就业、教育、医疗、社会保障等扶贫贯通的创新举措，是定边县脱贫攻坚战胜利的机制保障。脱贫攻坚工作开展以来，陕西省榆林市定边县认真贯彻落实中央、省、市决策部署，创新实施“菜单式”服务、“清单式”问效、“台账式”管理、“大数据”统筹的工作模式，不断激发干部干事热情，以更加精准的脱贫举措和科学管理手段，带动帮扶干部爱扶贫、懂扶贫、会扶贫，帮助贫困群众将“扶贫政策”变为“致富钥匙”，形成县、乡、村三级闭合体系，确保政策逐级落实到位、工作落实到位、责任落实到位。2017 年底，定边县累计完成 78 个贫困村 8480 户 32718 名贫困人口脱贫退出，贫困发生率由 2014 年的 11.23% 降至 1.13%，2018 年 9 月 28 日经陕西省人民政府批复同意正式脱贫退出。在脱贫攻坚实践中总结出的“菜单式”脱贫举措，作为确保政策落到实处的新的工作机制，对未来定边的乡村振兴战略实施提供了丰富的经验和政策实践积累，值得在更大范围和更深层次应用和推广。

第二节　定边县脱贫攻坚典型经验

定边县以脱贫攻坚统揽经济社会发展全局，从党建、基础设施、住房和社会保障等各个方面精准发力，根据定边实际，脱贫攻坚期间重点补齐基础设施发展短板，大力发展特色农业畜牧业产业和光伏产业，运用现代金融服务工具，确保有劳动能力的贫困人口增收并通过自身努力持续发展，从贫穷走向富裕。定边县通过以上精准脱贫路径，为定边脱贫攻坚取得胜利提供了基础性保障。

一、基础设施为脱贫攻坚保障打下坚实基础

脱贫攻坚面临的巨大困难与挑战是贫困地区尤其是地处偏远山区的基础设施薄弱。交通、水利、电力、住房等基本生活需求，是群众脱贫的重要前提。精准扶贫实施以来，定边县认真贯彻中央和省市的安排部署，坚持以脱贫攻坚统揽经济社会发展全局，紧紧围绕实现贫困人口“两不愁三保障”和贫困县脱贫摘帽目标，统筹实施了一系列行之有效的工作举措。为逐步消除制约贫困地区发展瓶颈，解决群众出行难、用电难、饮水难等问题，定边县采取四大“硬招”推进路、电、水、住房基础设施建设：一是强化通村道路建设。累计投入 14.9 亿元，全县公路总里程达到 2894 千米，新修通村水泥路、沥青路 1500 多千米，行政村通水泥或沥青路比例达 100%。二是强化电力和通信设施建设。累计投入 2.8 亿元，安装配电变压器 438 台 45217 千伏安，改造配电台区 606 个，架设、改造城乡电网 977 千米，电力入户率达到 100%。累计投入 1.7 亿元，建成基站 667 个，铺设光缆 4000 多千米，实现农村 4G 网络全覆盖、光纤网络到户和贫困村无线网络（Wi-Fi）全覆盖。定边县坚持在对标中强化城乡基础建设，破瓶颈、补短板，全面集中改善贫困村的基础条件。三是强化安全饮水工程。累计投入 3.2 亿元，硬化集雨场 60 多万平方米，新建水窖和蓄水池 6500 多眼（座），铺设输配水管道 400 多千米，农村自来水普及率达到 92.9%，贫困村安全饮水达到 100%。四是强化安全住房建设。实施移民搬迁 4985 户 18286 人；对城乡居民住房进行全面普查鉴定，投入 3329.9 万元，实

施 C、D 级危房改造 2041 户；追加 600 万元用于 B 级危房维修加固，全县居民安全住房率达到 99.79%；切实推进精准扶贫工作，助推贫困户早日实现脱贫致富。

二、多措并举，加快特色产业发展壮大

脱贫攻坚战全面打响以来，定边县聚焦产业扶贫的微观、中观、宏观三个层面，累计投入财政资金 1.33 亿元，用于扶持贫困户建设塑料大棚、发展马铃薯产业、购买农机具、代缴种植保险、补贴畜牧养殖和种植畜草等，受益贫困户达 8768 户 34359 人。微观层面，定边县针对贫困户种植、养殖等个性化需求，制定菜单式帮扶措施，精准供应“脱贫套餐”，满足自主“双向选择”，实现产业精准扶贫到户到人。截至 2017 年底，定边县在农业、畜牧业、林业等精准到户菜单式扶贫方面均已实现建档立卡贫困户全覆盖。中观层面，定边县通过政府政策支持，围绕园区带动，形成了“市场 + 企业 + 合作社 + 农户”的产业组合，培育了一大批新兴市场经营主体，实现产业扶贫联动传导效应。其中，沃野农业、铭丰农业等园区及八眉猪等一大批种植养殖大户区域产业发展不断壮大。宏观层面，定边县政府则着重引导企业切实发挥引领作用，支持具有潜力的现代农业企业发展，实现产业支撑长远战略。特别是由政府引资的马铃薯全粉加工项目，由政府主导的农田花海“三产”融合等体系建立，串联起产业上下游协同发展，产业链条不断拉长，带动建档立卡贫困户收入持续增长。

（一）打造现代特色农业体系

定边县始终围绕习近平总书记所说的“围绕现代特色农业产业体系”，大力培育当地荣民、沃野农业龙头企业发展。深化农业供给侧结构性改革，加速打造“北菜、中薯、南粮”为主的产业格局，并发展出了具有定边特色的三种农业发展模式：第一种模式是联产承包责任制，尊重农民自己的

选择，采取分产增收的措施，把特色产业做大，主要通过发放化肥、种子，购买保险，推广新技术，开展新农技培训等，促进农民增收致富。第二种模式是“园区 + 公司 + 协会 + 农户”的行政助推式的规模效应、品牌撞击的联动模式，这属于过渡模式，有利于形成规模效益，形成集聚效益，为现代农业发展营造丰厚的土壤。第三种模式对标先进企业，对标世界先进、发达农业和全国的先进农业，引进龙头企业，围绕全产业链，构建新型现代农业体系。这是着眼未来，通过现代龙头企业的引领，形成产业链各要素积聚发展和农业产业品牌化建设。

定边县坚持“稳粮油、优菜薯、兴种业”和“立支柱、创品牌、兴产业”的发展思路，立足资源优势，瞄准国内外市场，紧紧依靠科技支撑，大力调整优化农业产业结构，扎实稳步推进产业化开发，着力培育特色品牌，使全县农业特色产业呈现出区域化种植、规模化发展、专业化生产、产业化经营的良好发展势头，形成了马铃薯、玉米、特色瓜菜、名优小杂粮、优质油料等五大特色主导产业和北滩特色辣椒、中滩特色西甜瓜、东滩地膜玉米、南部浅山区优质马铃薯和优质红花荞麦、西南部浅山区优质油料、南部深山区优质杂豆等六大特色农产品优势产业带，农业综合生产能力逐步增强，正由传统农业种植大县逐步向品牌化、专业化、规模化的现代农业强县转变。

此外，定边县落实粮食安全行政首长责任制，全面建立“大棚房”清理整治长效监管机制，坚决遏制农地非农化。深入实施“科技兴农”战略，实施马铃薯主粮化科技示范基地项目，打造蔬菜产业示范项目，全面提升种植业发展水平。积极发展农产品精深加工，引进一批农副产品深加工企业，逐步建立集种植、加工、销售为一体的产业体系。大力实施农产品品牌战略，完善农产品质量安全追溯体系，加快“三品一标”认证。

（二）畜牧业品牌培育与改革

定边县始终坚持立足产业基础，依托资源禀赋，突出定边优势，调整优化畜禽养殖区域布局，重点打造“一轴、两带、多点”产业发展区。“一轴”即现代农牧业发展轴，以太中银铁路以南，青银高速、G307 国道以及明长城沿线为轴，此区域以基本农田为主，少部分为牧业用地、一般农地及林业用地，乡镇密集、交通便利，依托现有产业基础，重点打造了八眉猪、蜜蜂、蛋鸡等现代养殖加工基地，支持发展休闲畜牧业、创意畜牧业等新产业，培育畜牧业科普基地等；涉及红柳沟镇、定边镇、贺圈镇、砖井镇、安边镇、堆子梁镇、郝滩镇、石洞沟乡等。“两带”即北部的综合养殖带和南部的白绒山羊养殖带。北部综合养殖带位于太中银铁路以北区域，以滩地、林地和牧草地为主，重点发展肉羊养殖和牧草种植，稳步发展八眉猪养殖，规划建设屠宰加工产业园，涉及盐场堡镇、白泥井镇等；南部白绒山羊养殖带位于白于山以南的区域，重点发展白绒山羊、奶山羊产业，支持发展乡村旅游和特色小镇，引导发展新兴产业，涉及白湾子镇、油房庄乡、冯地坑乡、姬塬镇、樊学镇、张崾先镇、杨井镇、新安边镇、学庄乡等。“多点”即围绕“一轴两带”重点打造多个规模化养殖基地、畜牧主题科普基地、特色小镇等，形成布局合理、特色鲜明、环境友好、产出高效的现代畜牧业发展新格局。

三、定边县因地制宜脱贫攻坚新举措：光伏助力脱贫

第一，定边县示范引领，合理科学选址，建设模式多样。光伏扶贫电站具有规模较小且点多面广的特点，对地形地貌、采光条件、接网线路等因素都有严格要求。定边县聚焦问题导向，坚持示范带动，在市、县各级政府大力支持下，首批在 18 个乡镇 20 个贫困村建设了 5.6 兆瓦扶贫示范电站。在选取光伏扶贫电站建设地点的过程中，定边县积极组织发改、国

土、电力等部门深入每一个贫困村，开展实地调查踏勘，充分结合贫困户数量、分布、性质等因素，指导贫困村科学选址。

第二，光伏扶贫产业的发展，涉及部门、环节众多，既需要政府层面的政策保障，又需要企业层面的联动配合。为了理顺管理体制，凝聚工作合力，保障扶贫工程有序推进，从政府和企业两个层面采取措施。在政府层面，定边县成立了由县长挂帅，扶贫、农业、发改、国土、财政、审计、电力等部门和各乡镇组成的专项协调议事机构，建立联席会议制度，全面负责推进光伏扶贫项目建设、运营、分配各项事宜。在企业层面，依托榆林能源投资集团、陕西黄河集团等企业，加大技术支撑，引进先进电站信息采集传输系统，全程实时掌握发电信息，保证扶贫电站高效率运行。

第三，筹措多元资金，保障项目建设。光伏扶贫工程具有投资大、回报高、收益久等特点，但一次性投入较高。在资金筹措方面，定边县积极争取专项资金，整合配套资金，为夯实定边光伏扶贫产业奠定坚实的经济基础。积极争取市级专项资金。2017 年以来，通过发改、扶贫、财政部门的协同配合，积极争取市级专项资金，用于示范项目启动建设，后续将通过“先建后补、以奖代补”的形式逐步争取市级资金。多方整合县级配套资金。通过整合中央、省、市切块下达的产业扶贫资金、相关涉农资金、捐助资金、贷款资金等，为电站建设提供资金保障。

第四，落实制度保障，规范管理运行。定边县通过制定管理办法，创新管理机制，规范运行程序，有效保障贫困人口获得收益。一是规范收益。制定了《定边县光伏扶贫电站管理及收益分配细则》，细则从光伏扶贫收益资金的申请、确定、下达和使用等方面作出了明确要求，并实行受益贫困户一年一评的动态调整机制，确保收益资金发挥更大的扶贫效益。二是提高收益。在扶贫电站接网消纳上，通过采取单村电站全额上网、联村电站就近接入、集中式电站园区送出的技术方案，以此提高发电量，增加售电收入，保证贫困村收益最大化。三是稳定收益。在运行维护上，专业运营队伍对电站和辅助设施实施常态化、经常化安全巡检，并建立突发事故监测预警机制和反馈报告制度，以此确保电站安全运行，保障项目稳定收益。

四、定边县因地制宜脱贫攻坚新举措：精准信贷

定边创新精准金融信贷扶贫模式："5321"与评级授信。定边农村商业银行创新金融扶贫模式，助力产业发展。根据县域农业人口分散、农业产业集约化程度低、以家庭农业为主的特点，在定边县金融信贷扶贫规划指导下，农村商业银行因地制宜，确立了"小额为主、大额为辅"的金融扶贫方式，向全县建档立卡贫困户提供一般不超过5万元的小额扶贫贷款，最多不超过10万元的贫困户扶贫贷款；授信期限最长不超过3年。对授信金额不超过5万元的贫困户贷款，严格执行"5321"扶贫模式；对授信金额超过5万元的贫困户贷款，分两笔发放，一笔严格执行"5321"标准模式，一笔为普通经营性贷款。

此外，定边县政府设立1000万元的扶贫贷款贴息基金，对于建档立卡贫困户所借5万元以下的贷款，按照4.35%利率进行全额贴息；5万至10万元的贷款，按照5万元贷款财政全额贴息，即超过5万元贷款的利息由借款人自己承担。对高于基准利率发放的扶贫小额信贷，不纳入风险补偿金补偿范围，财政不予贴息。贴息实行"先付后贴"的办法，贫困户按时偿还农村商业银行贷款本息后，再通过乡镇政府逐级提出贴息申请。贴息资金降低了贫困户贷款成本，5万元以下的扶贫贷款户可实现"零"成本贷款。如果贷款出现逾期，借款人将丧失贴息资格。通过贴息，引导资金流向农村，流向有脱贫意愿的贫困户，服务农业生产。农村商业银行发

放的扶贫贷款用于发展家庭养殖业、简单加工业、家庭零售业及购置小型农机具等项目。由驻村第一书记、网点负责人、客户经理共同辅助农户开展产业脱贫，提供信贷资金、市场信息、产品渠道支持，通过联系第三方收购、发动员工自愿购买等方式，积极帮助贫困户销售农产品，积极帮助农户拓宽销售渠道，提高生产收入。

定边县金融扶贫的一大特点就是贷款方式灵活，原因在于贷款之前集中进行了信用评级与授信工作，使贫困户随时可还、随时可贷。信用评级，是一个通过信用检查和特征参考筛选潜在顾客的过程，代替了传统信贷服务的层层审批，相对于原有的信贷模式具有较大的效率优势。驻村工作队、第一书记、村“两委”班子等进村入户对村民住房、从事的脱贫项目、本人有无实施项目的技能、实施项目的能力、对项目的控制能力等方面进行考察，重点在于预期的脱贫有无保障。

综上所述，脱贫攻坚给定边县带来了翻天覆地的变化。对于定边县人民来说，除了摆脱贫困，同时迎来了经济、政治、社会、文化和生态文明等领域全方位的重大发展机遇。作为曾经的革命老区、地处自然条件恶劣的偏远山区，定边县能够在陕西省率先脱贫摘帽，其贫困治理经验值得系统总结，其贫困治理措施值得广泛推广与借鉴。

第三节　定边县脱贫攻坚绩效评估

一、定边县整体经济社会发展状况

（一）经济增长水平与三次产业结构分析

定边县石油、天然气等资源储量丰富，多年来能源的开发为县域经济社会发展起到了支撑作用。2011 年以来，定边县人均 GDP 长期保持在较高的水平，2011—2017 年平均人均 GDP 达到 84834 元，其中 2012—2013 年达到了人均 9 万元以上，是全国平均水平的 2 倍以上、全国贫困地区的 3 倍以上。2014 年以来，受石油市场价格大幅波动的影响，人均 GDP 有所下降，2017 年为 77277 元，但仍明显高于全国平均水平的 59660 元。2018 年，全县地区生产总值（GDP）达 317.28 亿元，比 2017 年增长 8%。

从三次产业的布局变化来看，定边县的经济逐渐摆脱了对能源的高度依赖，农业取得了较大的发展，服务业快速增长。第一产业从 2011 年的 5.7% 增加到 2017 年的 7.8%，第二产业从 2011 年的 81.1% 降低到 2017 年的 62.0%，第三产业从 2011 年的 12.3% 增加到 2017 年的 30.2%。2018 年第一产业增加值 26.74 亿元，增长 3.1%，占县地区生产总值的比重为 8.4%；第二产业增加值 201.88 亿元，增长 6.9%，占县地区生产总值的比重为 63.6%；第三产业增加值 88.67 亿元，增长 11.8%，占县地区生产总值的比重为 27.9%。县人均生产总值达 94275 元。新时期的精准扶贫与脱贫攻坚为定边县域经济社会发展转型起到了重要的统领作用。

固定资产投资方面，自 2012 年起一直稳定在 160 亿元以上的高水平。脱贫攻坚中各级政府投入的显著增加，对县域基础设施水平的大幅提升带来了前所未有的机遇。2011—2018 年社会消费品零售总额从 15.1 亿元增加到 38.41 亿元，8 年来增加了一倍有余。定边县重点项目的投资也达到了较高水平。

从定边县域农民收入的角度看，2011—2017 年定边县的农民收入高于陕西省的平均水平。2018 年，定边县认真贯彻落实中央一号文件，以“农业变强、农村变美、农民变富”为目标，以精准脱贫为引领，以现代农业科技示范园为抓手，以转变发展方式、调整产业结构为突破口，不断优化产业布局，着力强化农业品牌建设，农业经济效益显著提升，农民收入稳步增加。持续加大强农惠农力度。一年来，累计整合投入国家、省市各类涉农资金 15 亿元，农村居民人均可支配收入达 13831 元，比 2017 年增收 1137 元，增长 9.0%。

（二）地方财政收支水平

2017 年，定边县人均地方财政一般预算收入达到 3553 元，显著高于全国平均水平和全国贫困地区平均水平。县级财政支出逐年增加，从 2011 年的 23 亿元增加到 2017 年的 39.53 亿元，增长近 70%。财政自给率保持在 60% 左右，显著高于全国贫困地区的平均水平和陕西省平均水平。2018 年，全县财政总收入完成 24.18 亿元，比上年增收 3.9 亿元，增长 19.2%，其中地方财政收入完成 13.41 亿元，增收 1.79 亿元，增长 15.4%。全年累计财政支出 41.36 亿元，同比增支 1.82 亿元，增长 4.6%。

受石油市场价格波动的影响，定边县财政收入的稳定性面临一定的挑战，但县级财政收入基数保持在较高水平，加上贫困县“摘帽不摘政策”等因素，定边县的财政能力有一定的可持续性。

2016 年，定边县政府负债为 117870 万元，2017 年政府负债为 125314 万元，占当年财政收入的比例在 40%～50% 之间，无论债务总额还是增量资金都处于安全水平。

（三）社会包容性分析

“包容性发展”（Inclusive Development）这一概念最早由亚洲开发银行于 2007 年提出，它有别于以往单纯地追求经济增长的发展理念，倡导的是经济增长应当建立在机会平等基础上，保证人人都能公平地参与增长过程，并享受各项基本公共服务。“包容性发展”理念与党一贯坚持的以人为本的科学发展、城乡统筹的协调发展、公共服务均等化发展等政策内涵是一脉相承的。习近平总书记多次指出并强调“发展必须是遵循社会规律的包容性发展”“中国将坚定不移地走共同富裕道路”，要“让广大农民平等参与改革发展进程、共同享受改革发展成果”。2017 年党的十九大报告也指出，“要坚持在发展中保障和改善民生”“保证全体人民在共建共享发展中有更多获得感”。可见，“包容性发展”是我国打赢脱贫攻坚战、全面实现小康，实现经济社会的和谐、稳定发展的题中之义。

对于贫困地区基本公共服务的发展目标，2011 年的《中国农村扶贫开发纲要（2011—2020 年）》和 2015 年的《中共中央　国务院关于打赢脱贫攻坚战的决定》中均明确提出，到 2020 年“要实现贫困地区基本公共服务主要领域指标接近全国平均水平”。2016 年国务院发布的《关于建立贫困退出机制的意见》中，基本公共服务的发展水平被列为贫困村退出应当考虑的重要因素之一。由此可见，在我国当前的脱贫攻坚政策背景下，“包容性发展”意味着贫困地区的基本公共服务水平不仅应当随着当地财力改善和财政支出增加而不断提高，同时更应当注重基本公共服务的均等化发展，促进机会均等，保障贫困人口也能够公平地获得均等的基本公共服务，提升教育、医疗的保障和供给水平。

定边县在脱贫攻坚工作中，始终扎实推进民生事业的发展，坚持优先发展教育事业，不断完善社会保障体系，提升医疗卫生服务水平，真正实现了“学有所教、病有所医、弱有所扶、劳有所得、老有所养”的包容性发展。

1. 学有所教

定边县坚持教育事业优先投入、优先发展战略，不断加大教育资金投入力度，深化教育改革，一方面积极拓展普惠性教育服务的内容范围，提高教育服务的水平；另一方面认真抓好教育扶贫工作，针对贫困人口实施一系列教育资助和倾斜政策，保障贫困人口享有公平的教育机会。

第一，教育服务总体水平不断提高。

定边县自 2013 年春季起全面实施十五年免费教育，农村义务教育阶段寄宿生全面实施营养改善计划和“蛋奶工程”，建成了覆盖城乡、更加均衡的基本公共教育服务体系。“双高双普”[①]和“义务教育均衡发展县”均通过评估验收[②]。从教育经费投入情况来看，2011—2014 年，定边县教育事业费支出稳步增长，2015—2018 年略有下降，与全县财政总支出的增长变化趋势基本一致。

表 1　2011—2018 年定边县生均教育事业费情况（单位：万元）

	2011	2012	2013	2014	2015	2016	2017	2018
教育事业费支出	55310	71842	77885	84283	61759	64393	73778	75953
财政总支出	230704	277248	303421	327717	343155	323574	395335	413553
教育事业费支出占财政总支出的比例（%）	23.97	25.91	25.67	25.72	18.00	19.90	18.66	18.36
中小学在校生数（人）	41212	39689	37637	37860	37667	38317	40837	60713
生均教育事业费[③]	1.34	1.81	2.07	2.23	1.64	1.68	1.81	1.3

近年来，定边县加大投入改善城乡办学条件，建成了定边六中、五小、五幼、三幼、特殊教育等一批城区学校，改造了一批义务教育薄弱学校，提高了学校硬件设施。2018 年，全县共有各类学校 128 所，其中普通高中 3 所、完全中学 1 所、初中 13 所、小学 30 所、幼儿教育 82 所（其中公办 25 所），“上学难”问题得到有效缓解。在师资力量配备上，2018 年，定边县小学、普通中学的师生比分别为 1∶7.9、1∶13.2，生均专任教师资源高于全省及全国平均水平。从适龄儿童入学情况来看，目前全县小学学龄儿童入学率达 100%，义务教育阶段的孩子全部正常入学，无辍学现象。

---

① “双高双普”：指高质量、高水平普及九年义务教育，普及学前教育、普通高中阶段教育。

② 《2017 年定边县人民政府工作报告》。

③ 未计入中等和高等职业学校在校生数，仅作参考。

表2　定边县小学和普通中学生师比（2011—2017 年）

	2011	2012	2013	2014	2015	2016	2017
小学生师比							
定边	12.90	13.49	11.32	13.05	15.74	14.50	13.47
陕西	15.79	14.06	13.96	15.35	16.29	16.94	17.51
全国	17.71	17.36	16.76	16.78	17.05	17.12	16.98
普通中学生师比							
定边	15.35	15.57	12.45	12.03	11.69	11.10	7.94
陕西	13.62	13.37	12.55	11.97	11.60	11.51	11.48
全国	14.80	14.18	13.46	13.17	12.93	12.83	12.81

数据来源：历年中国统计年鉴、陕西统计年鉴、定边统计年鉴；全国普通中学生师数据根据全国初中、普通高中数据之和计算，2011—2016 年数据来源于《中国统计年鉴》，2017 年数据来源于《2017 年全国教育事业发展统计公报》。

第二，教育服务发展趋于均衡。

首先，城乡师资力量得到有效平衡。“乡村教师强，则乡村教育强”，定边县实施了一系列加强农村教师队伍建设、提高农村教师待遇的政策。2017 年，定边县共招聘研究生、特岗教师、幼教辅导员 240 人分配至农村学校工作；在保障农村教师工资待遇基础上，进一步落实农村教师交通补贴政策；实行城乡之间、学校之间优秀校长和教师定期交流制度。2014 年出台了《定边县关于推进义务教育学校教师交流轮岗工作的实施意见》《义务教育学校教师交流轮岗五年规划的通知》，每年制订详细的交流轮岗方案，加强城乡学校、优质学校和薄弱学校结对帮扶共建工作。2017 年，交流教师 110 人，其中城乡之间交流 62 人，占符合交流教师总数的 10.4%。

其次，教育机会实现基本均等。实现城乡统筹，城市和农村义务教育学生享受同样的“两免一补”政策，每个学生的义务教育经费可“钱随人走”，保障了流动人口随迁子女在公办学校接受免费义务教育，实现了教育公共服务的常住人口全覆盖。

加强控辍保学，一是建立控辍保学机制，定边县建立县（区）长、县（区）教育局局长、乡（镇）长、“村长”（村主任）、校长、家长、师长等“七长”控辍保学责任制，层层落实责任到人；把贫困户无辍学学生作为贫困县退出的依据，实行一票否决制；建立党员干部帮扶建档立卡贫困家庭的义务教育学生机制，帮助解决思想和经济的困难和问题，及时发现辍学动向并采取措施，从源头杜绝辍学的发生；目前全县控辍保学率达 100%，实现了无义务教育阶段学生辍学的目标。二是创造多样化的就学机会，形成层层递进的兜底式教育服务体系，从学前教育、义务教育到普通高中教育、职业教育，再到特殊教育、送教上门，满足贫困家庭学生不同的发展需求，保障残疾儿童等极端弱势群体也能获得相应的教育。2017 年全县为 100 名义务教育阶段残疾儿童在特殊教育学校注册了学籍，其中在校生 42 人，剩余 58 名儿童采用送教上门的方式实现了义务教育。

落实教育资助，实现了对贫困家庭学生全员覆盖，从学前教育到高等教育全程覆盖，真正做到应免尽免、应享尽享、应补尽补，实行“滴灌式”到人精准资助。建立了贫困学生资助平台，先后对全县建档立卡户学生信息和县扶贫办数据库信息进行比对，完善了国家、省、市学生管理系统。采取“多口进、一口出”的办法，整合扶贫、教育、民政、工会、团委等各类助学资源，实施学前教育“一免一补”、义务教育“两免一补一计划”、普通高中“一免一补”、职业教育“一免两补”，确保不让一个学生因贫困辍学。2016 年定边县出台《定边县建档立卡贫困家庭学生（幼儿）教育全程资助实施方案的通知》（定政办发〔2016〕122号），进一步明确了建档立卡贫困人口可以享受的教育资助政策，资助分类等级以就高为原则。具体政策内容与2017年资助情况详见表3。截至2018年底，教育资助累计投入2350万元，资助困难家庭学生4.12万人次，其中资助建档立卡贫困学生1.13万人次，资助金额731.7万元。截至2018年底，教育资助累计投入1276.35万元，资助困难家庭学生21730人次，其中资助建档立卡贫困学生6077人次，资助金额371.16万元。

表3　定边县建档立卡贫困户教育资助政策及2018年资助情况

<table>
<tr><th>教育阶段</th><th>资助内容</th><th>资助人次</th><th>资助金额（万元）</th><th>执行单位</th></tr>
<tr><td>学前教育（家庭经济困难幼儿生活费补助）</td><td>给予750元/生·年（375元/学期）的生活费补助</td><td>2596</td><td>97.35</td><td rowspan="5">由所在就读学校发放</td></tr>
<tr><td>义务教育阶段（初中、小学学生家庭经济困难寄宿生生活费补助）</td><td>1. 给予小学寄宿生1000元/生·年（500元/学期）的生活费补助；
2. 给予初中寄宿生1250元/生·年（625元/学期）的生活费补助</td><td>2314</td><td>129.69</td></tr>
<tr><td>普通高中教育阶段（普通高中国家助学金）</td><td>给予2500元/生·年（1250元/学期）的生活费补助</td><td>1097</td><td>137.13</td></tr>
<tr><td>中等职业学生（中等职业学校国家助学金）</td><td>给予一、二年级农村建档立卡贫困户学生2000元/生·年的生活费补助</td><td rowspan="2">148</td><td rowspan="2">14.8</td></tr>
<tr><td>中高等职业学生（中高职扶贫一次性补助金）</td><td>每生一次性补助3000元</td></tr>
<tr><td>普通高校本专科生、研究生（普通高校助学金）</td><td>1. 全日制普通本、专科学生每年优先办理生源地信用助学贷款，贷款金额为学费加住宿费，最高限额8000元，贷款期限最长20年；
2. 全日制研究生贷款最高限额12000元/生·年，贷款期限最长20年</td><td>580</td><td>382</td><td>由县学生资助管理中心办理贷款手续</td></tr>
</table>

（续表）

教育阶段	资助内容	资助人次	资助金额（万元）	执行单位
其他	其他社会助学	75	37.5	泛海助学行动

数据来源：2018 年资助情况。

2. 病有所医

2016—2017 年，定边县共投入资金 800 万元，确保 79 个贫困村都建立了标准化村卫生室。完善医疗卫生服务体系，完成卫健部门机构职能整合，扎实推进县级公立医院综合改革，实施县医院托管妇幼保健院和白泥井、安边等 5 所乡镇卫生院，有效提高医疗卫生服务水平，促进公共卫生服务均等化。提高医疗服务可及性，在县内一级、二级定点医疗机构建立“一站式”服务结算窗口 37 个（含政务大厅新农合窗口），方便群众看病，并为贫困人口住院治疗开通“先诊疗、后付费”绿色通道，有效提高了群众满意度。整体医疗服务水平接近全省、全国水平。

表 4　定边县医疗卫生服务资源（2011—2018 年）

		2011	2012	2013	2014	2015	2016	2017	2018
卫生机构数	医院	7	8	9	11	10	11	9	9
	乡镇卫生院	25	30	30	30	30	30	30	30
	村卫生室	345	—	335	335	335	335	235	239
	诊所（医务室）	29	—	—	30	35	36	40	44
床位及医务人员	床位数	995	1171	1328	1398	1496	1717	1576	1598
	卫生技术人员	865	978	1335	1349	1459	1709	1806	2077
	其中：医生	273	276	337	340	351	383	464	529

表 5　定边县每千人医疗卫生服务资源（2011—2018 年）

		2011	2012	2013	2014	2015	2016	2017	2018
每千人病床数[①]	定边	3.1	3.7	4.1	4.3	4.6	5.2	4.7	4.7
	全国	3.8	4.2	4.5	4.9	5.1	5.4	5.7	6.03
每千人卫生技术人员	定边	2.7	3.1	4.2	4.2	4.5	5.2	5.4	6.1
	全国	4.6	4.9	5.3	5.6	5.8	6.1	6.5	6.34

2018 年，定边县每千人病床数、每千人卫生技术人员数分别为 4.7 和 6.1，略低于全国平均水平（6.03 和 6.34），但从增长趋势来看，自 2011 年起，定边县每千人医疗卫生服务资源数量保持稳步增长，与全国平均水平间的差距正逐年缩小，见图 3、图 4。

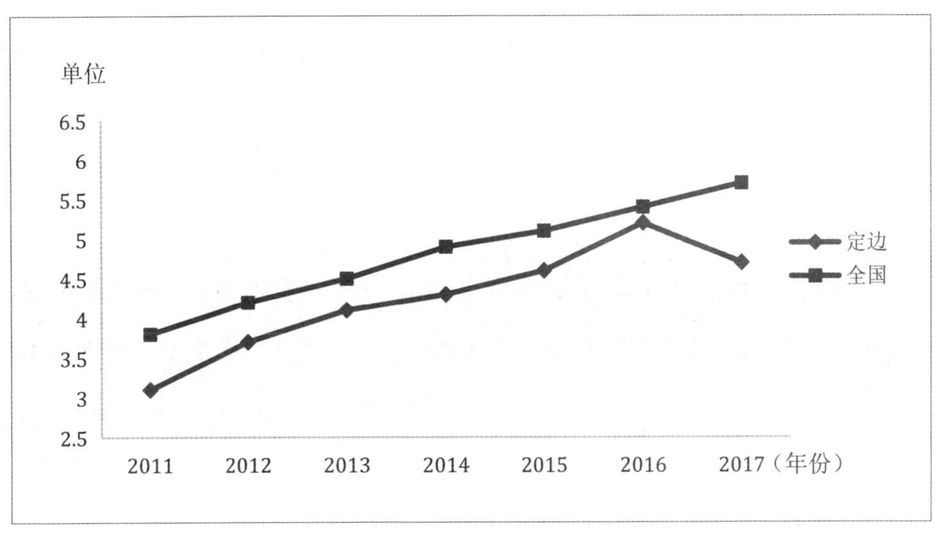

图 3　定边县每千人病床数（2011—2017 年）

① 2017 年每千人病床数，数据来源于《2017 年我国卫生健康事业发展统计公报》。

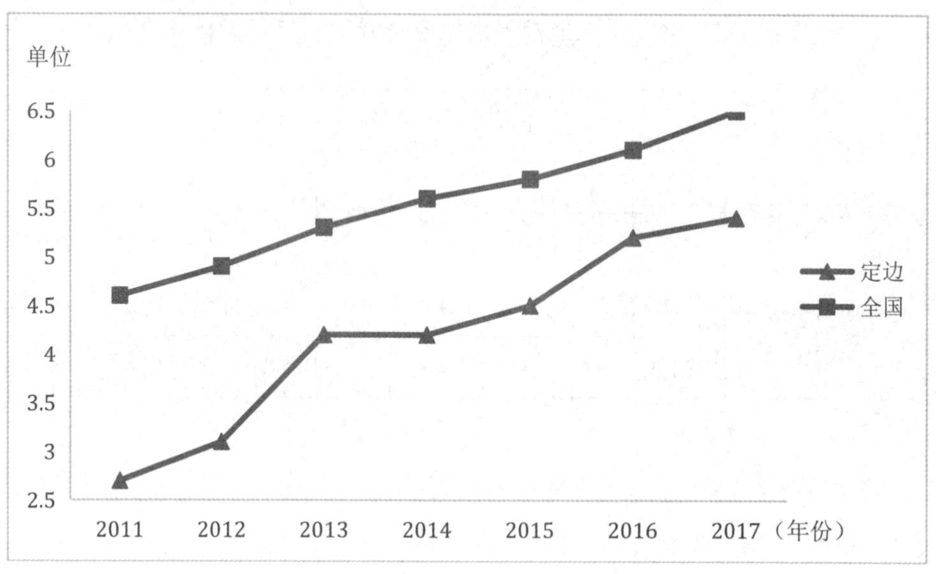

图 4　定边县每千人医疗卫生资源（2011—2017 年）

3. 弱有所扶

近年来定边县大幅提高低保标准，做到了应保尽保。定边县 2018 年城乡低保标准分别为 7260 元和 3990 元，城市低保标准高于全省、全国平均水平，农村低保标准比全国平均水平低 17%，与陕西省标准以及 12 个西部省（区、市）平均水平大致相当。

定边县城乡低保标准自 2014 年起保持稳步增长趋势，城市低保标准在 2014—2015 年度得到大幅提升，赶超全省和全国平均水平，农村低保标准自 2014 年起与全省平均标准保持同步增长。定边县城市低保标准年均增长率为 11%，与全省、全国增长速度持平（10%、11%）。农村低保标准年均增长率为 23%，高于全省和全国增长水平（17%、15%）。

定边县城乡低保支出水平分别由 2011 年的 227 元、85 元增长到 2016 年的 437 元、205 元，年均增长率分别为 14.00% 和 19.25%，高于全国增长水平（8%、12%）。

2017年，定边县城乡低保标准分别占城乡人均可支配收入的20%、27%，接近全国平均水平（18%、32%）。

表6　定边县、陕西省和全国城乡低保标准和支出水平（2011—2017年）

		2011	2012	2013	2014	2015	2016	2017
低保标准（单位：元／人·年）								
城市	定边	3960	4200	4800	5220	5820	6120	6720
	陕西	3674	4357	4497	4662	5568	5748	6384
	全国	3451	3961	4480	4926	5413	5935	6487
农村	定边	1840	2020	2320	2320	2500	3015	3470
	陕西	1612	2008	2143	2263	2654	3203	3734
	全国	1718	2068	2434	2777	3178	3744	4301
低保支出水平（单位：元／人·月）								
城市	定边	227	277	327	362	412	437	487
	全国	240	239	264	286	317	333	—
农村	定边	85	134	145	145	160	205	244
	全国	106	104	116	129	147	171	—

资料来源：全国低保标准，2011—2016年数据来源于《民政统计年鉴》，2017年数据来源于《2017年社会服务发展统计公报》；全国低保支出水平，2011—2015年数据来源于《民政统计年鉴》，2016年数据来源于《2016年4季度全国社会服务统计数据》，2017年数据暂无（民政部统计数据中删去了该项）。

积极落实分类施保政策，促进救助公平。定边县对农村低保家庭中70周岁以上老年人、14周岁以下儿童、三级以上残疾人、重病患者、单亲未成年人、哺乳期妇女、非义务教育阶段学生等7类人群按照农村低保标准的20%～70%增发补助金；将低保对象、特困供养和建档立卡贫困户、特殊困难群众100%纳入民政医疗救助；为农村低保对象、农村特困供养对象和孤儿对象全额资助参合。

表 7　定边县建档立卡贫困户社会救助政策及救助水平（2017 年）

救助类型	救助内容	救助水平
农村低保	将符合低保条件的建档立卡贫困户纳入农村低保保障范围，完善“分类施保”，实施“渐退帮扶”。	人均月补差 244 元
分散农村特困供养	将建档立卡贫困对象中符合农村特困供养条件的全部纳入。	5500 元 / 人 · 年
临时救助	因遭遇火灾、交通事故、突发重大疾病或者其他特殊困难，导致基本生活暂时陷入困境的建档立卡贫困对象，给予应急性、过渡性救助。	依据《榆林市临时救助办法》，各乡镇根据实际情况实施分类救助。
医疗救助	将建档立卡农村贫困人口 100% 纳入民政医疗救助范围，同时可享受“一站式”救助服务。已纳入低保、特困供养对象按原标准救助，未纳入对象参照农村低保对象标准救助。	标准：经新农合、大病保险救助后个人担负合规费用的 70%，基本医疗年封顶线 2 万元，重特大疾病年封顶线 10 万元；农村特困供养对象全额救助。

扎实推进农村低保与扶贫政策的有效衔接，摸清兜底保障底数。定边县及时将因病因残及其他原因临时返贫的建档立卡贫困家庭纳入农村低保范围，将建档立卡贫困户中丧失劳动力、没有自我发展能力，到 2020 年无法通过生产扶持就业发展、搬迁安置和其他措施脱贫的困难家庭，按照条件和程序审核审批后纳入农村低保，给予兜底保障。截至 2017 年末，全县共将 7578 名建档立卡贫困人员纳入农村最低生活保障范围。其中，建档立卡贫困户兜底保障对象 691 人，444 人为农村特困供养保障，245 人为农村低保保障，2 人为孤儿保障，3080 人为渐退帮扶对象。截至 2018 年 1 月，又将符合条件的 446 户 504 名特困人员纳入供养保障范围。2017

年共向建档立卡低保对象发放低保金 2332 万元，实施贫困人口医疗救助 6187 人、760.4 万元。

4. 劳有所得

定边县实施积极的就业政策，力争使贫困人员实现更高质量和更充分的就业。

脱贫攻坚以来逐步实施的就业保障政策有：

第一，按照“自主创业就业、学制教育培训、公益岗位安置、劳务输出转移、驻定企业解决”的“五个一批”措施，安置贫困劳动力就业 1464 人，其中，通过创业培训、创业贷款、创业孵化等优惠政策扶持贫困劳动力自主创业就业 382 人；向西安商贸旅游技师学院、陕西交通技师学院、宝鸡铁路技师学院等 7 所院校输送“两后生”312 人；开发公益性岗位，

表 8　定边县建档立卡贫困户就业政策情况（2017 年）

政策类型	政策内容
技能培训	围绕种植、养殖、农产品加工等重点产业培训。
创业扶持	鼓励贫困劳动力、贫困大学生自主创业。对有创业意愿的贫困劳动力和贫困大学生优先安排免费创业培训，优先享受创业担保贷款政策。
学制教育培训	向西安商贸旅游技师学院、陕西交通技师学院、宝鸡铁路技师学院等三所院校输送两三百名贫困“两后生”。
大学生就业见习	2017 年安排 150 名大学生到县就业见习基地见习，另安排 30 名大学生寒暑假期间到政府见习。
转移就业	对接长庆油田股份有限公司解决就业 300 名，延长石油股份有限公司解决就业 200 名，新能源企业解决就业 300 名，重点解决移民搬迁至城区内（新乐小区）的贫困劳动力就业。

对贫困劳动力进行过渡性就业兜底安置 467 人（公开招聘公益性岗位协管员 56 名，公益性特岗安置 87 人，公益性专岗安置 36 人，招聘园林、环卫公益性岗位 158 人，兜底安置公益性岗位基层助理员 130 人）；贫困劳动力实现转移就业 6560 人次（有组织转移 101 人次）；与省市驻定企业、新能源企业对接协商，达成就业扶贫帮扶协议解决贫困劳动力就业 202 人。

第二，以贫困村产业建设和贫困劳动力实际需求为主，灵活采取“田间课堂”“联合培训”等方式，组织培训机构因村、因人、因时施训，举办种养殖实用技术培训 80 班次，农业、人社、科技、扶贫、畜牧累计组织培训 18245 人次，免费培训贫困劳动力 972 人，形成建档立卡贫困劳动力技能培训常态化。

第三，整合资源，凝聚力量，建立扶贫车间 1 个、社区工厂 3 个，吸纳贫困劳动力就业 19 人。

第四，深入开展苏陕劳务协作。落实对口帮扶劳务协议，各类培训 408 人，举办“2018 年定边 · 宝应劳务协作专场招聘会”“农民工就业扶贫招聘会暨赴扬州务工推介会”“对口帮扶扬州市宝应县企业招聘推介会”等专场招聘推介会，已向扬州市宝应县招录劳务协作务工人员 58 人，输送“两后生”参加学制教育培训 5 人。同时，搭建两地职业技能培训协作平台，邀请扬州技师学院等 3 名教授，为县贫困劳动力开展技能提升和创业培训，共培训学员 355 名。

二、贫困人口发展能力的提升

定边县 2011 年城乡人均收入比为 2.7∶1，2017 年降到 2.6∶1，均低于 2011 年全国平均水平的 3.4∶1 和 2017 年的 2.7∶1。2011 年定边县农村居民人均可支配收入为 8010 元，高于全国平均水平的 6977 元。2017 年底为 12885 元，低于全国平均水平的 13432 元。增速低于全国平均水平。

从农村居民可支配收入构成的变化趋势来看，工资性收入占比在 20% 左右，经营性收入占比保持在 60% 左右，财产性收入占比显著下降，转移性收入占比显著增加，说明县脱贫攻坚实施的涉农政策投入对农民收入的增加起到了积极作用。

（一）定边县建档立卡贫困户总体脱贫状况

定边县 9000 多建档立卡贫困户中，已经脱贫但享受贫困户待遇的一般农户占比不断上升，由 2014 年的 3.23% 上升到 2018 年的 61.8%。未脱贫的一般贫困户的比例不断下降，从 2014 年的 68.67% 下降到 2018 年的 1.23%。低保户比例不断上升，从 2014 年的 0.68% 上升到 2018 年的 28.17%。

（二）“两不愁三保障”

第一，“两不愁”基本得到解决——定边县建档立卡户的贫困发生率变化。贫困线的制定意味着生活在贫困线以上就可以保障基本吃穿需求，因而生活在贫困线以上就意味着“两不愁”得到解决。课题组在调研过程中，通过实地入户调研和访谈，深入贫困户了解基本情况，在走访的 7 个乡镇 140 个农户家庭中，吃穿问题已经彻底得到解决。定边的贫困发生率已经由 2014 年的 10.78% 下降到 2018 年的 0.68%。

表 9　定边县贫困线、贫困人口及贫困发生率（2014—2018 年）

	2014	2015	2016	2017	2018
贫困线（元）	2875	2950	3015	3070	3100
贫困人口（人）	31348	17911	17385	3280	2000
贫困发生率（%）	10.78	6.16	5.98	1.13	0.68

数据来源：根据历年定边县政府工作报告、脱贫总结整理。

第二，“三保障”中的住房和饮水保障。建档立卡户的住房问题得到全部解决，饮水和饮水安全问题几乎全部解决。

表 10　定边县住房和饮水状况（2014—2017 年）

	2014	2015	2016	2017
危房户数（户）	2890	1142	2518	0
危房比例（%）	31.31	12.34	25.94	0.00
饮水不安全户数（户）	3414	1567	16	5
饮水不安全户比例（%）	36.99	16.94	0.16	0.05
饮水困难户数（户）	4098	1760	10	2
饮水困难户比例（%）	44.40	19.02	0.10	0.02

第三，“三保障”中的医疗保障。根据定边县的医保状况，建档立卡户的医疗保障问题已经得到解决。由于医保和治疗只能解决可以治愈的疾病，因而再好的医保和治疗也不能保证所有人都恢复健康。但是，自扶贫攻坚战打响以来，全面的医保和救治已经使得患病居民的比例不断下降。

表 11　定边县贫困人口健康状况（2014—2018 年）

	2014	2015	2016	2017	2018
健康人数（人）	24780	25005	27348	29353	29661
患有大病人数（人）	1207	1127	893	726	656
残疾人数（人）	2483	2485	2616	2669	2710
长期慢性病人数（人）	4249	4305	4748	3250	3097
健康人数比例（%）	75.74	75.95	76.81	81.54	81.82
患有大病人数比例（%）	3.69	3.42	2.51	2.01	1.81
残疾人数比例（%）	7.59	7.55	7.35	7.41	7.48
长期慢性病人数比例（%）	12.99	13.08	13.33	9.03	8.54

第四，“三保障”中的教育保障。从表 12 可以看出，15 岁及其以下人口中，没有上学的人数在不断减少。

表 12　定边县建档立卡人口的受教育状况（2014—2017 年）（单位：人）

	15 岁及其以下的人口中的非在校学生人数	未上幼儿园的学龄前儿童人数	上小学的学龄前儿童人数	辅助农业生产人数	丧失劳动能力人数	病残休学人数	已毕业人数	上幼儿园的学龄前儿童人数	无法上学的人数
2014	1038	944	32	8	0	8	10	1121	53
2015	1037	956	6	2	1	9	8	1114	72
2016	1296	1281	5	2	2	10	8	1047	6
2017	1478	1465	0	0	0	6	7	913	13

第四节　定边脱贫经验的典型意义

定边县脱贫攻坚战于 2018 年取得阶段性胜利。经过长时间对脱贫攻坚的政策认知、理解脱贫攻坚的伟大意义、切实经历脱贫攻坚的工作实践后，定边的脱贫攻坚工作定性为“一项刚性的政治任务，一场脱贫带动的深刻的社会良性变革，新时代基层县域治理现代化的生动实践”。对定边扶贫经验模式做一个总体概括就是强、变、实：“强”体现在思想战略上，加强干部群众对于脱贫攻坚的认识。“变”体现在脱贫政策上，依据中央政策指导，紧密联系定边实际，参考省市意见，制定符合定边的脱贫攻坚政策，保证所有的政策适用于定边县情并且可操作；避免层层传递后的政策对定边的指导误差，防止政策的反复导致干部与群众在工作过程中产生困惑。“实”就是抓实干和重实效。实干指的是要实际去干，实效是要看到实际的脱贫成效。

坚持以“一收入两不愁三保障”为核心，基础设施建设和民生政策落实为根本，产业就业、扶贫扶志、乡风村容为保障，乡村振兴、全面小康为提升。将“一收入两不愁三保障”作为根本目标和核心任务并持续巩固，将水、电、路、信基础设施建设和民生政策落实作为根本任务。以产业扶贫、就业扶贫作为巩固和可持续的保障措施。开展“扶贫扶志”、乡风文明建设和村容村貌整治，建设美丽乡村，激发内生动力，培育脱贫攻坚社会基础。通过各项工作将精准扶贫与乡村振兴、全面小康建设规划相互衔接、统筹推进，持续巩固提升脱贫攻坚成果。对定边县脱贫经验进行总结概括，为反贫困斗争提供参考。

一、统一思想认识：发挥党组织定力

（一）精确领会贯彻中央精神，专注“两不愁三保障”的基本标准

定边县将脱贫攻坚定义为必须完成的刚性政治任务。不仅仅将脱贫攻坚看作一项工作，消除绝对贫困，更是前所未有的发展机遇和民生工程，事关定边经济社会全局和长远发展。首先是“一收入两不愁三保障”基本标准，围绕标准，刚性地对标完成。通过脱贫攻坚的实施，确保对群众收入、住房、教育、医疗等民生政策和公共服务保障能力，是一个强有力的促进和提升。坚持这个标准，“既不能降低标准，也不能吊高胃口”[①]。其次是水、电、路、信等基础设施建设，必须不打折扣地按照标准提升完善。例如在交通设施建设方面，定边县张崾先镇的史言涧村处在白于山深山区，全村不到 40 户贫困户，修路一项花费了 4000 万元，如果从经济学分析，将资金分配给每个贫困户存 100 万元，存款利息也达到了脱贫标准。但这不是贯彻中央精神的脱贫，我们要在尊重群众主体

① 中共中央党史和文献研究院：《习近平扶贫论述摘编》，中央文献出版社 2018 年版。

意愿的前提下，按照“两不愁三保障”要求和“577”标准，圆满完成脱贫任务。“一收入两不愁三保障”是一个刚性标准，“577”的刚性退出指标，中央统筹、省负总责、市县抓落实的工作机制，保证了每个行政村都通水泥路、沥青路，保证安全饮水、用电、通信等条件的全面改善，以及安全住房、义务教育、医疗等惠民政策的全覆盖保障和大幅度提升，每个贫困户确保达到脱贫标准。

（二）压实党委政府主要领导第一责任

县委书记、县长就是全县脱贫攻坚的第一责任人和直接责任人，全县脱贫攻坚不管出了哪方面的问题，首先就是书记、县长的责任。各乡镇也同样，书记、镇长是第一责任人和直接责任人，乡镇脱贫攻坚出了任何问题，首先是党委书记和乡镇长的问题。全县以扶贫领导小组牵头抓总，以四套班子主要领导、县委县政府分管领导、扶贫办主任为“关键少数”。不论是县里，还是乡镇，各项工作都从解决问题入手，制度规范跟进，最终动态体现在直接责任、分管责任和领导责任三个主体上。县里主要领导认识明确、以身作则，率先垂范、亲力亲为，带头抓试点、做模板、解难题、重激励、强督导，遇到问题及时研究、果断决策，切实当好脱贫攻坚的“火车头”；分管领导熟悉政策、责任清晰、指挥得力、勇于吃苦、能征善战，切实当好脱贫攻坚的“助推器”；扶贫办领导善于钻研、吃苦耐劳、业务精通、敢于担当，切实当好脱贫攻坚的“参谋员”；“八办两组”及相关部门紧密配合、同心同力，各乡镇发挥脱贫攻坚主体作用，全县上下齐心协力、齐抓共管、全力以赴，为打赢脱贫攻坚战奠定了坚实基础。通过“职级抵押”激发干部积极性，强化包抓帮扶干部的责任。通过加强扶贫办职能作用，抽调业务骨干充实到扶贫岗位，强化后备力量。

二、分解政策落地：精准切脉，结合实际精准制定政策

（一）研读政策，结合实际，制定符合定边的政策，化繁为简

针对问题及时决策担当。在第一时间领会、吃透中央和省市政策精神的前提下，始终站在一线、调研掌握基层政策落实现状和存在问题，发现问题敢于担当，结合实际，及时发声，果断决策，研究制定具体的贯彻措施，确保上级各项政策措施得到贯彻落实。“上级千条线，下面一根针。”精准扶贫工作既要精细准确，也要化繁为简，要让干部和群众对扶贫政策、措施、标准等清楚明白、熟悉掌握。定边创新实施了“菜单式”服务、“清单式”问效、“台账式”管理、“哑巴式”佐证、“大数据”统筹等工作模式和“十个一批”等工作措施，简明扼要、突出重点，精准量化、精细管理，强化了对标落实、提升了工作效率。第一，在政策学习上，定边县对应知应会的扶贫政策，精简后印制成一张表，代替所有的资料，发给广大干部群众，一目了然、清楚明白。第二，针对健康扶贫工作，各级出台的政策文件名目繁多，需要干部达到一定水平并投入大量时间才能正确领会，把前后的逻辑关系理清楚，让一个贫困户如何按照这些政策体系正常报付其花费，经过化繁为简后的变化就是“先看病后付费，四重保障得实惠，让人付费十以内”。第三，2017年以来，定边县脱贫攻坚指挥部将县级关于脱贫攻坚工作累计出台的1500多个文件，化繁为简，简明扼要，让干部群众一目了然、简单易懂。特别是通过不断的实践创新，定边县脱贫攻坚战线推出了“菜单式”服务、“清单式”问效、“台账式”管理、“哑巴式”佐证、“大数据”统筹等一系列工作措施，有效推进了责任落实、措施落实、工作落实。

（二）凝练乡镇工作职责

乡镇工作的主要职能概括为“三个基本两个引领”。“三个基本”，是指基础设施建设、基本行政服务、基本环境保障的提升，包括自然环境保障和社会环境保障，维护公平正义法律底线等；“两个引领”，一个是引领老百姓走一条发家致富的路径，另一个就是引领老百姓过上一种向上的、健康的、有文化的、有尊严的生活。随着精准扶贫的深入推进，对乡镇“三个基本两个引领”的职能发挥都有了很大的提升。特别是在产业发展、农村社会文化发展、基层治理模式的引领上，都涌现出很多新生事物，涌现出很多的先进做法。

（三）针对四个问题精准攻坚

针对“扶持谁、谁来扶、怎么扶、如何退”的问题，明确目标，摸清底子，精准施策。在做好基础设施提升、保障饮水安全、电力供应、道路通畅、通信覆盖的同时，创新实施“产业脱贫、易地搬迁、转移就业、教育资助、健康扶持、生态补偿、兜底保障、危房改造、金融信贷、社会扶贫”。

三、成果巩固：以定边长治久安提升县域治理水平

（一）结合定边实际，创新了大量的机制体制

第一，在党组织引领脱贫攻坚和干部队伍调配上，创新成立脱贫攻坚指挥部，创新县上主要领导火车头、分管领导助推器、扶贫办领导参谋员的领导责任、分管责任和直接责任的关键少数机制。第二，创新分级包抓机制，一个县级领导包抓一个乡镇，一个县直部门包抓一个贫困村，所有行政村选派第一书记，所有贫困户明确帮扶责任人。第三，创新“1+3+6”督查模式，对全县各乡镇、村、组进行全方位全覆盖常态化督查检查，敢于下真功夫、上硬措施，动真碰硬、发现问题，现场反馈，现场督办，限

时解决。通过压力传导，确保责任落实，问题短板得到及时整改完善，各项工作得以落细落实。第四，在产业发展模式上，创新升级三种模式，第一个初级模式是联产承包责任制，主要通过发放化肥、种子，购买保险，推广新技术，开展新农技培训等，目的是促进农民增收致富；第二个过渡模式是通过“园区 + 公司 + 协会 + 农户”这种行政助推式的规模效应、品牌撞击的联动模式，为现代农业发展营造丰厚的土壤；第三个目标模式是对标先进企业、对标世界先进农业、发达农业和全国的先进农业，引进龙头企业，围绕全产业链，构建新型现代农业产业体系，形成产业链各要素积聚发展和农业产业品牌化建设。

（二）锻炼了干部队伍，提升了群众致富水平

一方面，通过明确责任，签订“军令状”明确工作目标，同时通过县纪委组织部门对扶贫干部进行常态化暗访督查，及时树立先进典型，整改出现问题；另一方面，推进精准脱贫，根本在于激发贫困户发展产业、脱贫致富的内生动力。定边脱贫攻坚工作“责任实”的一个特点，就是把脱贫的主体责任始终夯实在贫困群众身上，而不是政府或干部包办代替，从而涌现出一大批自立自强、不甘贫穷、勤劳致富的脱贫典型。

（三）加强了党和人民群众的关系

脱贫攻坚极大地加深了干部群众的相互了解，干部在帮扶群众过程中通过对基层的了解，思想变化触动很大。定边县干部由过去的被动式扶贫、概念式扶贫、任务式扶贫，到现在主动投入、久久为功、精准施策，既密切了干群关系，得到了群众认可，也提升了干部作风，使干部找得到认同感、归属感和成就感。

第一章　定边县脱贫攻坚历史起点

本章作为案例的基础篇章总结回顾定边的脱贫攻坚，主要从定边的基本状况、定边的贫困特点与致贫原因，以及定边反贫历程与脱贫攻坚的机制三个方面进行了总体阐释。首先对定边县的自然、历史、人文、经济与社会发展等基本县情进行客观梳理，呈现出定边县的地理位置、自然环境与资源、历史沿革与人文资源，以及定边县行政区划、经济与社会事业发展状况。其次，考察定边县的贫困状况的特点并分析致贫的原因。一方面梳理了定边县不同时期贫困的状况与特点，另一方面从自然条件、生产生活等基础设施，以及影响人力资本的健康与医疗条件、受教育水平与发展资金等维度分析了定边县的致贫原因的多样性与复杂性。最后从整体上对定边反贫困的历程与脱贫攻坚时期的机制创设进行概括。

第一节　定边县域特点

一、自然环境与历史文化

（一）地理位置与环境

定边县地处陕西省西北部，榆林市最西端，陕甘宁蒙四省（区）七县（旗）交界处（北纬36°49′—37°52′、东经107°15′—108°22′之间），古有“东接榆延，西通甘凉，南邻环庆，北枕沙漠，土广边长，三秦要塞”之说，是陕西省的西北门户、榆林市的西大门，东距榆林市政府所在地榆阳区314千米，与本省靖边县毗连；南距省城西安647千米，与甘肃省庆阳市华池县、环县及本省吴起县为邻；西距宁夏回族自治区省会银川170千米，与宁夏盐池县接壤；北与内蒙古自治区鄂托克前旗相连。自古以来，定边县商贾云集，素有“旱码头”之称。

定边县海拔1303～1907米（最高点为白湾子镇魏梁山1907米，最低点在盐场堡镇花马池1303米，平均海拔1605米，县城海拔1378.5米），属内蒙古鄂尔多斯荒漠草原（毛乌素沙漠）向陕北黄土高原（三边高原）过渡地带，全县森林保有面积314.6万亩，森林覆盖率29.4%，县境中绵亘百余里的白于山脉，构成了一道天然屏障。全县东西宽98千米，南北长118千米，总土地面积6920平方千米，仅次于神木和榆林，位列全省第三位，其中耕地380多万亩（基本农田280多万亩）、林地537万亩、草地457.9万亩。全县地貌大致可分为两大类型：北部滩地风沙区，占全县总面积的47.2%，是主要的农林牧区；南部山地丘陵沟壑区，为白于山区，占全县总面积的52.8%。滩区水地较多，盛产玉米、高粱、瓜果蔬菜、麻子、向日葵等作物，也有小麦、糜谷、花生等作物种植，东滩八里河灌区素有“粮仓油海”之称；山区以塬梁台涧地为优，盛产五谷杂粮、各种杂豆、各类油料、各样瓜果蔬菜。

定边县为典型的温带半干旱大陆性季风气候，春迟秋早，夏短冬长，春风秋雨，夏旱冬寒，温差悬殊，气温多变。定边年平均日照时数为2743.3小时，年平均气温7.9℃，年平均无霜期141天，年平均风速为3.3米/秒。定边县资源性缺水严重，年平均降水量为323.6毫米，境内主要河流有6条：泾河上游的十字河、安川河；洛河上游的石涝河、新安边河；

无定河上游的红柳河；还有一条内流河叫八里河。河网密度 2～4 千米 / 平方千米，年径流总量 14130 万立方米。共有大小咸水湖泊 18 个，总面积 1333.33 公顷，其中盐湖 14 个，苟池、花马池较大。水资源地域分布不均，地表水山区多于滩区，地下水滩区多于山区，且地下水埋藏深度南北不一，山区 40～90 米，水质苦涩，滩区一般只有几米，水质较甜。

（二）历史沿革与人文资源

定边境内早在石器时代就有人类活动，从南部山区出土的文物看，属黄河流域旧石器时代“河套文化”及新石器时代“仰韶文化”的范畴。夏禹时，定边一带属雍州，为古羌族后裔羌、氐民族的游牧徙居地。殷商时期，定边一带为鬼方之地。西周至战国时期，定边先后为荤粥、猃狁等犬戎部落所踞。周南王四十二年（前 272 年），秦昭王伐义渠，建立北地郡，包括今定边一带。秦王政二十六年（前 221 年），始皇统一六国，定边始有军政建置之归属，隶北地郡马岭县。西汉置刺史部，定边属朔方刺史部，县境东部属上郡奢延县，西部属北地郡昫衍县，南部山区西段属马岭县。汉武帝北伐匈奴，先后于元狩四年（前 119 年）、元鼎六年（前 111 年）两次大规模移民陇西、宁夏、陕北，实行实边政策，境内居民数量大增。东汉初年锋镝不息，匈奴东进，北地郡治两次内徙，定边纳入匈奴控制范围。西晋末年，五胡十六国混战不休，定边先属前赵、后赵，继又属前秦、后秦。公元 407 年，匈奴族铁费部首领赫连勃勃建都统万城（今靖边白城子），国号夏，雄踞河套，定边为其腹地。至北魏前期，县境内无郡县建置，是汉族和匈奴、鲜卑、羯、氐、羌等民族杂居地。

北魏时期，定边全境属西安州大兴郡，武定中均废，改属夏州阐熙郡。公元 534 年，北魏分裂为东魏、西魏，定边全境隶属西魏，复置西安州，改大兴郡为五原郡。西魏废帝三年（554 年），因定边盛产池盐，改西安州为盐州，仍置五原郡。北周沿西魏旧制。

隋改盐州为盐川郡、五原郡为五原县，又于白于山南麓置洛源县，隶弘化郡，县境分属之；东部滩区属朔方郡长泽县。隋末唐初全境为梁师都占据。唐武德元年（618 年）复为盐州。元和十五年（820 年）宥州治所由鄂托克旗迁至境内，定边分属盐州、庆州、宥州所辖。五代时期，县境先后归属梁、唐、晋、汉、周。

北宋初属陕西路盐州，咸平五年（1002 年）全境陷于西夏，仍设盐州。至元太祖二十二年（1227 年）成吉思汗灭西夏，废盐州，后建立元朝，实行行省、路、府建置，定边境东部属延安府，余属庆阳府，均隶属陕西行省。

明代在沿边地区设立军政合一的卫所，定边隶属陕西布政司延安府和庆阳卫。明朝中叶，为抵御蒙古族侵扰，在境内多次修筑长城和城堡，时定边属延绥镇，定边营驻参将，领永济等十三营堡为西路，嘉靖四十二年（1562 年）置延绥镇西协副总兵，驻定边营城。清朝初期，定边行政建置沿袭明代，隶属靖边同知，置守御千户所，驻守御千总。雍正九年（1731 年）置定边县，隶属榆林府。

1912 年，定边属陕西省榆林道。新中国成立后，县境设定边县，隶属榆林专区（地区、市）。

边塞文化、黄土文化与草原游牧文化汇聚交融于定边，形成了许多自然人文景观。境内有 270 多千米隋、明古长城遗址，384 座长城墩堠，37 座宋代、明代古堡关寨遗址和 32 座清代、民国时期烽台堡寨遗址，还有像花马盐池、鼓楼等旅游目的地。

定边非物质文化丰富多彩，被命名为“中国民间文化艺术之乡”“中国剪纸艺术之乡”“全国文化资源共享工程示范县”“陕西省文化先进县”、省级卫生县城和省级文明县城。具有代表性的文化艺术形式包括：民歌、陕北说书、剪纸等。民歌在定边源远流长，内容丰富，表达形式多样，按类型可分为山歌、山曲、酸曲、小曲、革命民歌、酒曲、信天游等，是老百姓喜闻乐见的民间群众文学艺术。山歌、山曲也叫小曲，带有爱情色彩的称为酸曲，是民间百姓交流思想情感、表达爱憎好恶的一种特有形式。信天游歌词多以两句成韵为段，随编随唱，男人在田野、路途放开喉咙高唱，歌声粗犷豪放；妇女们在磨道碾道、窗前灯下唱起来。陕北说书是流行在陕北各县的一种说唱艺术，它曲调优美、流畅，内容丰富、多样，故事情节曲折动人，是深受广大群众喜爱的一种民间说唱艺术。说书艺人俗称“书匠”，说书全用三弦伴奏，故民间也叫弦子书。剪纸始于何时已无资料可考。每逢春节，民间多把飞禽走兽及树木花卉等吉祥物绘画成形，附于各种彩色纸上，用小剪剜制，贴于窗格之中以为装饰，俗称“窗花”。因窗花寓意吉祥，且能美化环境，所以年复一年沿用不衰，并时有发展变化。

在历史上，定边虽然地处边塞苦寒之地，却涌现出明末农民起义领袖张献忠、北伐战争将领郑思诚、抗日爱国将领高桂滋等一批具有重要影响的人物，他们是定边人民不甘穷困压迫、勇于斗争精神的突出体现。1935年10月16日，红军长征入陕第一站来到定边，1940年5月，三五九旅来到花马池，他们克服各种艰难困苦，在两年间共生产食用盐52万驮，极大地满足了边区军民的食盐需求，同时还通过各种渠道将食盐输送出去换回大量的急用物资，因而被称作陕甘宁边区“中央第一财政”。革命战争时期，党的领导人和老一辈无产阶级革命家毛泽东、周恩来、彭德怀、董必武、刘志丹、谢子长、习仲勋等都在定边留下光辉的战斗足迹，为定边县遗留下艰苦奋斗的红色基因。新中国成立后，1951年，子梁镇小滩子村的李守林和28户农民一起，以互助组的形式率先开展防风固沙的脱贫斗争，取得了“树木成林、桃果成园、粮食倍增”的巨大成效，此后，定边脱贫斗争中涌现出“治沙英雄”石光银、“延长铁人”张林森、“商海骄子”史贵禄等人物。这种红色基因与脱贫奋斗精神相结合，成为定边县开展脱贫斗争的重要精神资源和人文禀赋。

二、自然资源类型与分布

定边县地大物博，资源丰富，有高原平滩、涧梁台山等各类土地资源，有光能充足、风能不断、热量充沛、四季分明的气候资源，有植物繁多、动物庞杂的生物资源，还有埋藏丰厚、储量浩大的矿产资源，等等。县域内盛产食盐、甘草、皮毛，被誉为“定边三宝”。

定边县土地资源广阔，是陕西省地广人稀的大县之一。全县人均土地 2.33 公顷，比全国、全省人均值分别高出 3～4 倍，人均耕地近 0.4 公顷。县内适宜林草用地达 60% 以上，适宜种植业用地占 28%，且光照充足，热量基本可满足一年一熟的需求，光、热、水基本同季，温差大，有利于作物生长及糖分积累。

定边是“西北前列、陕西第一”的新能源产业示范县，风力和光伏资源充足。按照陕西省、榆林市“建设陕北百万千瓦风电基地”和“打造陕北大型光伏电站”的战略构想，规划到 2020 年全县风力、光伏发电总装机规模达到 6600 兆瓦，总产值达到 83 亿元。2017 年，全县风电装机并网发电 1380 兆瓦，在建 1630 兆瓦；光伏装机并网发电 870 兆瓦，在建 870 兆瓦，被财政部、能源局等命名为“国家首批绿色能源示范县”，被农业产业协会命名为“绿色环保节能示范县”。

定边是陕西现代特色农业大县，是世界红花荞麦原产地保护区（2017 年荞麦产量达 6536 吨）、中国马铃薯六大生产县之一、中国马铃薯特产之乡、中国马铃薯美食之乡。近年来，连续获得玉米、马铃薯、球茎甘蓝、地膜辣椒等 10 多项全国单产最高纪录，无公害农产品生产通过国家整县环评，马铃薯、荞麦、羊肉被原国家质检总局批准受地理产品标志保护，其中定边荞麦粉被国家标准化委员会评定为国家标准。定边县被农业部命名为“全国农业高产创建活动示范县”，被原农业部、中科院、中国种子协会联合命名为“西北旱作区马铃薯主粮化示范基地县”。2017 年，定边全县粮食产量 292124 吨，荞麦产量 6536 吨，玉米产量 168355 吨，洋芋（已折粮）产量 113573 吨，豆类产量 1363 吨，油料产量 25050 吨，蔬菜产量 174605 吨；羊饲养量达 139.37 万只，生猪饲养量达 23.69 万头，全县肉类总产量 19646 吨，禽蛋产量 5121 吨，奶类产量 12220 吨，畜牧业产值达 11.79 亿元。

定边县矿产资源以石油、天然气、原盐为主。定边是全国县级区域石油产能第一大县。石油探明储量 16.18 亿吨，含油面积 5000 平方千米；天然气探明储量 3000 亿立方米，含气面积 4992 平方千米，按目前开采量测算，预计还可开采 50 年以上。县境内共有油气井 2 万多口，采油气井场 7000 多个，2017 年原油产量 743.3 万吨，天然气产量 9.3 亿立方米。定边是陕西省唯一的湖盐产地，有天然盐湖 14 个，盐湖面积 100 平方千米，2017 年原盐产量达 155374 吨。

三、行政区划与经济社会发展

（一）行政区划与人口

定边县辖 1 个街道办事处（定边街道办事处）、3 个乡（油房庄乡、冯地坑乡、学庄乡）、15 个镇（贺圈镇、红柳沟镇、砖井镇、盐场堡镇、白泥井镇、安边镇、郝滩镇、堆子梁镇、白湾子镇、姬塬镇、杨井镇、新安边镇、樊学镇、张崾先镇、石洞沟镇）。2017 年末，定边全县总户数为 100577 户，年末总人口为 355713 人，男女性别比为 112∶100，其中乡村人口 274272 人，占 77.1%；城镇人口 81441 人，占 22.9%。

（二）经济与社会发展状况

坚持教育事业优先投入、优先发展战略，全面深化教育综合改革，不断加大教育资金投入力度，除了积极推行义务教育阶段“零收费”政策外，还全面落实高中阶段和学前三年免费教育、农村学生营养改善计划等惠民政策。[①]

2017年，定边县共有各类学校122所，其中普通高中3所，完全中学1所，初中7所，九年一贯制学校5所，职业中学1所，教师进修学校1所，小学24所，小学教学点6所，幼儿园74所；在校生为57327人，其中中学15267人，职业中学1470人，小学24106人，特殊教育187人，幼儿园16297人；小学学龄儿童入学率达100%，普惠性幼儿园占比达79.45%。

2018年，六中升级改造，二幼、四幼、新乐幼儿园建设等教育重点项目有序推进；学前教育阶段享受幼儿生活补助5614人次，共计210.5万元；义务教育阶段享受一补11713人次，共计656.4万元；普通高中享受助学金4178人次，共计387.0万元；全年受理大学生信用助学贷款2748人次，发放助学贷款1945.3万元，其中精准扶贫642人，发放助学贷款443.9万元。“上学难”问题得到有效缓解，全县教育整体水平明显提升。2018年，全县共有各类学校126所，其中普通高中3所，完全中学1所，初中6所，九年一贯制学校6所，职业中学1所，教师进修学校1所，小学23所，小学教学点5所，幼儿园80所；在校生为59561人，其中中学14981人，职业中学1682人，小学26634人，特殊教育122人，幼儿园16142人；小学学龄儿童入学率达100%，普惠性幼儿园占比达88.8%。

以健康扶贫工作为抓手，紧紧围绕“抓重点、强基础、补短板”的工

---

① 参考《定边县2018年国民经济和社会发展统计公报》。

作思路，积极构建“大卫生、大健康”工作格局，稳步推进县级公立医院综合改革，医疗卫生设施条件进一步改善，服务功能进一步增强，有效缓解了老百姓“看病难、看病贵”的问题。2017 年末，定边县共有医院、卫生院 39 个，其中县级医院 9 个（公立医院 3 个，民营医院 6 个），乡镇卫生院 30 个。全县医院、卫生院共有病床 1576 张，全县共有卫生技术人员 1806 人，其中医生 464 人，每千人拥有病床数和卫生技术人员数分别为 4.7 张、5.4 人。农村卫生服务网络进一步完善，行政村合并后经卫生主管部门批准的村卫生室共 236 个，城镇个体诊所 39 个，厂校医务室 1 个。

2018 年，县医院整体搬迁项目初步设计方案已经评审，县医院农食梁社区卫生服务中心维修改造完工并正式投入运行；积极拓展招商引资渠道，引进北京万和公益基金和陕西省慈善联合会，为定边县 15 家公益医疗机构和 2 家民营医院捐献 DR、彩超、生化治疗仪、健康一体机等设备共计 49 套，总价值 3000 余万元；为定边县医院、中医院引进 3 名高层次紧缺人才，为县级公立医疗机构临聘 83 名本科毕业生，有效提高了医疗水平和诊疗能力。一年来，积极落实健康扶贫政策，共为建档立卡贫困人口代缴合疗费 611.86 万元、小额人身意外保险 71.98 万元，新农合参合率、大病保险参保率、新农合财政代缴率均达到 100%。同时，为贫困人口住院治疗开通“先诊疗、后付费”绿色通道，开展镇村医生对贫困家庭慢性病患者进行签约服务，实现了贫困人口看病的新农合、大病保险、民政救助和政府兜底“四重保障”。2018 年末，全县共有医院、卫生院 39 个，其中县级医院 9 个（公立医院 3 个，民营医院 6 个），乡镇卫生院 30 个。医院、卫生院共有病床 1598 张，全县共有卫生技术人员 2077 人，其中医生 529 人，每千人拥有病床数和卫生技术人员数分别为 4.7 张、6.1 人。农村卫生服务网络进一步完善，行政村合并后经卫生主管部门批准的村卫生室共 239 个，城镇个体诊所 42 家，厂校医务室 1 家，综合门诊部 1 家。在计生工作方面，全面贯彻落实二孩生育政策，“两项工程”顺利开展。

2017 年，定边全县地区生产总值（GDP）达 255.32 亿元。其中，第一产业增加值 20.03 亿元，占全县地区生产总值的比重为 7.8%；第二产业增加值 158.30 亿元，占全县地区生产总值的比重为 62.0%；第三产业增加值 76.99 亿元，占全县地区生产总值的比重为 30.2%。人均地区生产总值达 77277 元。全年实现农林牧渔业总产值 36.31 亿元，2017 年，全县规模以上工业企业完成产值 234.87 亿元，实现工业增加值 152.76 亿元，全社会固定资产投资达 206.10 亿元。其中，县本级 500 万元以上项目完成投资 138.65 亿元。按一二三产业划分，第一产业完成投资 0.81 亿元，第二产业完成投资 99.79 亿元，第三产业完成投资 38.05 亿元。三次产业投资构成比为 0.6∶72.0∶27.4。2017 年，全县财政总收入完成 20.28 亿元，其中地方财政收入完成 11.62 亿元；全年累计财政支出 39.53 亿元。2017 年城镇常住居民人均可支配收入达 33263 元，农村常住居民人均可支配收入达 12885 元。2018 年，全县城镇常住居民人均可支配收入达 29017 元，比上年增加 2113 元，增长 7.9%，农村常住居民人均可支配收入达 13831 元，比上年增加 1137 元，增长 9.0%。

第二节　定边县贫困状况及致贫原因探析

一、定边县贫困状况梳理

定边县于 1986 年被确定为国定贫困县，2002 年被确定为国家级扶贫开发重点县。据统计，2000 年底，定边县有人均纯收入 700 元以下未解决温饱户 9720 户 4.8645 万人，占全县农业户和农业人口的 17.3% 和 18.6%；有人均纯收入 700～820 元贫困户 1.76 万户 8.8 万人，占全县农业户和农业人口的 32.3% 和 32.7%。两项合计，2000 年底，全县共有贫困户 2.732 万户 13.6645 万人，分别占全县农业户和农业人口的 48.6% 和 52.2%。

2002 年被确定为国家级扶贫开发重点县前后，定边县贫困主要体现在如下一些方面：定边县行政村、自然村通电率和入户率低。乡镇、行政村公路通达率低。2001 年，全县 30 个乡镇 334 个行政村仅有 20 个乡镇和 169 个行政村公路通达，通达率仅有 66.7% 和 50.7%，尚有 10 个乡镇 165 个行政村未通公路。人畜饮水极度困难。到 2001 年，全县仍有 11.9 万人和 19.97 万头（只）牲畜的饮水问题未能解决，许多群众仍然靠驴驮人背到邻县取水。农村通信困难。2001 年，全县尚有 5 个乡镇未通程控电话，有 201 个行政村未通电话，无线寻呼基站仅 18 个，仅覆盖全县面积的 45%。文化教育落后，医疗卫生条件差，氟中毒病、碘缺乏病等地方病危害严重。据统计，到 2001 年，全县中小学校舍占有率、教师达标率远未达到国家水平，中小学生校舍占有率仅为 3.5 平方米和 2.5 平方米，小、中、高中教师达标率分别为 70%、67% 和 43%，全县 500 多所学校仅有 10 所不同程度配备了 20 ～ 50 台计算机，开设了计算机课程，其余图书、实验、电教几乎为空白。同时由于受经济条件限制，中小学辍学率高达 9% 和 3%，再生文盲人数不断增加。全县 32 所医院，除县城两所医院设备较全外，其余 30 个乡镇医院房屋破旧，危房占比达 40%；医疗设备落后，床位短缺，医务人员奇缺，仍处于体温表、听诊器、血压计“老三件”的落后状态。村级医疗站更差，全县仅有村级卫生室 198 个。全县氟病区 4796 平方千米，涉及 25 个乡镇、199 个行政村、1150 个自然村、18.7736 万人，到 2001 年，仍有 11.6717 万人和 3 万头（只）牲畜饮用高氟水。全县有碘缺乏病患者 2 万多人，患病率达 21.43%。

另外，定边县贫困面大，贫困程度深，脱贫难度大，特别是白于山区，被陕西省确定为全省扶贫攻坚三大难点之一，定边县有 23 个乡镇（其中完全乡 18 个、部分乡 5 个）位于白于山区，涉及 215 个行政村、1606 个自然村、13.6 万人，总面积 442.8 平方千米，分别占全县的 64.4%、79.9%、46.7% 和 61%。白于山区内沟壑纵横，地形破碎，水土流失严重，自然灾害频繁。到 2001 年，区内 33.4% 的村未通电，5 个乡镇没有完成农话改制，深山区仍有 6.1 万人和 14.8 万头（只）牲畜饮水困难，山区群众一直挣扎在温饱线上。2000 年，白于山区农民人均占有粮 145 公斤，农民人均纯收入 682 元，返贫率达 65%。

二、定边县致贫原因探析

（一）自然条件因素

1. 干旱

定边县地处毛乌素沙漠南沿，属干旱半干旱地区，气候干燥，有“十年九旱”之说。据县志记载，定边年平均降水量仅为 323.6 毫米，而 80% 保证率的降水量只有 220 毫米左右，且 54% 集中在秋季，农作物的生长与成熟均受到极大的影响。据 1957 年至 2000 年 40 余年的资料统计，出现大小干旱 192 次，平均每年出现 4.7 次。百日以上大旱出现 16 次，平均每年出现 0.4 次。40 余年中除 1964 年无干旱外，其他年份都存在干旱现象。1970 年至 1975 年，全县更是连续 6 年干旱，岁岁歉收。在小旱、干旱、大旱三者中，干旱最多，占总数的 54%；小旱次之，占总数的 33%；大旱最少，占总数的 13%。从季节干旱看，冬旱最多，占总数的 23%；春旱次之，占总数的 17%。这种干旱的气候严重影响了定边人民的生产发展和生活质量，是造成贫困的重要原因。

2. 风沙

定边县风沙较大，风沙日多，特别是春季，月最多大风达 15 次，平均两天一次。县志记载，每年有六级以上大风 30 ～ 60 次，最大风力可达十一级。由于一年无风天气甚少，所以民间有“一年一场风，从春刮到冬”的说法。1957 年到 2000 年共出现大风 918 次，平均每年出现 21.3 次，最多的年份出现 59 次，最少的年份出现 5 次。全年春季大风最多，占年总数的 48%；冬季次之，占 26%；夏、秋季大风较少。一年之中 4 月最多，平均 4.8 次，占年总数的 19%；3 月次之，平均 3.6 次，占年总数的 14%；9 月最少，平均 0.3 次，占年总数的 1%。风沙天气给农作物、家禽家畜等都带来严重损毁，也对百姓的人身安全造成威胁，严重影响定边人民的生产生活。

3. 霜冻

定边县无霜期短，在春末夏初和夏末秋初之际，县内经常受到从西伯利亚南下的极地干冷气团的侵袭，初霜早，终霜迟，农谚有“四月八，冻死黑豆荚”之说。县志记载，历年平均初霜冻日是 9 月 30 日，历年平均终霜冻日是 5 月 11 日，全年无霜冻期平均为 141 天。这大大影响了定边的农业生产，是造成贫困的重要因素。

4. 冰雹

冰雹是定边县另一大自然灾害，雹粒最大者如鸡蛋，最小者如豌豆，给全县人民生命财产安全带来重大威胁，对粮食生产、畜牧业发展带来巨大破坏。县志记载，1957 年到 1998 年的 41 年中，共出现冰雹 33 次，冰雹多出现在 7—8 月份，大约 10 年中有 5 年出现冰雹，出现最多的年份达 4 次（1963 年）。定边县平均每年受灾的村庄不少于 30 个，损失粮食 50 万～75 万公斤左右。谚云：“雷雨走旧路，雹打一条线。”县境内冰雹路线有三条：其一从周台子乡金鸡湾起经白泥井、海子梁、砖井、堆子梁、安边到郝滩乡伙草涧村；其二从冯地坑乡刘畔子村起经纪畔、油房庄、杨井至新安边镇的解家峁村；其三从白湾子镇姚台村起经王盘山、樊学、堡子湾、姬塬到罗庞塬乡的沙塬村。

5. 土壤与耕作

定边县虽然面积广大，但是一方面，县内有大量土地土壤瘠薄，肥力低，障碍因素较多，适种范围不广或不宜农、林利用。这些土壤类型包括风沙土土类，占全县总土地面积的 14.44%，这种土壤结构松散，沙粒含量大于黏粒含量，以沙粒为主，保水保肥力差，风蚀严重，有机含量更低。种植农作物或造林肥力不足，生长缓慢，易受旱灾。棕钙土类占全县面积的 5.62%，土地贫瘠。盐土土类占全县总面积的 4.46%，这种土壤由各种可溶性盐类随地下水季节性升降而逐渐积累于表土而形成，地形低洼，排水不良，径流不畅，矿化度高，表土板结，透气性不良，只有部分盐生植物能够生存，像盐蒿、白刺等。其他土壤类型还包括草甸土土类、潮土土类、栗钙土土类等。定边县总共有约 27.04% 的土壤不适合作为农业用地。另一方面，定边县土地分为风沙滩区和丘陵沟壑侵蚀区两大类。两类土地水土流失都十分严重，水土流失面积为 5510 平方千米，占全县总面积的 80.28%，其中水蚀面积约 3400 平方千米，占总流失面积的 62.8%；风蚀面积 2000 多平方千米，占总流失面积的 37.2%。土地贫瘠加上水土流失严重，这极大地制约了定边县的农业发展，是造成贫困的重要原因。

定边一带土地辽阔但肥料不足的问题，形成了广种薄收的落后生产方式。在肥料不足的情况下，大部分农田难以保持地力，数年后无法再种，只能弃耕。因此，定边地区农业生产的发展，以前一直以大规模开荒为主要手段。农家多恃天时，鲜施人力，种植数年，弃耕歇荏，另辟新田，遂形成“倒山种地，剥草皮吃饭”的习惯，故有“不种百垧、不打百石”的农谚。另外，由于播种面积过大，一般农户每个劳力须承担 2.67 ～ 4 公顷农田的任务，根本无法做到精耕细作。有些作物可锄两次，多数只锄一次，有的甚至不锄。因此，耕作粗放是定边农业生产又一落后现象。而耕作粗放的必然结果则是低产，若逢天灾，籽种不还。因广种而导致耕作粗放，因耕作粗放而导致薄收。越薄收越要广种，越广种越是薄收。长期以来，定边县农业生产即在这种恶性循环之中徘徊。

（二）基础设施条件因素

供水方面。定边县降水量少，蒸发量大，地表径流贫乏且水质差。南部山区缺水且地下水质苦咸硬度较高。山区6条河流中，除红柳河、新安边河的总硬度小于250毫克／升，离子总量小于1500毫克／升外，其他河流的总硬度均超过250毫克／升，不适宜人畜饮用。当地俗语云：“十字河的水，驴喝也拌嘴。”且境内多数河流均属无定河、洛河、泾河源头，别无支流过境供截留利用；北部滩区虽有水但矿化含氟者居多，不宜人畜饮用，氟中毒在滩区及浅山区的12个乡镇多发，轻者腰背、四肢关节疼痛，肢体轻微变形，劳动能力下降；重者弯腰驼背，肢体明显变形，肌肉萎缩，甚至全身瘫痪，丧失劳动能力。因此水资源的开发利用，无论山滩均有一定的限制因素，全部水资源利用率仅为12%，每遇大旱，窖水不济，水荒大于粮荒。人畜饮水困难和地方性饮水型氟中毒问题，严重地影响和危害着定边居民的身体健康和正常的生产、生活。

供电方面。长期以来，受制于财政因素和地形因素，定边县行政村、自然村通电率和入户率低，到2001年，全县仍有72个行政村688个自然村8990户农户未通电。有9个乡镇电源由外县引进，电价昂贵，经常限电停电，极大影响了农村人口的生产生活。

道路通信方面。定边南部黄土高原丘陵沟壑区面积4186平方千米，占全县总面积的61%，经流水的冲刷及其他外力的侵蚀，黄土高原被切割成梁、峁、塬、涧、崾岘和河谷等各种不同的地貌景观。长期的水土流失，使地块支离破碎，千沟万壑，纵横交错，交通不便，路面起伏，路身曲折，夏雨冬雪之季，交通往往受阻，部分地区甚至需要依靠骡、马、驴驮运。这些因素导致定边乡镇、行政村公路通达率低。2001年，全县30个乡镇

334 个行政村仅有 20 个乡镇和 169 个行政村公路通达，通达率仅有 66.7% 和 50.7%，尚有 10 个乡镇 165 个行政村未通公路；2001 年，全县尚有 5 个乡镇未通程控电话，有 201 个行政村未通电话，无线寻呼基站仅 18 个，仅覆盖全县面积的 45%。

（三）文化与受教育因素

由于受经济条件限制，以往定边县人民受教育情况较差，1990 年人口普查表明，定边县学龄儿童入学率仅为 76.2%，初中毕业升学率为 59.4%；2001 年，定边中小学辍学率高达 9% 和 3%，再生文盲人数不断增加；到 2012 年，定边县初中毕业升学率也仅为 77.5%。这使得定边县很多农民文化素质不高，对很多现代农业技术和思想的掌握不足，再加上定边人民传统上不愿外出，小农意识浓厚，缺乏足够的市场经济观念，当地有“三十亩土地一头牛，老婆娃娃热炕头”的俗语。另外，一些地方的老百姓深受落后的旧风俗习惯影响，部分地区赌博风气较浓厚，这些因素都造成定边县的贫穷落后面貌。

从表 1–1 和图 1–1 致贫原因分析中可以发现，2014 年以来位居致贫原因前三的有因病、缺资金、因残三大因素。其中，因残、缺资金的比例不断上升，因病致贫的影响不断下降。

表 1–1 定边县致贫原因统计（2014—2018 年）

（单位：户，%）

贫困原因	2014	2014	2015	2015	2016	2016	2017	2017	2018	2018
	数量	占比	数量	占比	数量	占比	数量	占比	数量	占比
交通条件落后	6	0.07	9	0.1	3	0.03	6	0.06	5	0.05
自身发展动力不足	34	0.37	44	0.48	145	1.49	192	1.97	183	1.87
缺水	47	0.51	36	0.39	16	0.16	2	0.02	–	–

（续表）

贫困原因	2014	2014	2015	2015	2016	2016	2017	2017	2018	2018
	数量	占比	数量	占比	数量	占比	数量	占比	数量	占比
缺土地	320	3.47	308	3.33	217	2.24	182	1.86	174	1.78
因灾	333	3.61	362	3.91	257	2.65	265	2.71	272	2.78
因学	657	7.12	724	7.83	675	6.95	615	6.3	605	6.18
缺劳力	726	7.87	689	7.45	682	7.03	800	8.19	800	8.17
缺技术	749	8.12	759	8.2	624	6.42	789	8.08	817	8.35
因残	934	10.11	1002	10.83	1428	15	1533	15.7	1543	15.76
缺资金	2077	22.5	2093	22.61	2916	30	3309	33.89	3337	34.09
因病	3346	36.25	3226	34.87	2745	28	2071	21.22	2051	20.95
总体	9229	100	9252	100	9708	100	9764	100	9790	100

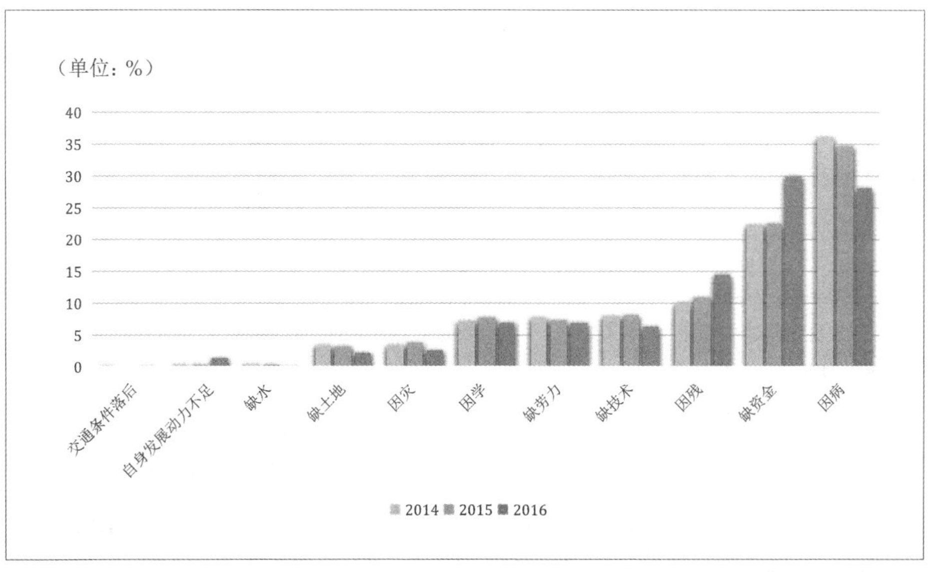

图 1-1　定边县致贫因素分析（2014—2016 年）

从建档立卡户在校生人数情况角度考察贫困状况，从表 1–2 看，2014—2015 年，在校学生数越多，陷入收入贫困的比率越大，脱贫的难度越高；2016—2017 年，家庭学生数越多，收入贫困越大，之后随着学生数增多，收入贫困反而减轻；与此同时，家庭学生数越多，未脱贫的比率反而减少。总之，2014 年以来建档立卡户中，在校学生家庭收入贫困率大幅度下降。

表 1–2　按照在校学生数对收入贫困和未脱贫家庭比较（2014—2017 年）

（单位：人，%）

在校学生数	2014		2015		2016		2017	
	收入贫困	未脱贫家庭	收入贫困	未脱贫家庭	收入贫困	未脱贫家庭	收入贫困	未脱贫家庭
0	85.81	96.67	46.07	57.39	5.25	53.29	2.35	17.59
1	91.97	95.52	50.04	54.69	6.54	52.45	3.25	9.31
2	92.25	95.09	49.30	53.16	4.83	48.06	3.36	7.57
3	92.79	95.05	52.78	53.70	4.76	46.15	2.05	6.56
4	100	100	57.14	61.90	4.35	39.13	0.00	8.33
5	100	100	66.67	100	—	—	—	—
总体	88.79	96.07	47.91	55.89	5.56	51.95	2.78	13.16

注：学生数是指家庭所有在校生，包括学前教育、小学、初中、高中、大专及以上的学生数之和。

当学前教育在校生数增加时，贫困比例有所增加，不过当在校生数增加到 3 个时，贫困有所减少。2014 年以来的建档立卡户中，有在校学龄前儿童家庭的收入贫困率和政府确认的贫困率大幅度下降。

第三节　定边县脱贫攻坚总体部署

一、定边县脱贫攻坚情况概要

自1986年被确定为国定贫困县以来，定边县开展了坚持不懈的扶贫开发工作，分别经历了1986年至1993年大规模开发式扶贫、1994年至2000年的扶贫攻坚、2001年至2010年落实第一个扶贫十年开发纲要以及2014年以来的精准扶贫开发，各个时期扶贫成果斐然。

定边县通过扶贫开发重点村建设、移民搬迁、扶贫贴息贷款、联县扶贫工作、劳动力技能转移培训工作、土地治理和多种经营等方法，累计启动扶贫开发重点村181个，完成投资8619.22万元；累计搬迁贫困户2480户12311人，使用财政扶贫资金3424.7万元。

精准脱贫实施以来，定边全县共识别建档立卡贫困人口9765户35998人。贫困村主要分布在白于山区的砖井镇（7个）、红柳沟镇（6个）、姬塬镇（6个）、冯地坑乡（5个）、学庄乡（5个）、杨井镇（5个）、张崾先镇（5个）等乡镇，均为距县城较远、交通相对不便的乡镇，其他乡镇也有数量不等的建档立卡贫困人口分布。通过扶贫资金注入和扶贫政策落实，2014—2017年定边县累计脱贫32617人，贫困综合发生率降至1.13%，低于3%的退出标准；农村居民人均可支配收入（12885元）占当年全省农村居民人均可支配收入（10265元）的125.5%，远高于70%的标准；全县通沥青（水泥）路行政村比例达到100%，高于97%的标准；全县农村自来水普及率达到92.9%，高于92.1%的标准；电力入户率达到100%；全县有安全住房率达到99.79%，高于97%的标准；贫困人口新农合参合率、大病保险参保率两个100%，达到标准。到2018年底，圆满完成79个贫困村、8892户34159人贫困人口的脱贫退出，贫困发生率降至0.68%。2018年9月28日，经国务院扶贫开发领导小组评估和陕西省政府批准，定边县正式脱贫摘帽，退出贫困县序列。

二、机制创设的具体布局

（一）夯实脱贫攻坚责任机制

第一，首先提高政治站位，构建“三级书记”责任工作机制。全面构建“三级书记”抓扶贫责任体系，逐级签订责任书，立下“军令状”；建立“一抓三包”责任机制，落实县级领导包乡包村联户、部门包村、干部包户责任制，所有贫困村派驻工作队，所有行政村选派第一书记，所有贫困户落实帮扶责任人。第二，整合优质资源，构建“人才高地”指挥体系。按照“抽硬人、硬抽人”的原则，及时加强扶贫力量，根据岗位需求和个人特长，先后调派9名科级干部和8名工作人员、15名研究生到扶贫办工作；从大学生复退军人中择优选派25名，并招录乡镇扶贫专干17名，充实到乡镇扶贫队伍中，有效提升了脱贫攻坚指挥作战能力。第三，用活三项机制，构建“赛场选马”激励体系。创新实施“职级抵押”选人用人办法，对工作成效显著的予以任用，对工作不力或成效不明显的，不予使用或取消后备干部资格。出台脱贫攻坚鼓励激励办法，从精神上、物质上、政治上予以鼓励激励。

（二）锤炼脱贫攻坚制度体系

首先，建立扶贫难题诊断处理机制。通过自下而上发现问题，扶贫办组成问诊团队提出应对方案，及时召开专题座谈会分析问题、研究问题、提出解决方案，将具体的解决方案应用到实践中去检验。

其次，强化严督实考，构建“多轮驱动”督查体系。组建了3支脱贫攻坚专业督查队，由组织、纪检、扶贫等 13 个部门组成联合督查组，实行全过程全方位全覆盖常态督查。

最后，构建产业、就业、保障体系。具体包括促进转型升级，构建“多元增收”产业体系。加大财政投资，帮扶贫困户积极发展种养业，提升产业经营效益；统筹实施光伏扶贫、电商扶贫、生态扶贫等，做到产业项目覆盖到村、受益到户，产业收入占农民人均可支配收入比重达 60% 以上。畅通就业渠道，构建“五个一批”就业体系。按照自主就业、教育培训、公益岗位、劳务输出、企业解决“五个一批”措施，安置或易地转移贫困劳动力就业。灵活采取“田间课堂”“联合培训”等方式，实现有劳动能力农户就业技能培训全覆盖。织密民生网络，构建“以人为本”保障体系。统筹推进移民搬迁、新型城镇化、新农村建设和农村危房改造工作。开展慢性病签约服务，全面落实“四重保障”，推行报销结算“一站式”服务，实现贫困户就医“先诊疗，后付费，个人自付 10% 以内”。加强控辍保学，确保义务教育的全覆盖。

（三）建立目标体系

坚持以“一收入两不愁三保障”为核心，基础设施建设和民生政策落实为根本，产业就业、扶贫扶志、乡风村容为保障，乡村振兴、全面小康为提升。“一收入两不愁三保障”，这是根本目标和核心任务，必须严格对标全面完成，并持续加以巩固。水电路信等基础设施建设和民生政策落实，这是根本任务。抓好产业扶贫、就业扶贫，抓好产业体系建设，采取短期效应与长期规划相结合，保障群众持续增收，这是巩固和可持续的保障措施。开展“扶贫扶志”、乡风文明建设和村容村貌整治，建设美丽乡村，激发内生动力，这是脱贫攻坚的社会基础。将精准扶贫与乡村振兴、全面小康建设规划相互衔接、统筹推进，既是持续巩固提升措施，也是脱贫攻坚的工作“延伸”。

（四）工作落实机制

定边县推行率先垂范，倡导领导干部把自己摆进去，切实落实好党政第一责任人的机制，形成脱贫攻坚的良好氛围，提升干部能力与积极性。县委政府主要领导将扶贫作为第一工作任务来抓，“把自己（‘一把手’）摆进去”。县委书记和县长带头解决问题，结对帮扶贫困户。在实践中实现了化繁为简和化简为繁的政策执行机制，提升了干部能力，最后形成了讲给干部听，做给干部看，带着群众干，始终和贫困人口在一起。

（五）政府、社会、贫困群众协同大扶贫体系

首先，撬动社会力量，构建“政企合作”金融体系。设立贫困户小额信贷风险补偿基金，为符合条件的贫困户发放小额扶贫贷款，切实解决贫困群众发展产业缺资金的难题。其次，培育文明新风，构建“扶志六法”淳化体系。开展乡村环境卫生清洁行动和贫困户家庭“五净一规范”评比活动；大力推广农村“一约四会”，促使群众自觉移风易俗，清除陈规陋习；建立行政村“爱心超市”，促使贫困群众通过从事公益活动获得积分、得到奖励；通过创作扶贫歌曲、拍摄微电影等方式，激发贫困户自立自强、勤劳致富的信心勇气。

第二章　定边县脱贫攻坚的理论探索

“凡事预则立，不预则废。”任何系统性工作都需要有顶层设计，进而通过一系列具体措施保障实施。对于脱贫攻坚工作而言，这一工作中需要首先回答好一系列基础性问题，才能凝聚共识、确定目标、积聚力量，以取得脱贫攻坚的最终胜利。本章分为四个部分，一是展现定边县对于贫困的科学认识，这回答了脱贫攻坚的客体问题，即什么现象才是脱贫攻坚治理的对象；二是脱贫攻坚中处于基础性地位的基础设施建设应当包含哪些内容；三是什么才是脱贫的衡量标准，为了达到这一目标，定边县又采取了哪些做法；四是脱贫攻坚的主体力量是什么，也即主要依靠什么开展脱贫攻坚。可以说，这四个方面从客体、基础、目标、主体概括了脱贫攻坚治理体系构建所必需的四个方面，并且我们也必须按照这一逻辑顺序，首先知道我们治理什么，其次知道治理基础是什么，再次知道治理目标在哪里，最后在确定上述问题之后，着手组织治理主体，挖掘主体力量，展开治理过程。

第一节 贫困的标准与识别

一、贫困标准：绝对贫困与相对贫困

贫困作为人类社会产生以来就产生的现象，在世界范围内始终是一个严重困扰人类社会进步的重大问题。世界各国政府以及各类国际组织也都致力于解决贫困问题，但至今尚未有任何一个国家能够真正解决这一问题。在讨论贫困之前，我们必须要明白贫困的含义究竟是什么，由此才能确定我们所说的扶贫过程中的对象问题。

马克思和恩格斯曾经对贫困现象有过深刻的论述，他们从资本和雇佣劳动的对立关系出发，联系资本积累和人口过剩、经济危机来阐述无产阶级贫困化理论，分析了无产阶级贫困化的原因和消灭贫困的道路[①]。他们在《1844年经济学哲学手稿》《哲学的贫困》《雇佣劳动与资本》等著作中指出，由于资本的增加以及对新技术和新生产方法的引进，造成了大量无产阶级的失业，并且使得较高社会阶层中的人们被迫成为无产阶级，因此，可以认为马克思和恩格斯将造成贫困的原因直指私有制，并指明了消灭贫困的根本途径是消灭私有制。马克思和恩格斯是根据是否占有生产资料来划分贫困与否的，即被雇佣的劳动者所创造的剩余价值处于被资本家剥削的境地中，贫困即意味着不掌握生产资料，无产阶级与贫困者的含义基本上是等同的。

随着资本主义的发展，人们对贫困的认识也逐步深化。一些并不掌握生产资料的人，他们虽然属于无产阶级的范畴，但其生存状况也不是通常

① 刘建华、丁重扬：《马克思主义经济学的贫困理论及其当代价值》，《政治经济学评论》2012年第2期。

认知上的贫困。那么贫困究竟指代什么现象？英国学者朗特里（Seebohm Rowntree）在 1899 年提出，如果一个家庭的总收入不足以维持体能所需要的最低数量的生活必需品，则该家庭为贫困家庭[①]。朗特里的论述既是一种收入视角的贫困定义，也是一种绝对贫困观。这种对于贫困的定义路径为后来者所继承，例如美国经济学家萨缪尔森认为贫困就是“一种人们没有足够收入的状态”[②]。在这种定义的思路中，人们是否处于贫困状态，直接来说仅与自身的收入水平相关。虽然在更深层次上，人们的收入水平取决于社会运行的状况，但这并不属于讨论贫困定义的范围。此外，这些定义也聚焦于贫困者是否能够在生物性上继续生存的问题，是人之为人的最低需要，因此无论是朗特里还是萨缪尔森，所用的就有“最低”“足够”等词汇。

另外一种对于贫困的观点可以概括为相对贫困观。它是指在特定的社会中，依靠个人或家庭的劳动所得或其他合法收入虽能维持其食物保障，但无法满足在当地条件下被认为是最基本的其他方面需求的状态，这一贫困观的衡量标准仍然是家庭收入和人均支出。如世界银行在《1981 年世界发展报告》中指出：“当某些人、某些家庭或某些群体没有足够的资源去获取他们那个社会公认的、一般都能享受到的饮食、生活条件、舒适和参加某些活动的机会，就是处于贫困状态。”这是一种相对贫困的描述。

此外，还有其他的一些对于贫困的论述不仅关注收入的欠缺，还考虑到诸如能力、权利等因素。但这些关于贫困的观点也都可以划入上述两类基本的贫困观中，在此不再赘述。

当然，学界对于贫困的分类还有许多其他的维度，例如根据贫困的内涵可以划分为狭义贫困与广义贫困，或者根据贫困成因划分为普遍性贫困

---

① 李余、蒋永穆：《中国连片特困地区扶贫开发机制研究》，经济管理出版社 2016 年版。

② ［美］保罗·萨缪尔森：《经济学》，首都经济贸易大学出版社 1996 年版。

与制度性贫困等，但在本章中，主要致力于阐明什么状态是贫困的，从这一点而言，狭义贫困与广义贫困基本上可以与绝对贫困和相对贫困的划分所指示的含义相同，并且后者的划分更能够说明认识的深化过程，而前者只能表现出概念范围的不同。

根据前文对贫困观的梳理，我们至少可以得出这样一个认识：贫困就是一种欠缺状态，这种欠缺可能是绝对的，以至贫困者难以进行自我的再生产；也有可能是相对的，通过在与社会一般状态的比较中处于欠缺状态。贫困者的这种欠缺，可能是物质上的，也有可能是非物质层面。那么，怎样的欠缺状态才是我们所讨论的状态呢？这就涉及贫困线的问题，我们对某人是否处于贫困状态，需要有一个衡量的标准，低于这一标准的，我们即可认为他们处于贫困状态。

贫困的定义尚且众说纷纭，更不用说作为操作层面的指标贫困线了。对于贫困线是什么、如何界定贫困线等问题，学界同样有非常激烈的讨论。从绝对贫困与相对贫困两种不同的贫困观出发，就有绝对贫困线与相对贫困线两种不同的贫困线类型，以下仅选择其中应用较广泛的进行说明。

从人们对贫困的认识发展出发，首先出现的是对绝对贫困的认识，因此较早出现的是绝对贫困线。前文所说的朗特里即持这种观点，这种衡量贫困的方式在世界各国尤其是发展中国家被广泛使用。如世界银行对此就有界定："确定绝对贫困线的最通用方法之一是首先确定热量摄入需求量，然后确定一个人获得这些热量所需的支出或收入水平；另外一种是首先找到获得这些热量所需食品的最低费用。"①

这类绝对贫困线的最终衡量标准仍然是收入，据世界银行 2015 年发

① 世界银行：《贫困与对策》，经济管理出版社 1996 年版。

布的最新国际贫困线，实现这种最低热量摄入需求量，每人每天需要1.25美元的支出。当然各国政府在具体的脱贫实践中会采纳不同的地区贫困线，其根源在于世界各地的货币购买力并不一致，即每个地区获取相同热量所需的支出并不一样，因此各国在实践中通常采用购买力平价或空间价格指数的方法对各自的贫困线做一定的调整，以符合不同地区、不同时间的货币购买力情况。

相对贫困线则是经过贫困研究后人们对于贫困的认识不断深化发展的产物。这类贫困线的出发点是，即使人们满足了最低生存需要，但当他们拥有着明显低于其他人的收入时，也应当被认为陷入贫困状态中。绝对贫困线尚且面临着货币购买力不一致等问题，相对贫困线作为一种相对标准，要准确地衡量它更为不易，较常见的做法包括：收入比例法、人群分布法等。收入比例法即计算出一个社会中个人（家庭）收入的平均数或中位数，再以平均数或中位数的某一比例，如1/2或1/3作为贫困线；人群分布法即将人口等分组，将其中收入最低的某一群体定义为贫困人群。

二、中国贫困线演变历程及定边县识别贫困的基本方法

中国贫困线的确定本质上属于绝对贫困线，这一界线综合考虑了最低营养标准、食品贫困线和非食品贫困线。最低营养标准以居民每天摄入的热量来评估，最低标准为8799.55焦耳；食品贫困线是指居民购买满足最低营养标准的食品所花费的支出；非食品贫困线则指维持生存和正常活动必不可少的非食品支出的最低标准。我国规定贫困人口的贫困标准是食品贫困线与非食品贫困线的和，具体来说就是：贫困线=食品贫困线×0.6+非食品贫困线×0.4。依据这一计算方法，1986年我国制定的绝对贫困标准是每人每年206元。经济发展水平的提高和物价的变动，到2000年调

整为每人每年785元，在这一年，我国同时制定了865元的低收入标准，这一标准到2007年底调整为1067元。在2008年，我国将这两个标准统一为1067元，方便了实际工作中的操作，并以此为新的扶贫标准。2010年，贫困标准进一步上调至1196元；次年，我国确定了以农村居民年人均纯收入2300元（2010年不变价）作为国家新的扶贫标准。根据农村物价指数的变动情况，贫困线在数值上，在不同地区、不同时段都有不同的变动，例如，根据2010年2300元不变价计算，2017年中国贫困标准为3070元。

精准扶贫思想的提出，标志着中国在脱贫攻坚过程中对贫困有了更深刻的认识。以往所确定的国家贫困线从根本上说是一个绝对数值，它的意义在于说明全国范围内，如果某户人家的收入状况低于该线，则一定属于贫困人口。尽管各地在具体的脱贫工作中会相对国家贫困线有上下浮动，但这些贫困线从根本上仍旧是将待确定贫困户等同视之。换言之，即用行政部门所考虑到的贫困表现和成因去衡量每一个待确定贫困户，这就无法考虑每一户的具体情况。精准扶贫的思路则将待确定贫困户的各类潜在困难都纳入其中，甚至通过更为精确的方式，发现行政部门以往尚未发现的因素，真正做到了因地制宜、具体分析，这在认识论和方法论上无疑是一个巨大的飞跃。

目前，根据精准扶贫的要求，定边县的广大扶贫干部在识别、确认贫困人口的过程中，不单以家庭收入作为衡量指标，还考虑了其他因素，尤其是考虑人民群众面临的具体、特定问题，以精准识别贫困人口。定边县精准识别有“六看一问”的要点：“六看”包括粮食住房、粮仓着装、劳动力强不强、家中有无读书郎、家中是否有卧床、产业长不长；“一问”即问群众认不认可。这一识别要求的要点，不仅进一步确认收入水平是否真实反映生存水平，也考虑到了教育、医疗、内生动力等方面的因素。在这些要点之外，也考虑具体的情况，尤其是那些干部群体在识别贫困过程中发现的特殊情况，以找出致贫的真正原因进而精准扶贫，实现真正脱贫，还通过相互比较了解情况的邻里进行辅助判断，确保识别出真正的贫困户。

第二节　基础设施的基础作用

一、基础设施的内涵演变：总量增长、合理分配、时空协调

基础设施是人们在讨论经济社会发展时经常讨论的范畴，但基础设施的内涵是什么？它应该包括哪些内容？基础设施又有什么作用？具有什么特征？

要精确地界定基础设施的内涵并不是一件容易的事情，尽管很多人会认识到道路、水利等肯定属于基础设施的范畴，因为这些事物是经济发展的必要条件，这也是“基础设施”中“基础”一词的含义。那么是否还存在着其他的一些经济发展的必要条件？发展又仅仅是指经济层面的发展吗？以国务院办公厅 2018 年印发的《关于保持基础设施领域补短板力度的指导意见》（以下简称《指导意见》）为例，其中固然提到很多交通、能源、水利等方面的重点任务，但同样出现其中的还有脱贫攻坚、生态环保、社会民生等方面的内容。《指导意见》说明了一些其他层面发展的必要条件，同样属于基础设施的范畴，如脱贫攻坚关注的是贫困人口的生存发展问题，生态环保则是涉及整个社会的可持续发展问题。

从认识论的角度而言，人们的认识是在实践的过程中不断深化的，人们关于基础设施的认识同样也是不断深化的，从历史上人们对基础设施认识的梳理，或许可以帮助我们更好地理解“基础设施”这一概念。

如英国经济学家亚当·斯密在论述国家职能时曾写道，国家的第三项

职能是“建设并维持某些公共事业及某些公共工程，为了经济发展的需要，国家有义务修建公路、桥梁、运河等公共设施以及……保护商贸的守备队和防御工事等”[①]。在以斯密为代表的早期西方经济学家述及基础设施时，突出其公共性以说明基础设施建设的工作应该由国家来实施，并且强调基础设施对于经济发展的作用。但在之后的发展中，人们发现即使道路之类的设施建设比较完善，经济发展却不见成效，也就是说，单纯地在物质基础设施方面的建设，如果不能有与之相适应的人来进行建设，经济发展的效率也没有办法提高，由此人们开始关注到对人力资源的投资，进而关注到教育基础设施对经济发展的影响。

综上，人们对“基础设施”的影响仅限于经济产出的增加，却没有意识到分配问题，即“做大蛋糕”与“分好蛋糕”是两个不同的问题。由此人们认为发展与增长并不是同一个问题，并开始关注增长的分配问题，具体体现为经济增长的成果如何在穷人与富人之间进行分配，在实际探讨中就更为关注穷人的营养、卫生、教育条件。此时，基础设施的出发点更为关注“人”的获得。这一认识的深化逻辑在于基础设施建设对经济增长的影响存在边际递减效应，一味地增加基础设施建设投资，并不能获得经济水平的线性增长，而在某一特定范围内，对基础设施建设较为薄弱的环节——主要体现为贫穷的地区以及穷人的投资，能够获得更高的边际收益。因此，这种由仅仅关注增长到同时关注分配，实际上体现的是一种基础设施的空间分布变化，通过这种更为协调、平衡的基础设施建设，使得经济增长转变为经济社会协调发展。

如果说从增长到分配的认识深化，即关注所有人应该从社会发展中获得应有的份额，地区之间、人与人之间获得相对更平衡的收益，体现了基

① ［英］亚当·斯密：《国民财富的性质和原因的研究》，郭大为、王亚南译，商务印书馆1974年版。

础设施影响的空间分布问题，那么在逻辑上讲，就要关注时间维度上基础设施的影响；同时，随着环境问题越发突出，人们开始关注社会的可持续发展问题。基础设施的建设如果能够提高整个社会范围内的发展水平，但同时这种发展又是透支未来的发展潜力而得以实现的话，那么从长远的角度来看，也存在着基础设施对经济社会发展影响在时间维度上分布的不平衡，因此关于环境保护方面的建设也应当包含在基础设施的范畴之中。

改革开放以来，中国经济社会发展的时间也体现着这种认识的深化，尤其是党的十九大关于社会主要矛盾的转变的论断，结合近年来中国对于环境保护工作的重视，可以看到我们党在基础设施方面的认识不仅注意到了表面的经济增长，也注意到在空间和时间上的协调发展。从前文所引述的《指导意见》来看，在政策层面上，基础设施的含义已经包含了上述三个阶段的内涵。

从历史的梳理来看，人们对基础设施的认识不断深化，其内涵也更加丰富。同时，根据学界的梳理，人们倾向于认为基础设施有以下鲜明的特征。

一是具有较强的公共性。从亚当•斯密开始，即把基础设施的建设当成国家的一项重要职能，因此基础设施从一开始就具有很强的公共性。但随着社会的发展，市场力量也开始逐步参与到基础设施的建设中来，例如有市场资本参与的道路或学校修建等。但从数量上而言，基础设施建设中的国家色彩更多一些，市场力量大多数时候只是作为一种补充，因此，基础设施具有较强的公共性。

二是基础性和先行性。基础设施的建设在经济社会的整体发展中，处于基础性的地位，并且也具有先行性的特征，它是任何发展所必要的前提条件，无论是道路修建对于促进商品流通还是教育设施对于人力资源的投资，都是先于发展而存在的，并且是不可或缺的。

三是具有明显的外部性。基础设施对经济社会发展的各方面具有明显的外部性，从大量的文章都在探讨如何改进基础设施以促进发展可见一斑。

基础设施在经济社会发展进程中的地位如此重要，因此本章在总结定边县的脱贫攻坚成效时，首先从它的基础设施建设成就开始。事实上，定边县也将基础设施建设作为精准扶贫过程中的基础性、先行性环节来考虑，并在整体的基础设施建设推进过程中，全面考虑了经济社会协调、时间空间协调的特点，不仅认识到了基础设施建设与经济社会发展和精准扶贫之间的关系，也认识到了基础设施建设对当下、对未来的综合影响。

相应地，为更好地总结定边县的基础设施成就，本书对基础设施的分类，对应上文所述的对基础设施认识的三个阶段，主要包括经济基础设施、社会基础设施、生态保护基础设施三种类别。本章对于基础设施的叙述，主要按照类型学的学理标准，对近年来定边县的基础设施建设工作进行整体上的概括和分类，以反映定边县在构建精准扶贫治理体系的过程中对于基础设施建设规律的科学把握，并着重通过其基础设施建设成效说明“是什么”的问题，也就是从正面论述定边县在基础设施建设中做了什么，以及这些基础设施建设对于精准扶贫的推动作用，这反映了定边县对于什么是基础设施的正面认识。诸如基础设施建设过程中的工作方式、存在问题等其他内容详见本书第四章。

二、注重软硬两个“基础设施”建设

（一）经济基础设施

经济基础设施的主要作用即促进经济增长，包括道路、电力等对经济增长有直接影响的基础设施建设。总的来看，定边县对于何为经济基础设施也有了深入、前沿的认识。定边不仅在道路、电力等传统的经济基础设施领域加大了投入，也对于流通领域基础设施有了更为深刻的认识，敏锐地察觉到加快商品流通能够显著提高经济效率，从而采取系列措施推动电商基础设施的建设，推动定边特产走出定边，以推进定边县与外界的商贸交流。从经典的贸易理论来看，这不仅提高了定边县的收益，同时也对其他地方产生了正面的影响。

2015—2017 年，定边县通村道路完成投资 10.5 亿元，完成 1500 千米通村水泥路建设任务，实现全县 226 个行政村通沥青（水泥）路全覆盖，通畅率达到 100%，极大地方便了群众出行，有力保证了城乡物资流通，对农民增收、农村经济发展起到了积极的作用。

按照 220 伏电力线路入户率达到 100%，居民照明、电器可以使用的要求，2015—2017 年，定边县先后投资 9000 余万元对高压线路、配电器等设备进行改造，全县电网入户率达到 100%，并且完全覆盖贫困村。农村电网供电能力和服务水平明显提升，城乡供电服务初步达到均等化，基本实现稳定可靠的供电服务全覆盖，满足群众日常生产生活需要。

定边县在着重实施电商脱贫战略的过程中，不断完善服务于电子商务的基础设施建设，充分挖掘电子商务在促进流通、推动就业方面的作用，促进了农业增效和农民增收。定边县在 79 个贫困村全部接通宽带网络，建成三个村级电商公共服务试点，鼓励贫困户在网上购物节约资金并进行农产品销售。2017 年，定边县成功获批国家级“电商进农村综合示范县”。这些成就不仅有利于推动定边商品走向全国甚至走向世界，也为县域电子商务的发展在全国树立了样板。

（二）社会基础设施

前文说到，社会基础设施主要对应着基础设施建设对于空间协调和人群公平的认识及追求。定边县在推进社会基础设施的过程中，自始至终以社会公平为最高追求，不仅致力于空间上各地区人群之间的基本公平，也注重在纵向上向特定人群提供更为深入的社会基础设施，既弥补不同人群之间（特别表现为城乡之间）在社会基础设施拥有上质的差异，也着力弥补量的差距。简言之，定边县在社会基础设施建设的过程中，既注重“从无到有”，也注重“更多地拥有”。因此，社会基础设施主要包括政府机构在促进社会公平方面的基础性投入，包括发展教育、进行技术培训、建设公共服务设施等方面。其中教育、医疗设施的建设成效后文“三保障”部分有详细的论述，本节主要考察定边县在这些领域所进行的建设性工作。

在教育方面，定边县坚持教育事业优先投入、优先发展战略，全面深化教育综合改革，不断加大教育资金投入力度，除了积极推行义务教育阶段“零收费”政策外，还全面落实高中阶段和学前三年免费教育、农村学生营养改善计划等惠民政策。

在职业技术培训方面，定边县为全面落实科技帮扶培训，推动贫困户自我“造血”脱贫，与西北农林科技大学、榆林市农科院对接组成 8 支专家团队，对县内新型经营主体和发展产业的贫困户进行多次轮番培训，并通过机制保障，实现了贫困户户均拥有一套实用技术资料，至少一人掌握一项关键技术，建立起“一对一”技术帮扶长效机制的“三个一”目标。在畜牧业方面组建畜牧兽医技术团队，进行课堂培训、现场培训和个性化服务等工作。在就业创业培训方面，定边县在培训模式、培训方式、培训形式方面因地制宜进行创新，契合贫困劳动力实际需求，实现就业扶贫从“输血式”向“造血式”转变，激发了贫困人口的内生动力，实现“真脱贫”。

服务设施建设方面，在农村安全饮水、农村卫生室、文化服务设施、广电服务设施、体育服务设施等多个方面开展了大量工作并取得了显著成就。定边县根据滩区与山区的情况不同，分别采用集中供水和分散供水的方式，2015—2017 年铺设输配水管道 318.2 千米，新修 10 ～ 25 立方米蓄水池 5909 座，硬化集雨场 56.92 万平方米，从根本上改善了农村居民的饮水条件和健康状况，彻底摆脱了氟病区氟中毒的危害，减少了各种与用水有关的疾病的发生。

同期内定边县先后投入 800 万元，为 79 个贫困村全部建成村卫生室，改善了农村医疗服务条件和水平，使人民群众人人享有优质、价廉、安全、就近的医疗卫生服务，保障广大农民群众身体健康。

在文化服务设施方面，2004 年建成定边县图书馆，建筑面积达 3000 平方米，馆藏图书 13 万册，阅览座席 270 座；文化馆面积 2600 平方米，达到了省级二级文化馆的要求。同时，全县 232 个行政村中，101 个村已建成文化活动室并配备活动器材，116 个村建成文化广场；在 79 个贫困村中，建成文化服务中心 23 个，建成文化广场 35 个。通过文化服务设施基础建设，基层公共文化设施条件得到极大改善，丰富了群众精神文化生活，对促进社会和谐起到了积极作用。体育场馆、文化广场、农家书屋、站所建设等一批重点工程相继投入建设，极大地丰富了人民群众的文化娱乐生活，有效地推进了全县精神文明建设。2018 年，定边县深入实施文化惠民工程，持续开展“书香定边”全民阅读、基层文化辅导、民俗参演、公益电影等活动，组织各类文化惠民演出 297 场，新建乡村文化广场 20 个，县图书馆年末藏书 17.38 万册；成功举办庆祝改革开放 40 周年系列活动，“舞和谐文化 • 建美丽定边”主题广场文化演出活动精彩纷呈；元宵节期间举办了秧歌过街表演、新春游九曲、非物质文化遗产展示、戏曲晚会等，鼓楼和主要街道进行了亮化美化、增加了节日文化氛围；成功举办陕西首届“环千年盐湖”汽车场地越野拉力（全国）邀请赛暨 2018 定边旅游文化节，提高了定边文化软实力和文化影响力。

在广电服务设施方面，2017 年定边县实现全县 9765 户贫困户有线或无线电视全接入，79 个贫困村全部实现无线 Wi-Fi 全覆盖，为广大贫困人口利用互联网提供了巨大的便利。

在体育设施服务方面，2015 年建成可容纳 33000 人的体育场 1 座，在县第三中学内建成标准化体育馆 1 座、500 平方米的游泳馆 1 座。定边县还在贫困村开展健身工程，79 个贫困村中目前已实现 16 个村配备健身器材；在115个移民搬迁集中安置点中完成了31个移民点的健身器材配备，为县域居民尤其是贫困人口实现全面发展提供了便利条件。此外，体育事业也得到长足发展，2018 年举办了全县干部职工篮球赛、全县干部职工运动会和农民乒乓球比赛等大型群体体育活动 16 次；成功举办了第十三届中学生田径运动会、中学生足球联赛、小学生足球联赛等 17 次校园赛事。同时加快发展文化旅游产业，成功举办陕北榆林过大年定边主题活动、中国定边红花荞麦节暨百万亩花海旅游美食月活动，有效促进一二三产业融合发展，提高了定边的知名度和影响力。

（三）生态保护基础设施

学界对于基础设施认识的第三阶段，即注意到经济社会发展不仅仅是当下的事情，更是一件协调可持续的事情，因此不能牺牲将来的发展潜力完全转化为当下的发展成果。这一认识的突出表现，就是人们对于生态保护的高度重视。定边县在精准扶贫过程中，从人类社会发展规律的高度来理解并践行中央近年来大力倡导的关于生态保护理念方针和政策，着力推进生态保护基础设施的建设与精准扶贫要求相结合，取得了丰硕成果。

坚持人与自然和谐共生，深入践行绿水青山就是金山银山的理念，着力改善定边的生产生活环境。2018 年，大力实施了京津风沙源治理、千村万户绿化、城乡防护林提升、美丽乡村绿化等一批绿化工程，全年共完成造林面积 7.8 万亩、人工种草 17 万亩；建立了“河长制”工作体系，加强境内 6 条河流的生态综合治理，加固维修杨井、赵台、沙涧 3 座淤地坝，治理水土流失面积 109 平方千米；启动十里沙饮用水源地生态保护工程，水质达标率达 98%；扎实推进青山、蓝天、碧水、净土保卫战，全力做好污染源防治工作，县城空气质量优良天数达 293 天，位居全市第一，加快了宜居、宜业幸福定边建设步伐。

采取一系列生态扶贫措施，切实改善农村生态环境，促进建档立卡贫困户的增收，实现生态保护与精准扶贫协调推进。定边县生态扶贫坚持因地制宜，投入大量资金，聘用贫困户担任护林员，进行生态补助或生态效益补偿，培育核桃经济林，免费发放经济林、绿化苗木等。2017 年，定边县在贫困户中聘用 108 名生态护林员，并对护林员进行培训，既解决了部分贫困户就业问题，也激发了护林员的生态保护意识，推进了县域生态保护和县域经济社会可持续发展。

在退耕还林方面，工作重点向贫困村贫困户倾斜，2017 年度贫困户退耕还林面积 1044 亩，涉及贫困户 47 户，贫困人口 169 人。在环保工作与经济发展协调发展方面，核桃作为适宜定边县种植的经济作物，仅在 2018 年上半年就实现在 3 个贫困村建设核桃基地，建设面积 820 亩，涉及贫困户 57 户，贫困人口 227 人。运用经济林种植补助资金，极大地激发了贫困户开展核桃种植脱贫致富的动力。同时，根据相关乡镇、贫困村的申请，向 300 户贫困农户发放葡萄、梨、苹果苗木，对 12 个贫困村进行绿化美化，极大改善了村庄的生态环境面貌。

第三节 “两不愁三保障”的基本目标

“两不愁三保障”，既包含了贫困县在经济发展、社会保障和人民生活方面的整体表现，又包含了对每一名贫困人口脱贫的要求。“两不愁三保障”，是贫困县摘帽的退出标准，是衡量定边县精准扶贫成效的首要方面。

整体而言，定边县在构建“两不愁三保障”脱贫攻坚治理体系方面的主要思路和措施有三个特点：一是将“两不愁三保障”的各项工作作为县域工作的重点内容，“两不愁三保障”的组织层级较高，均为县委、县政府直接牵头组织；二是财政投入保障力度较大，县级财政向“两不愁三保障”倾斜；三是坚持精准扶贫思维，确保人力、物力、财力精准运用于脱贫攻坚中，确保精准脱贫。

以下内容将说明定边县自1986年开展扶贫工作以来在经济发展方面取得的成就，并展现精准扶贫以来在定边县人民群众的共同努力下，人民在“两不愁三保障”方面的生活水平提高情况。

一、1986年以来定边县人民收入的增长情况

自1986年开展脱贫攻坚工作以来，定边县坚持以经济建设为中心，地区生产总值和城乡居民收入增长实现较快增长，见表2-1。

表2-1 地区生产总值与城乡居民收入情况（1985—2017年）

年份	国内生产总值（万元）	农民人均纯收入（元）	城镇居民人均可支配收入（元）
1985	7347	383	795
1990	14879	381	1674
1995	30444	886	3536
2000	48034	1131	7073
2005	308400	1641	5300
2010	1727200	7064	18336
2015	2576300	10926	33737
2017	2553200	12885	33263

注：数据来源于《定边县志》、各年《定边县统计年鉴》。需要说明的是，三项指标在各个阶段的统计口径稍有差异，但表格中所反映出来的整体发展趋势是本段的中心思想。

定边县近年来的经济发展水平和人民生活水平不断提高，体现了定边县脱贫攻坚方面的工作成效，为精准扶贫工作的开展提供了坚实的物质基础。

二、“两不愁”脱贫治理的“十个一批”措施及其成效

自开展精准扶贫工作以来，定边县坚持以脱贫实效为依据，以高标准推进精准扶贫工作，结合中央“五个一批”、陕西省“八个一批”帮扶政策要求，针对每一个贫困村、每一户贫困户的不同需求，结合实际，探索出了定边县脱贫攻坚的“十个一批”帮扶政策，提高贫困户收入水平。这“十个一批”包括“运用产业脱贫一批、易地搬迁脱贫一批、转移就业脱贫一批、教育扶持脱贫一批、健康扶持脱贫一批、生态补偿脱贫一批、兜底保障脱贫一批、危房改造脱贫一批、金融信贷脱贫一批、社会力量脱贫一批”。定边县坚持以精准扶贫统揽全县工作，在脱贫攻坚中充分调动各方力量，注重激发贫困户内生动力，政府、企业、社会齐心合力共同助力精准扶贫，不断提高贫困户收入和全县居民收入。

按照“两不愁三保障”的标准，定边县严格进行县级自查，确认该县符合贫困县退出条件，目前定边县已成功摘帽。由于食物、衣物的保障主要体现为收入有一定的保障，定边县在核查贫困退出情况时，主要核算贫困户收入是否达标，并以此为基础，核查贫困村、贫困县的退出情况。

通过逐户按标准调查，定边县2017年脱贫户家庭年人均纯收入达到5733元，超出国家扶贫标准（2010年不变价2300元，2017年陕西省现价3070元）。2018年，全县城镇常住居民人均可支配收入达29017元，比上年增加2113元，增长7.9%，农村常住居民人均可支配收入达13831元，比上年增加1137元，增长9.0%。

在贫困村退出方面，以贫困发生率低于3%作为衡量标准。2017年，

全县 78 个贫困村贫困发生率低于 3%，仅有 1 个贫困村的贫困发生率高于 3%；同时，退出村中脱贫户家庭人均纯收入占全县农民人均纯收入比重高于 2016 年，表明在以精准扶贫统揽全局的工作方法下，经济发展成果的分配更向贫困户倾斜。为了增强脱贫攻坚中群众的内生动力，全部贫困村中 78 个有集体经济或者合作组织、互助资金组织，其中县财政共投入资金 4567 万元，向每个贫困村至少注入互助资金 50 万元。到 2018 年，累计完成 79 个贫困村 8892 户 34159 人的脱贫退出，贫困发生率由 2014 年底的 11.23% 降至 2018 年底的 0.68%，高标准通过了国家脱贫退出专项评估。

在贫困县退出方面，2017 年全县贫困发生率 1.13%，低于 3%；全县农村居民人均可支配收入 12885 元，全县农村人均可支配收入达到当年全省农村居民人均可支配收入的 70% 以上，符合国家级贫困县退出标准。

除了以贫困户收入水平作为衡量是否脱贫的标准之外，“两不愁三保障”的要求还涉及教育、医疗、住房等方面的保障，确保脱贫实效。

三、“三保障”脱贫治理措施与成效

（一）教育保障

定边县的教育保障工作，在实现不让一名家庭困难学生因贫辍学，“扶智”“治愚”，遏制贫困代际传递方面主要有以下思路与措施。

一是在县委、县政府的统一领导下，建立了完善的教育保障制度。定边县成立教育脱贫攻坚领导小组和工作队，选派第一书记、科级领导、党员和校领导三级干部结对帮扶，并制定了相关的管理考核办法，除此之外还形成问责机制，对工作不力的个人和学校进行全县通报和约谈问责。定边县教育工作本着“不丢一校”“不漏一家”“不落一生”的原则，以落实月报季评制、“七长”责任制、台账销号制、辍学报告制、责任督学制、专项检查制、结对帮扶制、家访登记制、群众监督制、信息公开制的十项制度。

二是坚持教育资助的全程性和精准性，确保不因学致贫、不因学返贫。以教育局牵头、学生资助管理中心负责、学校配合的方式，严格落实十五年免费教育，实施营养餐改善计划，根据各类学生补助标准，2017 年实现资助建档立卡学生 6027 人次，资助金额 381.325 万元；同时，“泛海助学行动”资助 227 人 113.5 万元，生源地助学贷款 580 人 382 万元，实现无一名学生因贫辍学的目标。在日常教育活动中，坚持结对帮扶，因材施教，开展教师结对帮扶贫困学生，提高相关学生综合素质，引导学生各项发展。

三是充分借助外部力量，树立教育扶贫典型，内外结合带动县域教育事业发展水平不断提高。定边县充分借助对口支援单位江苏宝应和陕西职业技术学院的教育资源、教育优势，在师生交流、骨干培训、结对帮扶方面深入合作，积极推进县域教育跨越式发展。在县内，将红柳沟镇打造为教育扶贫工作示范镇，在红柳沟镇学区建立教育扶贫工作展室，整合乡镇、村组、中学、学区的扶贫工作，规范档案管理，细化工作流程，召开全县教育扶贫现场会，起到长远、良好的学习、借鉴、宣传效果。

四是注重宣传教育和引导，激发群众内生动力。定边县坚持以阵地式、入户式、移动式的政策宣传要求，利用各类宣传栏、学校家长会、主题报告、政策解析表、挂历图、群团讲义、微信公众号、咨询服务等多种方式，加大教育扶贫政策宣传。同时通过全县建档立卡学生“一生一档、档随人走”的管理建设体系，学生、家长、学校各执一份，提高家长对孩子在校情况的知晓率和满意度。

在定边高度重视、着力推进教育保障工作的过程中，定边县的教育设施建设取得显著成就、基础教育覆盖面明显提升。截至 2018 年 6 月，定边县共有各类学校 130 所，其中普通高中 3 所，职教中心 1 所，完全中学

1所，特殊教育学校1所，初中6所，九年一贯制学校6所，小学29所（民办1所），幼儿园83所（其中公办26所），在校生58993名，教职工5458名。同期，定边县有建档立卡就读学生6357人（4820户），其中学前1228人，小学2083人，初中1009人，普高727人，中职198人，高职及大学以上1112人。基本实现学有所教。

（二）医疗保障

定边县健康扶贫工作按照“健康医疗有保障”的总要求，通过实施新农合、大病保险、民政救助、政府兜底的四重保障，通过“三个一批”分类救治以及医疗服务体系建设，努力防止广大群众因病致贫、返贫。同时，不断加大健康扶贫的政策宣传力度，提高群众的知晓度，确保政策落实到位，增加群众的获得感。具体来说包括以下三个方面。

一是优化体制机制，着力建设医疗服务体系，加强健康扶贫政策宣传。在人才建设方面，加大招聘力度，充实基层人才队伍，2018年上半年，4所县级公立医院和疾病预防控制中心招聘本科大学生60名，为乡镇卫生院招聘医学类普通大专及以上学历专业技术人员30名。在服务体系方面，逐步建成“一站式”即时结算服务，简化报销程序，2018年，全县37个“一站式”服务结算窗口均开展服务，定点医疗机构实行先诊疗后付费，免交住院押金，出院时在服务窗口进行一站式报销结算。在疾病预防控制方面开展八大行动，包括科技之春宣传月、爱国卫生宣传月、防治碘缺乏病防治日活动等活动，提高群众健康意识。同时积极拓展外部力量，组织实施省城、市区大医院对县域医疗机构的对口帮扶工作。在宣传手段方面，通过家庭医生签约服务等工作，深入群众，面对面宣传讲解健康扶贫各项政策；通过在乡镇卫生院及村卫生室等公共场所设立电子显示屏、壁挂式电视、宣传栏等媒介向群众宣传健康政策；结合帮扶干部的工作，在日常帮扶中宣传相关政策；制作发放《健康扶贫一问一答》等手册，提高群众对健康扶贫政策的知晓率。

二是夯实资金保障，由县财政为贫困人口代缴新农合、大病保险、小额人身意外保险费。2018 年上半年，县财政全额为全县建档立卡贫困人口代缴合疗费 611.864 万元，贫困人口参合率、参保率、政府代缴率均达到 100%。此外，县财政在该期内为建档立卡贫困人口代缴农村小额人身意外保险，共计 71.984 万元。由政府代缴的贫困人口基本医疗、人身意外保险，极大地减轻了贫困人口的因疾病与突发状况造成的潜在经济负担。

三是以重点工作带动医疗保障全面工作，以“三个一批”行动为抓手，深入推进分类救治工作。截至 2018 年 5 月，建档立卡贫困人口 11 种大病患者 65 人，已救治 63 人，救治率达 96.9%，基本完成大病集中救治一批的要求。在慢性病签约服务管理一批方面，2018 年家庭医生签约服务队与贫困户续约签订《家庭医生签约服务协议书》，对贫困人口慢性病患者等特殊人群，每月开展一次服务，并建立了考核评价体系，进一步完善了贫困人口签约服务制度。在重病兜底保障一批方面，确保了 11 种大病和重病患者住院实际报销比例达到 90%。同时，为有效防止因病致贫返贫的现象，按照《定边县农村居民大病保障实施方案》，解决非贫困人口大额住院医疗费用。

在体制机制优化、财政投入倾斜、重点工作带动的基础上，定边县医疗保障工作取得显著成效，在充分利用现有医疗资源的基础上，更着力解决了人民群众看病难、看病贵的问题，基本实现病有所医，基本确保县域居民不因病致贫、返贫。

（三）安全住房保障

定边县开展住房安全保障工作，主要有以下思路和措施。

一是提高安全住房保障工作的优先度，将其作为县域工作的重点来开展。为高质量完成安全住房保障工作，县政府制定并印发《定边县推进农户安全住房工作实施方案》，并成立由县政府领导和各有关单位负责人组成的危房改造领导小组。为了进一步明确和夯实各乡镇、各相关部门的工作责任，县委、县政府与他们签订了工作责任书并纳入年终综合考核指标。县住建局作为牵头单位，建立了从局领导、相关股室到局属单位的包抓乡镇机制，实行常态化监督调研工作，及时协调处理工作中存在的问题。

二是资金投入上以政府财政为主，降低农户负担。定边县政府在住房保障方面投入大量资金，统筹安排专项资金 3400 余万元，将 2016 年 D 级危房改造补助由户均 1.45 万元提高到 2.5 万元；2017 年，将农户不安全住房改造的建档立卡贫困户补助标准提高到 4 万元每户。通过专项、定向的资金投入，有效缓解了贫困户的负担，避免农户因建房大额举债，有效缓解农户自建房自筹资金难题。

三是工作中坚持高标准高要求，取得了明显实效。按照农村危房改造相关政策，B 级住房属于安全住房范畴，但定边县在进行排查鉴定时发现，部分房屋结构构件存在安全隐患，在暴雨、大风等恶劣天气时，极易恶化为 C 级甚至 D 级危房。为保证农户安全住房长期稳定，依据排查鉴定情况，县级财政拨付专项资金 600 万元用于全县 1570 户 B 级住房的维修加固工作，有效防止 B 级住房农户住房的承重结构恶化。

四是坚持精准思维，确保危房不危，提高人力物力财力的使用效率。定边县脱贫攻坚涉及的安全住房方面，县住建局针对省市县前后共反映的安全住房疑似问题 20 余条，及时协调解决，高效地完成各项整改工作。为全面加强监管，县危改领导小组成立 10 个质量安全检查工作组，对所有危房改造户的工程质量安全进行地毯式抽查，并以《督查通报》的形式分送各部门和县领导，要求相关乡镇及时整改，对整改不到位的乡镇领导，由县委相关部门进行约谈。定边县坚持从严要求、从严问责，截至 2018 年，危改项目 100% 未发生任何质量安全事故。

五是注重工作宣传，着力提高人民群众的获得感、幸福感，人民群众的知晓度较高。定边县危改办通过组织集中轮训和安排专人入村入户宣传培训的方式，到 2018 年初，共开展专项业务培训 21 次，培训 600 余人次，发放政策宣传单 1 万余份，还开辟了广播电台、微信群、QQ 群等方式，多维度进行政策宣传，有效提高乡镇、村专职干部的业务水平和农户政策知晓率。

安全住房保障是保证人民群众安居乐业，提高贫困人口生活质量，确保相关住户不因伤因病致贫返贫的基础，对精准扶贫成效有着直接显著的影响。自定边县启动精准扶贫工作以来，截至 2017 年底，全县农户总数 78415 户，有安全住房农户 78250 户，安全住房率达到 99.79%，符合中央和陕西省脱贫摘帽的退出标准。2009 年以来，定边县累计实施农村危房改造任务 7468 户，拨付补助资金 1 亿余元，帮助 2 万余农民解决了住房安全问题。2016 年以来，该县累计实施农村危房改造 1500 户，县级财政又安排专项资金解决剩余不安全住房 541 户，同时又除险加固 B 级农房 1570 户，最终实现上述脱贫摘帽目标。

第四节　激发群众脱贫内生动力

开展脱贫攻坚以来，定边县在精准扶贫送政策、送技能、送产业的同时，注重增强贫困群众脱贫的志气和信心，坚持脱贫攻坚，扶志先行，以农村精神文明建设为抓手，大力实施民风建设精神帮扶，帮助贫困群众树立穷而不畏、穷而不等、穷而不靠的精神，为坚决打赢脱贫攻坚战提供坚强思想保证、强大精神动力。

在激发群众内生动力的工作中，定边县总结了在农村组织开展民风建设精神帮扶的典型经验，有效解决部分群众“等靠要”的思想顽疾，激发了群众内生动力。总体来说，包括以下四个方面。

一是通过教育引导培养正确家风，以家风建设带动村风民风建设，使家风建设成为精神文明建设的基础和起点。在全县农户中开展十星级文明户评选创建活动和针对贫困村组织开展贫困道德讲堂活动，激发群众学习先进、争当模范的积极性。结合爱心超市计分活动，鼓励贫困户自立自强、勤劳致富，形成良好家风民风。

二是制定行为规范，建设农村良好风貌。通过开展道德评议活动、深化农村移风易俗活动，树立鲜明的正确舆论导向和道德价值引领，规范村民行为，树立农村新风正气。尤其是充分发挥红白理事会的作用，在婚丧嫁娶中做到“五个明确”：明确规定随礼金额限额、待客大体范围、操办桌数、饭菜标准和烟酒档次等，加强自我监督，有效遏制农村婚丧陋习和不良社会风气，形成勤俭节约的良好风尚。

三是引导修订村规民约，改良乡村民风。通过修订村规民约，深入挖掘村规、家训等传统道德规范，结合时代要求，融入社会主义核心价值观、传统美德、婚丧嫁娶新规等，制定系统的村规民约。同时组织老党员、老教师、优秀群众代表等健全“四会”组织，完善“四会”职责章程，充分发挥“一约四会”明导向、正民心、改民风的积极作用。

四是坚持正确价值导向，引领全县新风。通过开展文明乡镇、文明村创建活动，建设村广播室、农家书屋、文化活动场地，开展中国梦、核心价值观、中华传统美德、“扶贫扶志”等宣传活动，组织开展庙会、文艺活动、手工艺比赛活动等形式，有效提升乡村精神文明建设水平，引导培育村民正确价值导向。

在具体工作中，坚持以社会主义核心价值观为引领，以“美丽乡村文明家园”建设和移风易俗活动为重点，采取“点一面”结合的办法，激发群众内生动力，实现脱贫致富。

从“面”上来说，从整个村的宣传氛围、舆论环境和平台搭建入手，着力打造符合社会主义核心价值观的村风村情，具体体现为七个硬件建设，包括文明一条街、善行义举榜、村规民约牌、村广播室、农家书屋、道德讲堂、文化活动室和文化广场，通过形式多样的宣传媒介和手段，营造浓厚舆论氛围，发挥正面引导宣传作用，形成崇德向善、和谐向上的村风民风，同时，各类硬件设施的提供，满足了人民群众读书看报学习和日常精神文化活动的需求。

从“点”上来说，在群众个人、百姓家庭的思想认识、道德教育、典型引领、精神文化生活上下功夫，着力构建向上向善的精神面貌。修订完善一整套道德规范［一约（村规民约）四会（村民议事会、道德评议会、禁毒禁赌会、红白理事会）］，将人民群众的日常生活纳入“一约四会”的自治之中，实现自我约束、自我服务、自我管理，规范道德约束；开展道德讲堂活动，加强教育引导，以身边人讲身边事，讲自己事，教身边人形式，引导互帮互助，弘扬传统美德，培育文明风尚；开展道德评议活动，培育新风正气；开展十星级文明户创建活动，激发群众学星、创星的信心和斗志；开展先进典型模范评选活动，树立百姓身边典型和学习榜样，教育引导群众崇德向善、见贤思齐、孝老爱亲等优秀传统文化；开展“学习先进比干劲，争当模范奔小康”活动，形成比干争优的良好局面；组建乡贤文化骨干队伍，开展传统文艺活动，教育引导农民弘扬乡土文艺，丰富群众精神文化生活。

经过定边县干部群众在软件、硬件建设上的共同努力，如今的定边农村欣欣向荣，农民鼓足干劲力争脱贫致富，形成了良好的脱贫攻坚精神风貌。

一是道德宣传氛围浓厚。在乡村道路、村部广场、集贸市场随处可见核心价值观、精准扶贫、孝贤尊礼、自强励志等宣传牌，道德氛围浓厚，增强了道德感召力、凝聚力、向心力。

二是农村面貌切实改善。随着各项扶贫政策的落地，通村道路实现硬化、亮化、美化，农户家中实现改水、改电、改灶、改厕，农民收入实现稳定增长。在民风建设精神帮扶中，百姓逐渐形成了既要抓生产生活，更要抓精神文明的共识。

三是农民素质得到提升。在民风建设精神帮扶的推动下，从农村干部到村民百姓，爱护环境、清洁卫生已经是日常行为习惯，学法律、学技术、帮邻里、搞娱乐、改陋习、树新风已经成为农民生活的一部分，自立自强、勤劳致富的信心树立起来，群众的素养在潜移默化中逐步提升。

四是村风民风明显好转。在十星级文明户、先进模范典型的感染和爱心超市的激励下，村民形成了“比学赶超”的新气象。以往邻里不团结、民事纠纷不断的现象减少，喝酒打麻将的现象减少，红白喜事的攀比现象减少。如今的定边农村，热心公益的人、孝老爱亲的人、勤劳致富的人不断增加，社会新风尚成为主流，道德正能量进一步传播。到 2017 年底，全县共建成民风建设精神帮扶示范村 29 个，文明村镇 45 个，建成农家书屋、村广播室、文化活动室和文化活动广场 79 个，开展道德讲堂、道德评议 99 次，民风建设文艺巡演 20 场。启动实施“100 万元公民道德建设基金”，表彰奖励中央、省级、市级和县级道德模范和身边好人 144 人，村镇好人 500 多人，“五好”文明家庭 8086 户，十星级文明户 23956 户。农村的精神面貌转好，农民的精气神更足了。

第三章　定边县脱贫攻坚的组织机制

精准脱贫是一场系统化、体系化的综合性大会战，如果没有最优的顶层设计，没有严格的制度保障，没有高效的干部队伍，没有各部门的配合协作，没有基层党组织的强化，没有贫困群众的支持理解和主动作为，所有的想法都只能流于空谈。因此，对于脱贫攻坚而言，组织保障显得格外重要。

第一节　党委领导、政府实施与社会参与

在组织保障中，如何设计脱贫攻坚的组织体系是各地首先需要考虑的重要问题，定边县在这个问题上通过探索作出了有益的尝试。

一、发挥党委政府的领导作用

根据《中共陕西省委　陕西省人民政府关于贯彻落实〈中共中央　国务院关于打赢脱贫攻坚战的决定〉的实施意见》，县级党委、政府主要负责人是第一责任人，县级党委、政府负责建立脱贫攻坚工作推进机制，统筹整合各方帮扶力量，优化配置各类资源要素，做好脱贫时序安排，逐部门、逐乡镇夯实脱贫攻坚责任并抓好落实。按规定落实财政专项扶贫资金，

建立投入稳定增长机制，加强涉农资金统筹整合力度，制定资金统筹整合方案和使用管理办法并抓好落实。

县级党委、政府负责建立抓党建促脱贫攻坚工作机制，强化贫困村基层党组织建设，选优配强基层干部队伍。加强县、乡两级扶贫机构和队伍建设，充实一线扶贫工作力量。督促乡镇党委、政府配齐扶贫专干和建档立卡扶贫信息员。负责加强脱贫攻坚政策宣传，提高扶贫政策知晓率。发现、培育和宣传先进典型。教育引导贫困群众克服“等靠要”思想，激发自我脱贫的内生动力。积极探索总结精准扶贫精准脱贫新方法、新举措，进而提高脱贫攻坚的工作水平。

各市、县（市、区）党委、政府应对工作成效显著的部门和个人予以表彰奖励，并作为干部选拔使用的重要依据；对工作不力、造成不良影响的，追究相关部门和人员责任。除此之外，省、市、县各扶贫开发领导小组统一更名为脱贫攻坚领导小组，党委书记担任第一组长，政府主要负责人为组长，省、市、县每年至少召开两次领导小组会议；市级党委、政府要做好上下衔接、域内协调、监督检查，把精力集中在贫困人口脱贫和贫困县上；县级党委、政府承担主体责任，县委书记和县长是第一责任人，做好精准识别、进度安排、项目落地、资金使用、人力调配、推进实施等工作；选好配强贫困县党政主要领导，把脱贫攻坚实绩作为选拔使用干部的重要依据；脱贫攻坚期内贫困县县级领导班子要保持稳定，对表现优秀、符合条件的优先就地提级；加大选派优秀年轻干部特别是后备干部到贫困地区工作的力度，有计划地选派厅局级后备干部到贫困地区挂职任职；对在一线定点扶贫干出成绩、群众欢迎的驻村干部，要重点培养使用；继续坚持省级领导包村、市级领导联县包村包户、县级领导联乡镇包村包户制度；层层落实脱贫责任制，立下“军令状”；市、县党委、政府每年召开一次脱贫攻坚工作会议，表彰奖励工作突出的先进集体和个人，加强脱贫攻坚机构队伍建设，完善各级扶贫机构设置和职能，扶贫任务重的县机构单设，充实配强领导班子和工作人员，乡镇要有专人负责脱贫攻坚任务。

二、政府主抓五大攻坚战区

定边县以中央、省、市的政策文件为指导，结合自身的实际情况，形成了一套具有定边特色的脱贫攻坚指挥领导小组，将定边县划分为东西南北中五大攻坚片区，19 个乡镇为 19 个作战区域，这五大片区实现了脱贫指挥统一调度新格局。定边县采取“挂图作战”的方式，合理量化和细化全县的脱贫攻坚工作任务，明确具体责任主体，将全县划分为东部、东南、西南、北部、中部等五大片区，由县四套班子“一把手”和县委副书记担任总指挥和指挥，扶贫办及 20 个相关业务部门参与其中，实行主官主责、分管专责，层层立下脱贫“军令状”、建立脱贫责任链、绘制脱贫路线图，形成县上抓总、统一调度、部门牵头、乡镇协调、村级实施的工作模式，确保“挂图作战”挂出效果、战出成果，确保脱贫攻坚目标任务的圆满完成和顺利实现。

定边县也建立了“多轮驱动”督查体系，狠抓脱贫攻坚任务的落实，定期或不定期地开展随机抽样检查；创新督办单、提醒函、告知书、预警通知书等工作模式，确保脱贫攻坚过程中的问题短板得到及时整改完善，各项工作得以落细落实。[①] 上述五大攻坚片区紧紧围绕一个核心，统揽全县经济社会发展大局。自精准扶贫以来，定边县委、县政府按照中央、省、市的统一部署和要求，认真贯彻落实《中共中央 国务院关于坚决打赢脱贫攻坚战的决定》和习近平总书记关于扶贫工作的重要论述，坚持目标导向、政策导向和问题导向，始终将脱贫攻坚作为“头等大事”、“一号民生

---

① 定边县精准脱贫工作（宣传报道文章汇编），《脱贫攻坚陕西探索 层层立下“军令状” 定边打赢脱贫攻坚战》（华商网）。

工程”和“首要政治任务”，牢固树立抓脱贫就是抓发展的理念，坚持以脱贫攻坚统揽经济社会发展大局，凝心聚力，攻坚克难，着力解决存在的突出问题，聚焦精准，迎难而上，不断完善工作思路和工作措施，切实提高了脱贫攻坚的工作水平。

同时，定边县委、县政府全面构建起“三级书记”抓扶贫的责任体系，成立了脱贫攻坚领导小组，组建了脱贫攻坚指挥部，成立了20个行业部门办公室，整合“四支队伍”管理体系，层层签订责任书，立下“军令状”，确保79个贫困村全部派驻工作队、226个行政村全部选派第一书记、所有贫困户全部落实帮扶责任人。具体的做法是：县委书记、县长任总指挥，其他县级领导任战区指挥、副指挥；全体县级领导每人至少包抓1个乡镇、1个贫困村和2户贫困户。通过这样的方式，构建起了纵向到底、横向到边的组织领导体系和责任到人、落实有力的推进保障体系，为打赢脱贫攻坚战提供了强有力的政治保证。

三、建立县乡村党政脱贫攻坚体系

根据《中共陕西省委办公厅　陕西省人民政府办公厅关于印发〈陕西省脱贫攻坚责任制实施细则〉的通知》等相关文件的规定：县级党委、政府承担脱贫攻坚主体责任，负责制订辖区脱贫攻坚实施规划和年度计划，优化配置各类资源要素，指导乡镇、村制定精准扶贫精准脱贫实施方案，组织落实各项政策措施；县级党委、政府主要负责人是第一责任人。县级党委、政府负责建立脱贫攻坚工作推进机制，统筹整合各方帮扶力量，优化配置各类资源要素，做好脱贫时序安排，逐部门、逐乡镇夯实脱贫攻坚责任并抓好落实；县级党委、政府按规定落实财政专项扶贫资金，建立投入稳定增长机制。加强涉农资金统筹整合力度，制定资金统筹整合方案和使用管理办法并抓好落实。县级党委、政府负责完善扶贫项目库，建立精准脱贫台账，指导乡镇、村落实精准扶贫措施，组织实施好精准脱贫项目。县级党委、政府负责做好辖区定点扶贫单位协调服务工作，组织县级单位开展定点扶贫。建立正向激励机制，严格日常管理，组织对驻村第一书记和工作队进行考核。

定边县根据省、市有关政策文件，在所属各乡镇继续实行县、乡、村精准扶贫工作“一把手”负责制。要求乡镇党委、政府对扶贫开发工作的领导绝不能松懈。继续强化脱贫指挥战区作战机制及“一抓三包”机制。进一步强调县级领导、五大作战片区、20 个行业办公室、各职能部门、包村单位和四支队伍要“深耕”作战区域，加强脱贫攻坚工作检查指导，明确精准扶贫工作任务，推进精准脱贫工作的各项措施。继续实行精准扶贫工作联席会议制度。建立起扶贫信息共享平台，县委、县政府和脱贫攻坚领导小组主要领导作为召集人，相关部门主要负责人作为成员，召开会议统筹解决工作中存在的问题。

县、乡、村三级按照“主官主抓、干部主帮、基层主推”的原则，层层立下脱贫“军令状”、层层建立脱贫责任链、层层绘制脱贫路线图，实行倒排工期、倒逼“销号”脱贫的工作机制。严格执行“五级书记抓扶贫”的硬性要求，建立了“一抓三包”的责任机制，层层明确责任，每名县级领导要包抓 1 个乡镇、包扶好中差 3 个贫困村、联系 6 户贫困户；每个县直部门要包扶 1 个贫困村；每名科级干部要包扶 2 名贫困户，79 个贫困村须全部派驻工作队，226 个行政村须全部选派第一书记。在这样的硬性要求下，全县党员干部做到全部包扶贫困户 9708 户，为贫困户全部落实了帮扶责任人，从而确保了县、乡、村三级书记责任到人、任务在肩，形成了上下贯通、横向到边、纵向到底的责任体系。

定边县委与乡镇签订了“三个刚性”责任书，制定出台了“一日办结”“蹲点指导”“每日报告”三项制度。统筹县委党校、县扶贫办和行业部门骨干力量，有针对性地开展了“四支队伍”的集中培训工作，突出把党性教育与业务培训相结合，把“大讲堂”和“徽堂”相结合，对全县参与脱贫攻坚的党员干部和村“两委”干部进行了多频次、全覆盖的专题培训。2016 年以来，先后开展集中培训 40 余期，各行业部门开展专题培训 180 余期，累计培训党员干部 4 万余人次，极大地提高了“四支队伍”及帮扶干部的政策理论水平和实战本领。

定边县委、县政府注重强化乡镇领导班子建设。坚持把政治素质高、熟悉经济社会发展、富有基层工作经验、工作务实有力的干部选进乡镇领导班子。要求组织部门会同扶贫部门每年定期对乡镇领导班子抓党建促脱贫工作进行半年考核和年度考核，严格运用“三项机制”，激励能者上，惩处庸者下，对抓党建促脱贫工作任务完成好、基层组织建设工作成绩突出、群众满意度高的干部班子进行宣传表彰并优先提拔使用；对重视不够、落实不力、群众认可度不高的干部班子，则及时进行组织调整；对贻误工作、出现严重纰漏的，坚决降格调整。

定边县形成了主要领导亲自抓，率先垂范当好“火车头”的脱贫责任体系，“不论是县上，还是乡镇，主要领导都要率先把扶贫责任扛在肩上、把脱贫工作抓在手上，最终动态体现在直接责任、分管责任和领导责任三个主体上”。脱贫攻坚战打响以来，定边县委书记曾多次在相关扶贫工作会议上强调，精准扶贫、精准脱贫，没有现成的模板可借鉴，唯有自己不断探索。2016 年以来，定边县以脱贫攻坚领导小组牵头抓总，充分发挥四套班子主要领导的“一把手”和县委、县政府分管领导、扶贫办主任、各单位及乡镇“关键少数”的带动作用，采取“县级领导亲自干、牵头单位盯着干、乡镇部门具体干、四支队伍全力干、帮扶干部用心用情干”的“五干”举措，凝聚起了强大的攻坚合力，为打赢脱贫攻坚战奠定了坚实基础。

2018年3月15日，定边县召开了农村精神文明建设暨扶贫扶志民风建设工作会议，会上就2018年全县扶贫扶志开展精神帮扶工作进行了再次部署，统一思想，明确任务。在总结2017年全县民风建设、精神帮扶落实情况的基础上，针对中央、省、市及定边县自查中存在的问题进行了详细的研讨，结合实际，制定印发了《整改方案》，并组成联合督查组深入19个乡镇就扶志工作精神帮扶进行全面的督查，在全县掀起了扶贫扶志激发内生动力新高潮。

定边县委、县政府进一步捋顺非公党建“四级联动”领导体系，即县委统一协调指挥，组织部门牵头抓总，两新组织工委具体负责，企业党支部做好落实的领导体系。通过打造区域化党建，建立非公党建联席会议制度，开展非公党建工作专题研讨，逐步构建形成了部门联动、企业落实的互促共建组织领导体系。目前，全县共有非公企业493家，有党员的385家，建立党组织的29家；无党员的108家，选派党建指导员115名。建立工会组织210个，共青团组织165个，妇女组织16个。社会组织241家，其中有党员的196家，建立党组织的14家；无党员的45家，选派党建指导员62名。建立工会组织45个，共青团组织16个，妇女组织5个。坚持大党建、大服务、大发展理念，按照“资源共享、优势互补、文明共建、共同发展”的原则，强化两新组织党工委组织协调作用，充分发挥产业优势。由定边县农业局（现农业农村局，下同）党委牵头成立产业大党委，依托金中昌信10万吨马铃薯产业加工项目，上连马铃薯深加工龙头企业，下连马铃薯生产基地，借助产业链上各环节党组织优势，联合13个乡镇105个村党组织，发展马铃薯种植农户2386户，引导成立合作社182个，吸纳贫困户1322户。逐步构建形成了以产业大党委为核心的纵横联合党建新格局，推动产业布局由点到面，产业链条由短到长，产业基础由弱到强，探索出农村经济持续健康发展的新途径，促进了农民增收和集体经济的发展。

四、构建“1+3+6”督查督导机制

为切实做好脱贫攻坚各项工作，夯实责任进行实干，学习经验用来巧干，凝心聚力进行苦干，由定边县政府党组成员、县委组织部副部长、县扶贫办主任牵头，用“1+3+6”的督查督导方式深入全县20个乡镇，找差距补短板、严督导抓整改、看成效抓落实，持续有力地推进了定边的脱贫攻坚工作。

“1”是指扶贫办主任带领1支队伍，带着督查考核组督导检查反馈的问题，以不打招呼、不提前告知、随机抽取的暗访方式，深入乡镇、贫困村和贫困户家中，查问题整改落实情况，寻退出短板缺项，访贫困群众生活，看扶贫工作成效，促扶贫工作落实。通过查问题、找短板、访群众、看进度、抓落实，全面了解掌握各乡镇的扶贫攻坚进程，为乡镇、贫困村会诊把脉、找准病灶、对症下药、精准施策，确保各项扶贫政策落到实处。同时，跟踪回访督查考核组工作情况，督促鞭策他们不折不扣地将督查工作执行到位。

“3”是指组建3支督查考核组，对各乡镇“四支队伍”到岗情况、问题整改情况、帮扶措施落实情况、软件资料及基础设施建设情况等进行全覆盖无死角常态化的督查考核。对督查中发现的问题，以整改通知书、四联告知书、提醒函等形式反馈给乡镇，督促各乡镇严把时间节点，倒排工期，采取有效措施，逐一对标“销号”，切实做到发现问题立行立改。并按照县主要领导指示精神，将督查出的问题及时上报，为全县脱贫攻坚工作决策部署提供可靠的参考和依据，扎实高效推进定边的脱贫攻坚工作。

“6”是指县扶贫办在“十一”国庆期间组建6支督导组，分赴20个

乡镇，对标“5773”贫困退出标准和《百日大会战实施方案》，对脱贫攻坚工作进行全面督导。核实“对标销号”清单，找准脱贫退出短板，特别是对重点领域和薄弱环节进行全方位细致化的督查督导。对督查中发现的问题经乡镇书记、镇长、第一书记及村“两委”签字确认，以问题反馈单的形式，交办各乡镇，限期完成。通过督查督导，对全县20个乡镇脱贫攻坚工作进行一次全面梳理，进一步摸清底数，了解内情，确保顺利完成各项退出任务。

定边县脱贫攻坚工作以“1+3+6”联合作战的工作模式，精准厘清问题短板，准确把握工作进程，聚焦脱贫大业，凝聚各方力量，协力攻坚克难，为打赢脱贫攻坚战奠定了坚实基础，为定边县顺利脱贫摘帽作出了应有贡献。

第二节　创新干部责任与激励制度

定边县脱贫攻坚的组织设计完成后，各项工作的开展则需要依靠广大干部的参与，而这种参与和干部队伍的建设与管理息息相关。定边县就如何在脱贫攻坚工作中进行干部队伍的建设和管理作出了一些颇有成效的尝试。

一、创新“职级抵押”制度

为完成脱贫攻坚任务，定边县制定了“职级抵押”制度，具体做法是：将后备干部和新提拔干部下派脱贫攻坚一线，对于工作成效显著的予以任用，相当于任职试用期前置；对工作不力的，不予使用或取消后备资格。同时，对抓党建促脱贫综合排名前三的乡镇，分别给予50万元、30万元、20万元的奖励，每个乡镇火线提拔1名“四支队伍”成员和1名工作标兵；对排名末位的乡镇，责令期限整改，整改不力的对乡镇党政正职予以就地免职。

对在脱贫工作上措施得力、成效显著的干部在脱贫摘帽后正式出文任命，对工作推进不力、不能完成任务的延迟任命或重新考察。择优选派后备干部分批次到脱贫一线实践锻炼，对不到脱贫一线工作的干部不予提拔或取消后备资格。将脱贫一线作为后备干部历练的“主战场”，对有效完成脱贫任务的后备干部优先提拔使用，不能完成任务的取消后备干部资格。

2017 年，定边县表彰帮扶干部 20 名，提拔调整重用帮扶干部 22 名，对 40 名帮扶干部进行了问责处理，对 23 名作风不实、工作成效不明显的第一书记予以召回。

二、成立脱贫攻坚队

在定边县委组织部、县扶贫办的指导下，由乡镇党委具体负责，乡镇党委对本乡镇精准脱贫工作负总责，乡镇政府负直接责任。乡镇党委书记是第一责任人，乡镇长是直接责任人，两个责任人需要切实担负起本乡镇脱贫攻坚、摘帽退出的主体责任。

定边县以贫困村为单位，将“四支队伍”整合成一支脱贫攻坚工作队，并确定总队长，全面开展脱贫攻坚工作。按照每年不少于三分之一的比例，将所有后备干部选派到脱贫一线进行锻炼。

（一）第一书记

坚持因村派人、人岗相适，从县级部门后备干部中选派第一书记。制定《定边县第一书记和驻村工作队管理考核办法》，建立健全第一书记和驻村干部工作日志、驻村考勤、定期汇报等工作制度，强化了脱贫攻坚工作队伍的考核管理。

驻村第一书记为驻村帮扶工作的直接责任人，需要严格按照中央和省委、市委、县委对第一书记的相关要求，主动承担职责任务，立足岗位，积极发挥职能作用。

第一书记的职责是带领村“两委”班子成员落实五项工作情况：建强基层组织、推动精准脱贫、发展集体经济、为民办事服务、提升治理水平。考核办法有：成立机构、查阅资料、实地调查、考核汇总。考核组依据第一书记民主测评结果、工作任务完成情况、履职情况等，对照第一书记考核打分表进行量化打分。打分结束后，考核组对考核情况进行汇总和综合分析，客观公正地评价第一书记，并形成考核汇报材料，向县第一书记驻村工作队考核办公室进行全面汇报。被评为优秀等次的第一书记，在评选表彰和干部提拔任用时优先考虑；被评为不称职等次的，免去第一书记职务，县委组织部主要领导对其进行诫勉谈话，一年内不得提拔重用，县委书记对所派出的部门和所在乡镇党委主要负责人进行诫勉谈话。对第一书记长期脱岗的，工作中出现严重失误、失职，造成重大损失或恶劣社会影响的，所驻贫困村没有如期摘帽脱贫的，按有关问责办法进行问责。

（二）村“两委”

建强村“两委”班子。做好村“两委”换届工作的提前谋划部署，重视从乡村带头致富能人、返乡创业人士、大学生村官、退伍军人等优秀人才中选拔村“两委”班子，尤其是党组织书记，进而改善班子结构，提高成员素质，增强村“两委”班子带领群众脱贫攻坚的战斗力和执行力。定边县要求，对村级党组织书记暂时空缺的，必须在2018年6月底前配齐，本村没有合适人选的，可选派机关优秀干部担任。采取培训、帮带、见习、试岗等措施，抓好村级后备干部培养储备，解决好村“两委”班子后继乏人问题。

（三）驻村工作队

负责包抓帮扶建档立卡贫困村的部门单位，对所包抓贫困村的帮扶工作负总责。部门单位“一把手”担任驻村工作队队长。部门单位或乡镇派出的驻村包户帮扶人员，作为驻村工作队的成员。

驻村工作队承担着倒逼政策落实从“星星点点”到“全盘覆盖”的转变。定边县通过选派1501名科级干部、1153名党员干部、1545名乡镇干部、31名市级驻定干部结对帮扶贫困户，确保79个贫困村全部派驻了工作队、226个行政村全部选派了第一书记、所有贫困户全部落实了帮扶责任人。所有帮扶干部都能做到主动上门、主动服务，蹲点跟进落实帮扶措施，确保各项政策落实到村、到户、到人。同时，通过创建爱心超市、修订村规民约、开展道德讲堂、加大技能培训力度等扶志扶智扶技扶德方式，让每一名贫困群众脱贫致富拥有信心和动力。

驻村工作队由2～3人组成。队员由全省各级参与包村扶贫的党政机关、企事业单位、人民团体和大专院校（以下简称参扶单位）从本单位中挑选政治觉悟高、业务能力强、有基层经验且身体健康的干部担任。每个驻村工作队由参扶单位明确一人担任村工作队队长（以下统称工作队长），干部在村工作期间，脱离本单位原工作岗位。

在定边县，各级参扶单位将本单位后备干部下派到脱贫攻坚一线进行锻炼培养，用3年时间轮流下派一遍。驻村工作期限最低1年，每年1月至2月压茬轮换。轮换期间，前后两期工作队同时驻村，前期人员将驻村工作的所有情况和资料交接清楚后方可撤离。工作队员是中共党员的，应将组织关系转入所在村党支部，参加党支部组织生活，按期交纳党费。

对于工作队职责的规定是：工作队长对成员的组织管理及开展进村入户情况负总责；工作队要对村情、民情开展调研，根据调研结果，帮助贫困村制定脱贫规划，按“一户一法”制订贫困户帮扶计划；争取扶贫项目、资金和政策支持；帮助贫困村改善水、电、路、房、网等基础设施建设；邀请专业技术人才开展技术培训和指导；解决贫困群众的生产生活困难；引导党员群众通过成立专业合作社、农村电商等方式发展特色产业；等等。

对于驻村工作队的考核办法是：成立机构、民主测评、个别谈话、查阅资料、实地调查、综合评价。考核组依据工作队民主测评结果、工作任务完成情况、履职情况等，对照考核打分表进行量化打分。考核组对考核情况进行汇总、综合分析，客观公正地评价工作队长及成员，并形成考核汇报材料，向县第一书记驻村工作队考核办公室进行全面汇报。考核结果分优秀、称职、不称职三个等次。被评为优秀等次的工作队队长或队员，在评选表彰和干部提拔任用时优先考虑；被评为不称职等次的，队员由县委组织部主要领导进行诫勉谈话，队长由县委书记进行诫勉谈话，被诫勉谈话的人员一年内不得提拔重用。对工作队长和队员长期不进村入户的，工作中出现严重失误、失职，造成重大损失或恶劣社会影响的，所驻贫困村没有如期摘帽脱贫的，按《定边县脱贫攻坚工作队伍管理暂行办法》进行问责。

（四）包村干部

在关于包村干部的有关政策中，对于包户帮扶任务的各级干部，规定他们要切实加强与所帮扶贫困户对接联系的频次和强度，每周至少要去贫困户家中 2 次，切实帮助贫困户解决各项扶贫资金到户问题，共同填写扶贫工作“五卡”记录，讲清扶贫工作实绩，解决联系不畅、落实较慢、群众不知道不理解等问题，增进群众对帮扶干部的感情和对脱贫攻坚工作的认可，增强群众对精准脱贫工作的获得感，提升群众的满意度。

（五）脱贫攻坚专家

定边县在政策上积极推动各类人才下基层。发挥组织部门牵头抓总人才的工作优势，启动人才精准扶贫助推脱贫攻坚工作计划，组建了卫生、教育、特色农业等流动专家工作站，组织入站专家到贫困村，开展送医、送药、送教育、送技术等活动。采取向上送培、挂职锻炼、跟岗实践等方式，开展基层卫生、教育、农业等实用人才培训，培养农村实用人才，拓展教育扶贫、科技扶贫、卫生扶贫、产业扶贫新途径。同时，加大人才引进，刚性引进高层次人才到基层一线助推脱贫攻坚。

在脱贫攻坚的特殊战场上，涌现出许多感人的帮扶故事。“三兄弟路”就是其中一个。新安边镇后崾先村，是定边县东南山区靠近吴起县的一个村子，由县公安局三名干警驻村帮扶。2017 年 7 月的一个周末，三名干警开车进村入户时，不慎从 100 多米深的悬崖坠落，经过医院抢救，两名干警生命体征比较稳定，一名重伤转院到宁夏总医院。时任县委书记和县长、政法委书记、公安局局长去探望，这名干警醒来第一句话就问：“书记能不能把这条路修一修？”县领导看到这个情况也很激动，现场就答复修这条路，现在这条路已经修好，村民为表达谢意，专门将这条路起名为“三兄弟路”。这是定边脱贫攻坚战中的一个真实故事。通过扶贫，干部和群众的关系鱼水情深。

三、管理“四支队伍”

定边县的“四支队伍”在驻村期间，由县委组织部、县扶贫办和派出单位共同管理，驻村所在的乡镇党委直接负责日常管理。

“四支队伍”成员（村干部除外）在驻村工作期间须保持一个工作年度的相对稳定，无特殊情况，原则上不再进行调整；确需调整的，县选派的干部需经县委组织部研究并报市委组织部批准备案；市直部门选派干部要报市委组织部批准。

“四支队伍”成员（除村“两委”班子外）要与派出单位工作脱离，坚持驻村开展工作，每年驻村工作时间应不少于 220 天，外出参加有关会议培训、争取项目资金等视为驻村工作时间，享受国家法定节假日休息，但需根据工作任务统筹安排，严格请销假制度，不得随意离岗、脱岗，连续请假 5 天以内由乡镇党委批准；6～10 天的由县委组织部批准；10 天以上的由县委组织部报市委；违规情节严重的，作出相应的纪律处分，日常考勤由乡镇党委跟踪管理，每季度报县委组织部备案，记入干部驻村帮扶工作档案，并送派出单位备存，作为选派干部工作考核，评进表彰和提拔任用的重要依据。

“四支队伍”每名成员都要有驻村帮扶工作日志，认真记录入户走访群众、决策重要事项、争取项目资金、推广实用技术、带领发展主导产业和改善基础设施等驻村工作情况和思想状态。乡镇（街道）每月抽查一次，县委组织部每季度抽查一次，作为年度考核和任期考核的重要依据。

县委组织部和县扶贫办每季度、乡镇（街道）每月组织召开一次“四支队伍”工作调度会，及时了解驻村工作情况，研究解决突出问题，加大工作指导力度。选派单位每年至少召开 2 次驻村扶贫专题会议，领导班子成员到村调研指导每年不少于 2 次。

“四支队伍”成员在工作和生活中遇到重大事项，要及时向乡镇党委和县委组织部报告，乡镇党委要及时了解“四支队伍”工作进展情况，每月向县委组织部、县扶贫办报告一次“四支队伍”成员现实表现情况。县委组织部、县扶贫办每季度分别向市委组织部、市扶贫办报告一次“四支队伍”成员现实表现情况。

乡镇（街道）要建立起脱贫攻坚档案工作制度，规范档案管理标准，整理档案工作资料，对每个贫困村专门建立脱贫攻坚工作档案，如实全面记录脱贫攻坚工作期间各项活动和工作开展情况。对“四支队伍”成员逐人建立工作档案，记录现实表现，全面反映其驻村期间工作情况。

县委党校要将“四支队伍”成员教育纳入干部教育培训总体规划，重点围绕脱贫攻坚工作进程，采取网络、集中培训等方式，分层分类实施培训。

各级脱贫办协调“八办两组”成员单位和组织等部门，结合脱贫任务和年度工作重点开展扶贫业务培训，每年培训 1～2 次，培训时间累计不少于 5 天。采取短期培训、以会代训等方式，确保每名工作队员熟悉帮扶政策、熟悉帮扶措施、熟悉群众工作。

制定《定边县 2018 年脱贫攻坚培训工作方案》，有效整合各类培训资源，通过现场教学、案例教学等形式，增强扶贫培训针对性和实效性。截至目前，组织实施各类扶贫干部培训共 10 期 1646 人（次）。各行业部门及乡镇组织开展扶贫培训共计 78 期 5694 人，培训对象覆盖全县扶贫干部队伍、村级集体经济负责人以及部分建档立卡贫困户。

“四支队伍”成员须切实加强党性修养和自身作风建设，严于律己，要始终保持兢兢业业、吃苦耐劳的作风，始终保持联系群众、服务群众的作风；始终保持实事求是、求真务实的作风；始终保持克己奉公、艰苦奋斗的作风。要严格遵守党纪国法，认真贯彻执行中央八项规定精神，坚持廉洁自律，不准散布有碍大局的言论，不准打牌赌博，不准参与封建迷信活动，不准在所驻村报销任何个人费用，不准参与公款大吃大喝，不准接受礼金、礼品，不准参与有损党员干部形象的各种活动。

“四支队伍”到村开展工作情况将作为季度督查的重要内容，乡镇党委不定期进行明察暗访，重点检查“四支队伍”驻村考勤、工作开展及群众评价等情况，乡镇党委每季度定期将督查情况向县委组织部、县扶贫办和派出单位通报，如有特殊情况及时上报，同时要对“四支队伍”工作情况每月进行排名。

第三节 抓党建促脱贫的举措和成绩

定边县坚决贯彻执行习近平总书记系列重要讲话精神，始终把脱贫攻坚作为首要政治任务和第一民生工程，坚持以党建为统领，聚焦“三力提升”、抓实“三项举措”、推行“三带模式”，确保抓党建促脱贫取得实效。

一、聚焦基层党组织“三力提升”

提升组织力，夯实全县上下责任网。定边县严格落实“三级书记抓扶贫”的工作要求，实行“一把手”负责制；建立了全县脱贫攻坚指挥部，县委书记、县长任总指挥，将全县划分为五大战区，其他县级领导任战区指挥、副指挥。全体县级领导每人至少包抓 1 个乡镇、1 个贫困村和 2 户贫困户，全县 79 个贫困村派驻工作队全覆盖，226 个行政村选派第一书记全覆盖，9765 户贫困户下派党员干部帮扶全覆盖，构建起了纵向到底、横向到边的组织领导体系和责任到人、落实有力的推进保障体系。

提升战斗力，筑牢脱贫攻坚主阵地。定边县结合推进“两学一做”学习教育活动常态化制度化，突出增强支部政治功能，从严落实党内政治生活制度。按照“简明、智慧、活力”的原则，全面加强和规范了村级党组织阵地软硬件建设，2016 年以来先后投入 880 万元党建经费进行村级阵地标准化建设，已建成示范阵地 88 个。深入开展“星级创建、追赶超越”活动和“走村不漏户、户户见干部”活动，创建“五星级”农村党组织 7 个，24 个软弱涣散村级党组织全部动态“销号”。提升执行力，锤炼能打硬仗的先锋队。对全县“四支队伍”进行了多频次、全覆盖的业务培训，2016 年以来，先后开展集中培训 30 余期、专题培训 160 余期，累计培训党员干部超过 4 万人次。制定出台了“四支队伍”管理、督查、考核等系列办法；运用“定边党建云平台”实时发布抓党建促脱贫工作任务、全程纪实工作落实情况；给所有帮扶干部印发了《“天天四个一”工作纪实手册》；对各乡镇每季度进行督查排名打分；先后下发督办函49份，整改具体问题121项，通报批评党组织34个、部门单位23个、党员干部77人，组织处理8人。

二、发挥党员先锋作用，抓实“三项举措”

赛场选马，使一线成为竞技场。定边县把脱贫攻坚与“三项机制”深度融合，将脱贫攻坚经历作为选用干部的必要条件，通过开展抓党建促脱贫擂台赛，使脱贫一线成为发现干部、历练干部的竞技场。2016年，5名优秀科级干部被推荐走上副县级岗位，21名脱贫一线干部选任乡镇党政副职。2017年，全县集中表彰脱贫攻坚优秀干部20名，提拔重用帮扶干部22名，推荐省级优秀第一书记2人、市级优秀第一书记20人。

职级抵押，把好钢用在刀刃上。为了让各级党员干部在脱贫攻坚上发挥好先锋模范作用，定边县创新实施了“职级抵押”举措，先后将17名新提拔干部和89名后备干部下派到贫困村任第一书记或驻村工作队员，表现突出、成效显著的，经民主评议、组织考核等程序，予以正式任用或优先提拔；工作不力、完不成任务的，暂缓任用或取消后备资格，充分发挥了示范带动效应。

引用并举，让人才流向新洼地。定边县积极推动人才向脱贫一线流动，形成洼地效应。先后引进紧缺型人才5名，招录乡镇扶贫专干17名，招聘农村特岗教师100名、教师65名、幼儿辅导员130名，招聘农村卫生技术人员90名。同时积极搭建人才服务群众平台，组织卫生系统79名医师“一对一”帮带贫困村村医，农业系统130人专家服务团深入田间地头开展技术服务，教育系统4372名教师每人至少帮扶2名学困生。

三、创新推行“三带模式”

“党建＋产业带动”，带出效益新增长。定边县按照“党支部＋合作社＋贫困户”模式，依托区域产业优势，成立专业合作社261个，吸纳贫困群众2141户。以产业链条为纽带，以行业管理单位为龙头，组建了“马铃薯产业大党委”，吸纳贫困户4000多户，实现人均增收1200多元。

“党建＋平台带动”，带出致富新路子。定边县通过“党支部＋电商＋贫困户”模式，积极引导县域内大型电商企业与贫困村结对建立生产加工基地。红柳沟镇沙场村党支部积极引导农户发展大棚香瓜种植，利用电商平台销往全国，使全村625棚香瓜平均每棚纯利润达到1.5万元，人均增收3000多元。全县党员示范带动发展农村网店300余家，31家电商企业、51家物流公司在扶贫产业链上吸纳2000多户贫困户，基本实现了贫困村电商网络全覆盖。

“党建＋项目带动”，带出发展新天地。定边县通过“党支部＋企业＋贫困户”模式，推进“三变改革”，充分发挥基层党组织在盘活土地资源、推动项目落地进程中的引领带动作用，协调推进“光伏扶贫行动”。目前，全县落地光伏企业29家35个项目，涉及白泥井镇和砖井镇的6个贫困村，130户贫困户345人通过土地流转入股的形式，实现人均获益6000元以上，而且最低可持续享受25年，同时还为贫困户提供了300多个就业岗位。

四、党建促脱贫典型案例

（一）抓党建兴产业助脱贫——红柳沟镇

定边县红柳沟镇按照中央、省、市、县统一部署和总体要求，把脱贫攻坚工作作为加快发展的头等大事，紧紧围绕“抓党建、兴产业、助脱贫”

工作思路，因地制宜，因户施策，拔“穷根”，治“穷病”。镇党委、镇政府带领全体干部真抓实干，锐意进取，咬住脱贫摘帽目标不松劲，力求脱贫攻坚出实效，举全镇之力打好脱贫攻坚战。

一是党建引领强堡垒，筑牢基础促发展。攻坚责任全面落实。红柳沟镇党委、镇政府认真贯彻落实定边县委、县政府相关脱贫攻坚会议精神，严格落实“一包三抓”工作责任制，镇政府及时整合了驻村工作队、第一书记、乡镇驻村干部和村干部这“四支队伍”的力量，成立了贫困村临时党支部，明确了各自职责，充分发挥各自的工作优势，镇党委还研究出台了《红柳沟镇整合贫困村脱贫攻坚队伍实施意见》《红柳沟镇脱贫攻坚“四支队伍”管理办法》及《红柳沟镇村干部薪酬与脱贫攻坚工作成效挂钩暂行办法》等文件，为脱贫攻坚奠定了坚实的组织基础。

二是调整结构兴产业，富民强镇促和谐。示范带动，积极发展致富项目。按照各村三年巩固提升方案和年度实施计划，红柳沟镇党委、镇政府通过加强指导协调，积极争资金、跑项目，形成带动效应，逐步形成大棚果蔬种植、生猪养殖等产业项目，增加了农民收入，促进了贫困户既能脱贫又能致富。

红柳沟镇沙场村以支部带头、党员带动，摸索出了一条发展产业的新路。为了改变贫困落后的面貌，沙场村党支部提出“拔穷根，靠产业”的思路，在村党支部书记魏于章的带动下，充分利用广袤的土地和充足的地下水资源优势，调整产业结构，促进农民增收。最初，镇村多方筹集资金45万元实施土地整理320项，通过集体管理、个人经营模式，部分党员带头试建大棚69座，于次年春首次试验种植芝麻蜜香瓜，并取得了良好的经济效益。同时，该村还被全县确定为“三变”改革试点村，栽植的200亩葡萄成活率很高，长势喜人，为改革试点成功创造了条件。

（二）党建引领改革先行 政企合力立志脱贫——白泥井镇

白泥井镇位于定边县城东北部，共有党员 872 名，其中女党员 171 名。党的十九大以后，白泥井镇结合实际确定了“做大做强特色产业，做精做细现代农业，做硬做实基础设施”的脱贫攻坚与乡村振兴发展思路，争取在全县率先实现农业现代化，率先全面建成小康社会。聚焦“六个精准”，狠抓“十个一批”，结合地域发展实际，围绕党建引领脱贫、“三变”改革先试先行、政企合力助推脱贫、注重发掘贫困群众内生动力等亮点领域狠抓落实，取得了显著成效。

一是党建引领助力脱贫。在抓党建促脱贫这个主战场上，白泥井镇坚持让党旗飘起来、党组织牌子树起来、党员动起来，将抓党建与全镇扶贫紧密结合，发挥先锋模范作用，建立党员帮扶台账，多措并举助脱贫。坚持以“党建 +”理念为引领，紧抓产业脱贫的“牛鼻子”，通过“党支部 + 合作社 + 贫困户”的模式，以“村社联建”为载体，依托白泥井镇现代特色农业示范基地优势资源，形成资源互补、合作共赢的思路，把培育和壮大产业作为持续增收、脱贫致富的治本之策。

二是“三变”改革先试先行。公布井村是白泥井镇“三变”改革的试点村，形成了“党建引领带动，支部决策管理，社企合作运营”的发展模式，各种要素聚集，打造了公布井村这个白泥井镇精准脱贫样本。该村通过整合现代农业产业、现代畜牧业、33 亩光伏产业园和拟建设特色旅游线路等做法，助推精准脱贫。公布井村致力于构建现代农业产业体系，探索出了“一个体系建到底、板块式运营用到底”的扶贫新路子。

三是注重激发内生动力。自精准扶贫工作开展以来，白泥井镇的领导、干部发现有些贫困户是志短的“懒穷”者、“扶不起的阿斗”，总想着“等靠要”，镇党委因此也意识到激发贫困户内生动力既是脱贫的关键，也是脱贫攻坚中难啃的硬骨头。经过专题研讨，集思广益，白泥井镇决定通过发挥榜样的力量激发贫困群众的内生动力，以村为单位，评选本村的脱贫标兵、道德楷模，对优秀脱贫户进行表彰和奖励，并利用自媒体等平台进行大力宣传，让贫困户感觉到脱贫光荣，同时激发后进贫困户向榜样学习的动力。2017 年 12 月，全镇评选出 24 户勤劳致富光荣脱贫户，并给予表彰，并在“智慧白泥井”公众号进行大力宣传。

（三）党建引领扶贫　产业助推发展——纪畔便民服务中心

纪畔便民服务中心共有党支部 12 个，其中农村党支部 11 个，机关党支部 1 个，为做好党建引领扶贫的工作，该服务中心从以下几个方面提出举措。

一是夯实责任，签订脱贫攻坚责任书，立下“军令状”，明确了工作任务指标，夯实责任。

二是完善制度，管好“四支队伍”。制定了《纪畔便民服务中心脱贫攻坚“四支队伍”管理及考核办法》《纪畔便民服务中心村干部薪酬与脱贫攻坚成效挂钩暂行办法》《纪畔便民服务中心“四支队伍”工作考勤制度》等制度，加强对驻村扶贫工作队的管理，不定期进行在岗抽查，落实了驻村第一书记工作经费 10 万元，确保了驻村工作队驻得住、扎得下、干得实、出成效。建立了四支队伍整合工作办公室，成立了 3 个贫困村脱贫攻坚“四支队伍”临时党支部，用以建强基层组织，引领党员队伍，在脱贫攻坚工作中发挥更大的作用。

三是建立农村党员结对帮扶台账。为了充分发挥党员先锋模范带头作用，各支部均建立了农村党员结对帮扶台账，发动有帮带能力及致富能力强的党员参与脱贫攻坚工作，与贫困户进行结对帮扶，增强贫困户“造血”功能，实现了脱贫致富，共建全面小康。

（四）抓党建　聚合力　强基础　促脱贫——新安边镇

新安边镇聚焦“六个精准”，狠抓“十个一批”，结合地域发展实际，创新“四三二一”抓党建促脱贫工作思路，围绕基础设施“拔穷根”、民生建设“换新貌”、农业产业发展“换新业”发展目标，狠抓落实，取得了显著成效。

创新“四三二一”工作思路。管好“四支队伍”，即管好第一书记、管好驻村工作队伍、管好包村干部队伍、管好村“两委”干部；落实“三个办法”，即落实党员结对农户办法，落实三项机制考核实施办法，落实“党支部 + 互助社 + 农户”办法；强化“两项举措”，即成立工作指导组，解决党支部无法下手、不会干的问题；成立督查组，解决村支部态度不端正、责任心不强，装样子、走形式的问题；用好“一套制度体系”，即采取量化考核的办法对党员进行积分制管理，将全面从严治党延伸到每名普通党员，同时出台了《新安边镇精准脱贫攻坚问责（暂行）办法》《新安边镇村干部薪酬与脱贫攻坚成效挂钩暂行办法》等一系列考核问责办法，夯实了抓党建促脱贫工作责任，为脱贫攻坚排除阻力，创造良好环境。

新安边镇由镇党委、镇纪委组成督查组，重点对涉农资金分配、集体三资管理、工作人员履职、扶贫资金兑付等方面进行了专项整治，定期或不定期对各村党建工作、精准脱贫工作进行检查，对于每次检查排名后 3 位的村进行全镇通报，村“两委”负责人在镇村干部大会上做检查。

经过定边全县干部群众的共同努力，现在的农村欣欣向荣，农民鼓足干劲力争脱贫致富。一是道德宣传氛围浓厚。如今走在乡村道路、村部广场、集贸市场，随处可见有关核心价值观、精准扶贫、孝贤尊礼、自强励志等的宣传牌，道德氛围浓厚，增强了道德感召力、凝聚力、向心力。二是农村面貌切实得到改善。在民风建设精神帮扶中，百姓逐渐形成了既要抓生产生活，更要搞精神文明的共识。三是农民素质得到提升。在民风建设精神帮扶的推动下，从镇乡村干部到村民百姓，自立自强、勤劳致富的信心树立起来，大家在潜移默化中逐步得到提升。四是村风民风明显好转。

在十星级文明户、先进典型模范的感染和爱心超市的激励下，村民中形成了“比学赶超”的新气象。社会新风尚成为主流，道德正能量进一步传播。到 2017 年底，全县共建成民风建设精神帮扶示范村 29 个，文明村镇 45 个，建成农家书屋、村广播室、文化活动室和文化活动广场 79 个，开展道德讲堂、道德评议 99 场次，民风建设文艺巡演 20 场次。启动实施“100 万元公民道德建设基金”，表彰奖励中央、省、市、县道德模范和身边好人 144 人，村镇好人 500 多人，“五好”文明家庭 8086 户，十星级文明户 23956 户，农村的“精神面貌”好了起来，农民的“精气神”越来越足。

五、第一书记脱贫攻坚的典型案例

为了打赢脱贫攻坚战，摘掉贫困县的帽子，定边县各政府部门全力以赴，与贫困村对接，选派优秀青年干部担任第一书记和驻村工作队队长，带领队员共同为贫困村脱贫贡献力量，涌现出一些典型案例。

（一）第一书记方生贵

方生贵是定边县林业工作站的一名技术干部，在精准扶贫工作中，选派至张崾先镇史闫涧村任第一书记。史闫涧村地处白于山区，是该县最南边的一个村庄，生活环境艰苦、生产增收渠道单一，群众生活贫困。

作为一名扶贫干部，初次走访各家各户，都想要实实在在地了解村民增产增收的愿望。但不管方生贵去谁家，不管问谁，都体验不到村民积极向上的热情，迎面而来的没有欢迎，没有笑脸。

看到这一幕后，方生贵的内心波澜涌动，愁云布满脸庞，怎么样才能使得这一方水土养活这一方人，怎么样才能让这里的村民重拾对美好生活向往的信心？这是摆在他面前的一道坎，得迈过去，得迈得稳。在经过多次走访以及召开全体村民大会，集体商量脱贫措施，反复讨论之后，方生贵初步起草了一个脱贫方案，即荒山造灌木林，坡耕地退耕还林，种经济林，最好的耕地留着种庄稼。但是村民们却纷纷提出“种树谁买树？种什么树？种树有什么好处？谁来种树？”等等一系列问题。毕竟是一个相对封闭的村落，村民文化水平低，思想保守，村里很多人都不愿意，担心不但林长不起来，而且耕地也撂荒了，这不是竹篮打水一场空吗？甚至很多人担心林子长起来以后国家的补贴不到位。

根据当地自然环境实施这项脱贫方案是目前最切合实际也是最具有实际效果的，但大部分村民的不理解又成为摆在面前的一道阻碍。为确保脱贫方案实施，方生贵再次挨家挨户宣讲政策，为村民分析利益得失。功夫不负有心人，在“钉子户”林大权的家里，方生贵总算做通了工作。在走访林家时，碰巧赶上一家正在吃晚饭，林大权很热情地为方生贵等人准备了碗筷，但是看到饭桌上缺少油水的腌菜以及掺着少量白米的黄米饭，强烈的责任感告诉方生贵必须尽快带领大家走出困境，今天必须做通林大权的工作。吃过晚饭，林大权敞开心扉，说出了这次为什么不支持此次计划的原因，原本他们对于这次植树造林很支持，但是说到在自家地里种树他们就犹豫了，本来就没有多少地，没有闲地种树，如果种了树，家里总共五口人，两个孩子都在上学，全家就靠这点地每年维持生活，地里产的粮食卖的钱都给孩子上学，不敢把最后一点生存下去的活命地做投入。方生贵在弄清楚缘由以后，首先请他们留用一部分地种经济林，经济林没收入之前会申请上级给补助，保障家庭开支生活。然后立即将脱贫实施方案和林地补偿申请书递交上级领导审阅。领导看过申请后，表示实施方案可行并给予了大力支持，投资160余万元，实施退耕还林项目。至此全村人的工作终于做通了。

（二）第一书记康文军

“村里面来了个‘跑腿儿书记’，年龄不大，本事还不小。”杨井镇南庄村的村民尚振兵站在村头看到来访记者时乐呵呵地说道：“自从第一书记来到村里，不仅给村里修路打坝，还带领贫困户搞起了养殖业……”

1. 誓让穷山换新颜

杨井镇南庄村第一书记康文军刚到村上时，发现这里山大沟深，村民居住分散，而且南庄村属于白于山区，地处偏远，包括南庄、武家湾、雷涧口、任崾先 4 个自然村，全村 194 户 838 人，其中贫困户 44 户 191 人，被划定为省级贫困村。

“我们村穷了这么多年，没资源也没产业，你一个外乡人到村里担任第一书记就能让我们富起来？”对于康文军的到来，村民不是欢迎而是质疑。面对质疑，康文军暗下决心，一定要帮助贫困村脱贫致富。他拿上本子和笔，一头扎进村子，走家串户了解情况。为了尽快完成调研，康文军顾不上天气寒冷，每天坚持入户走访。每个贫困户的家庭具体情况、致贫的原因、有哪些脱贫的优势，他都一一记在了自己的小本子上。在长达一个月的调研走访中，让康文军深刻地认识到，当务之急是转变村民的思想观念。南庄村村民世代务农，靠天吃饭，对致富村民没有太大的期望。为此，康文军决定与村民进行心贴心的交流。他拿着贫困户帮扶计划到村民家里分析计划的可能性，并留了联系方式，再三嘱咐村民们有想法可以随时跟他商量。

村民沈孝贤是村里公认的懒汉，几乎所有人都对他不抱希望。“若是沈孝贤你都能帮助脱贫了，我们就跟着你干。”村民们打趣道。康文军自己筹措了 1 万元，帮助沈孝贤购买了一辆小四轮，跑起了运输，“事在人为，从来到村里的那天起，我就跟贫困杠上了！”康文军说。他对沈孝贤的帮助，村民们都看在眼里，主动找到康文军帮他们找出路。

2. 五个月，村里就有了新变化

南庄村四面环山，全村三分之二的耕地为山地。为此，康文军认为，该村可大力发展养殖业，2018 年开春，他争取项目，为村民免费发放苜蓿种子。“苜蓿是耐旱植物，更是猪牛羊的天然草料。”康文军说，村民在荒山种上了苜蓿，不仅能美化村庄，而且能为村里的养殖场提供饲料。

村民尚振兵以前在县城务工，近两年经济不景气，他又回到家乡干起了农活。了解到康文军可以帮助贫困户贷款发展养殖业，他第一个找到康文军。“当时我想建一个标准化养猪场，可是贷款找不到门路。”尚振兵说。康文军跟当地的信用社积极协调，帮助尚振兵贷了 10 万元的扶贫贷款。“村里搞养殖的贫困户越来越多，必须成立专业合作社，抱团发展。”康文军建议成立专业养殖合作社。目前，武家湾村成立了以尚振兵为首的养猪合作社，任崾先村成立了以鲁俊旺为首的黑山羊养殖合作社。“这些合作社提供动物防疫、免疫等帮助，专门吸纳贫困户，只要他们愿意加入，就会无偿帮助他们脱贫致富。”康文军说。

短短五个月时间里，康文军帮助村里新修了 1.5 千米的水泥路，加固排水渠 3 座，硬化了广场……康文军用实实在在的成绩单赢得了村民的信任。

“康书记要求太严了，开会不能迟到、汇报不能应付、调查不能敷衍。”“康书记经常到我们家来慰问，我们村子的人都和他很熟，还为我今年怎么发展出点子，给我们讲政策，前一段时间又给我送来种地急需的化肥，还扶持我购买了一只种羊……”“活这么大岁数了，现在的日子才越过越有意思。”村民们七嘴八舌，对村里来的这个外乡人赞不绝口。

（三）第一书记张志昌

1. 书记变“商贩”，进城卖鸡蛋

初到明水湖村，见到了该村的第一书记张志昌，瘦高个、年龄 35 岁出头。此时的他正开上拖拉机准备进城帮助贫困户张生祥卖自己家里的土鸡蛋。张生祥老两口年纪大，劳动能力弱，仅养了 10 多只鸡，靠拾点鸡蛋增加一些收入补贴家用。

明水湖是一片明水，听上去是个水资源丰盛的地方，实际上是盐碱湿地，由于水质较差，全村旱地较多。村民们主要种植洋芋、蔬菜、玉米、西瓜等农作物。全村辖6个村民小组，180户752人，其中贫困户28户70人。

村民们告诉我们，村里人走到哪里都可以看到张志昌的身影，他不是在田间地头和村民一起讨论农产品销路，就是在蔬菜大棚里和贫困户研究怎么提高收成，他已经把明水湖当作自己的家，村里人也把他当作自己的家人。“遇到问题、困难、麻烦就找张志昌。”这已经成了村民们的顺口溜了。

由于长年缺乏水浇地，苏占社一家唯一的经济来源就是依靠种植养活全家，靠天吃饭。全家人口较多，2017年人均纯收入2000余元。张志昌从驻村担任第一书记的第一天就来到苏占社家里实地了解情况。当时，苏占社有养猪的想法，但主要问题是缺资金和技术指导，又担心销路和风险。张志昌了解这一情况后，积极联系畜牧局技术人员到现场指导苏占社科学建场，并积极联系定边铭丰农业开发公司与苏占社签订合同，出售生猪将以市场价销售。最后张志昌以单位及个人名义为苏占社担保小猪和饲料款项共计23万元。为让苏占社经营成本降到最低，商议等猪销售后再还欠款。在第一书记的帮助下，现在苏占社每年预计收入3.5万元，已彻底脱贫。

2. 扎根深山跑断腿、磨破嘴，帮群众解忧

2018年以来，明水湖村基础设施明显改善，张志昌苦口婆心，多次跑到县里与农林水木等各单位对接工作，视明水湖村的事儿为自家的事儿，一次次找领导沟通，汇报工作，讲述贫困户事迹，不厌其烦地上报申请。

功夫不负有心人，在张志昌的努力与坚持下，为明水湖村争取到广电项目扶贫，为村民新修文化广场1800多平方米，包括健身和体育器材。

为村里2户贫困大学生争取了助学资金1.6万元，争取红卫村至明水湖村新修水泥路8.9千米，红沙石路4.8千米，过水洞2孔。为村民争取到羊舍、羊棚、种植项目。

张志昌与优秀民营企业沟通联系，鼓励企业主动加入精准扶贫工作，每一个企业包扶一户贫困户，为贫困户解决贷款共计19万元。

（四）第一书记高耀政

自2014年起榆林市级11个部门被市委组织部和市扶贫办确定为定边县的帮扶单位以来，由榆林市财政局为牵头单位，帮扶对象涉及定边县9个乡镇14个村4092户18933人，其中贫困户为1234户4847人。

走进定边县贺圈镇马沟泉村、木瓜沟村和红庄村，不见了以往破旧的土房，一排排宽敞明亮的移民搬迁房整齐划一；不见了以往坑洼不平、黄土漫天飞的乡村土路，一条全长4.8千米的通村水泥路正在紧张施工中……这里正发生着一系列翻天覆地的变化。村民们说，这都得益于榆林市财政局驻村干部高耀政的倾情帮扶。

马沟泉村、木瓜沟村和红庄村是定边县贺圈镇的三个行政村，也是市财政局重点包扶的贫困村。马沟泉村处于定边县白于山区与风沙草滩区过渡地带，涧梁交错、黄土层深厚、常年干旱少雨，自然环境恶劣，农民广种薄收，生产生活条件十分艰苦。

第一次走进马沟泉村，高耀政就暗下决心："一定要让村民的生活有所改变。"

入驻包扶村以来，高耀政进村入户，详细了解村情，努力做到心中有底，他认真听取干部看法建议，梳理汇总群众亟待解决的问题。

马沟泉村村民居住分散，大多住在土窑洞和土木结构的老房子里，因年代久远，存在极大的安全隐患。高耀政多次与相关部门沟通协商，对移民村的位置，房屋结构、大小进行了反复的研究商议，制定了移民搬迁规划，申报省、市扶贫、土地部门审批。在这期间，他多次往返于马沟泉村、贺圈镇、定边县和榆林市之间，经常忙得忘了吃饭。

在高耀政的不懈努力下，一个个项目最终得以落地。马沟泉移民新村一条长达 5 千米的自来水管道正式敷设完工，结束了马沟泉村村民世世代代吃雨雪水的历史；同时，为红庄村打通了水井，解决了 69 户 295 名村民饮水困难问题；也协助贺圈镇政府为木瓜沟村争取到了自来水管网建设项目，如今管道铺设、自来水监测井已经施工完毕。

怎样才能让村民的腰包鼓起来？高耀政一直在思考这个问题。

在担任第一书记期间，他引导村民改变传统种植观念，积极引进新品种。2018 年，他与榆林市农科院协调，为木瓜沟村、红庄村争取到紫花白马铃薯种子 2.5 万斤、榆单 88 旱地玉米种子 3000 斤、科普图书 5 册，同时邀请定边县农业技术人员到田间地头为大家讲解农作物种植、养护、病虫害防治等相关科普知识，切实提高农民的种植水平。

综上所述，精准扶贫工作开展以来，定边县认真贯彻落实中央和省市有关精神，结合当地实际，形成了一套具有定边特色的脱贫攻坚方式方法，将定边县划分为东西南北中五大攻坚片区，层层建立脱贫责任体系，建立“1+3+6”督查督导机制，制定“职级抵押”制度，建立脱贫攻坚队，从严从实管理“四支队伍”，注重建设基层党组织，为脱贫攻坚提供了强有力的组织保障。

第四章　定边县脱贫攻坚的基础设施保障

脱贫攻坚，离不开基础设施建设。交通、电力通信、饮水、住房作为人民群众最基本的生活需求与保障，是破解扶贫攻坚难题的第一步。做好基础设施建设旨在改善民生，这是脱贫攻坚工作的重要内容，是党坚持全心全意为人民服务根本宗旨的重要体现，是社会主义的本质要求。针对贫困地区基础设施建设，《中共中央　国务院关于打赢脱贫攻坚战三年行动的指导意见》明确提出任务目标：到2020年，巩固脱贫成果，通过“五个一批”，因地制宜综合施策，确保现行标准下农村贫困人口实现脱贫，消除绝对贫困；确保贫困县全部摘帽，解决区域性整体贫困。实现贫困地区基本公共服务主要领域接近全国平均水平，主要包括：贫困地区具备条件的乡镇和建制村通硬化路，贫困村全部实现通动力电，全面解决贫困人口住房和饮水安全问题，贫困村达到人居环境干净整洁的基本要求。

为打赢脱贫攻坚战、全面建成小康社会，为认真落实党中央脱贫攻坚决策部署，为贯彻落实习近平总书记对陕西提出的追赶超越、“五个扎实”要求，陕西省公共服务和基础设施建设协调组把基础设施和公共服务建设作为打赢脱贫攻坚战的先决条件和重要抓手，决定举全省之力，在全省贫困地区开展基础设施“三提升”行动：交通方面，开展农村通村通组沥青（水泥）路行动，由“行政村通沥青（水泥）路”升级为“通村通组沥青（水泥）路”；电力方面，开展自然村通动力电行动，由“电力入户率达到

100%”升级为“自然村通动力电”；水利方面，开展农村安全用水巩固提升全覆盖行动，由“农村自来水普及率不低于90%”升级为“安全饮水巩固提升全覆盖”。与此同时，陕西省国土资源厅把易地扶贫搬迁作为脱贫攻坚的首战之役，力求通过系统谋划和创新，确保易地扶贫搬迁成为陕西一项治本性的民生工程、全局性的发展工程和关键性的生态工程；陕西省住建厅以加固改造试点为契机，开展农房加固试点，通过示范引领，全面提高农村危房改造加固率，破解贫困户建房致贫问题。

精准扶贫实施以来，定边县认真贯彻中央和省市的安排部署，坚持以脱贫攻坚统揽经济社会发展全局，紧紧围绕实现贫困人口“两不愁三保障”和贫困县脱贫摘帽目标，统筹实施了一系列行之有效的工作举措。为逐步消除制约贫困地区发展瓶颈，解决群众出行难、用电难、饮水难等问题，定边县对照贫困县退出“477”标准，紧盯脱贫退出底线要求，加大涉农资金、项目整合力度，采取四大“硬招”推进路、电信、水、住房基础设施建设：一是强化通村道路建设；二是强化电力和通信设施建设；三是强化安全饮水工程；四是强化安全住房建设。通过以上工作，解决贫困人口的出行、饮水、用电及住房等基本生活生产问题，切实推进精准扶贫工作，助推贫困户早日实现脱贫致富。

第一节　交通脱贫攻坚，铺就幸福路

本着“大爱在心、为民开路”的理想信念，自脱贫攻坚工作开展以来，定边县交通运输局以87个贫困村为主战场，先后投入6亿元，新建通村水泥路、沥青路571千米，基本实现全县贫困村“村村通”全覆盖；在强化通村道路建设方面，累计投入14.9亿元，实现全县公路总里程2894千米，新修通村水泥路、沥青路 1500 多千米，行政村通水泥或沥青路比例达 100%，为全县搭建了安全便捷的交通运输网络。一条条村级公路搭起了偏远贫困村和其他行政村的沟通纽带，县交通运输呈现一片新气象，村民们的出行便捷度大大提高，物流运输更是取得长足发展。交通运输局努力营造“畅、洁、绿、美、安、舒”道路环境，力争为定边县经济社会发展提供强有力的交通运输保障。

一、定边县交通脱贫攻坚工作典型特点

定边县交通脱贫工作取得突出成果，有赖于稳定的组织保障与高效的管理机制，其工作主要呈现出以下四个典型特点。

（一）强化组织领导，科学谋划行动早

定边县交通运输局坚持以习近平总书记关于精准扶贫的重要指示精神为指导，按照县委、县政府统一部署，把做好行业脱贫工作作为交通运输系统头等大事来抓，落实到具体工作中，强调“三个到位”。

一是组织保障到位。精准扶贫工作开展以来，交通局高度重视，及时成立项目建设领导小组，邀请分管交通的县领导深入施工一线，及时处理建设的棘手难点问题。面对一年完成 571.8 千米通村水泥路的艰巨任务，白天全局除内勤留 3 人处理日常公务外，所有人员全部编入项目办，到施工一线抓质量、促进度、保安全，晚上又处理个人的业务工作，为项目的按期完成提供了有力的组织保障。

二是进度保障到位。县政府印发了《定边县 2016 年通村水泥路项目实施方案》，明确了项目建设内容、标准、时限及各部门职责。县政府在前一年 11 月即召开动员会议，要求企业进场，确保不耽误工期。项目办超前安排协调工作，帮助施工单位倒排工期，合理安排进度，确保各项工作落实到位、有序开展。

三是资金保障到位。2016 年国家及省政府提高了对道路建设的财政支持，补贴金额提升至 60 万元每千米，减轻了施工企业的财政负担。另外，交通局配合县政府积极与长庆公司和定边采油厂协调，多方筹措资金，累计投入建设资金 5.7 亿元，管理养护资金 6000 万元；同时协调县级各部门，以最短的时间完成项目建设资金拨付，减轻企业压力，推进项目建设进度。

（二）突出质量核心，道路建设标准高

交通局在道路建设过程中，坚持科学规划设计，严格过程管理，以工程质量为核心，着力建好农村公路，努力提高群众出行便捷度和舒适度。具体体现在以下三方面。

一是重视规划设计。交通局始终把规划设计作为公路建设的重中之重，在通村水泥路设计中公开招标确定有资质的设计单位，并邀请市县专家对设计进行评审，针对定边县油气产业发展，大吨位车辆通行频繁，定边县适当调高了通村水泥路设计标准，路面结构采用 16 厘米水稳沙砾加 18 厘米混凝土面层，有效提高了道路使用寿命和服务经济社会水平。

二是狠抓工程质量。工程建设中严格实行“六制”，即项目法人制、工程监理制、施工合同制、质量检测制、业主监督制及设计单位代表驻工地制。严把“六关”，即原材料进场关、机械进场关、参建人员资格关、施工工艺关、项目变更关及验收关，高标准、高质量完成了项目建设任务，经检测所有项目均为合格工程。

三是严格过程管理。成立农村公路质监站，依托县公路工程试验检测中心对公路建养工程全过程进行检测，用试验数据指导现场施工，有效地保证了工程建设质量。定边县还积极探索总结经验，在通村水泥路建设中推行网格量化管理，定量定标准，方便监理及现场人员直观监督，既提高了管理水平，又有效地控制了工程建设质量。经统计，定边县公路建设一次交（竣）工验收合格率达 98% 以上。

（三）创新养管机制，道路养管效果好

交通局坚持“三分建、七分养”的思路，不断创新农村公路养护管理机制，提高道路通行能力和服务水平，让农村公路真正成为广大群众的脱贫路、致富路。

一是落实养管机制。认真落实“县道县管、乡道乡管、村道村管”养护模式，县乡道路由农村公路管理站进行标准化、机械化养护。村公路由县政府以任务书下达各乡镇进行养护，并依据各乡镇养管效果兑付 2000 元每千米的养护资金，同时省政府每年提供 1000 万元养护资金，有效提升了村道的路况养护水平。定边县农村公路列养率达到 100%，实现了“有路必养、养必良好，有路必管、管必到位”的养管目标。同时，强调路政、运政职能作用的发挥，加强超载超限的管理。

二是落实监管机制。在坚持原有分级养护模式的基础上，积极探索新型养护模式，将农村公路日常养护推向市场，由专业的养护公司进行养护，农管站对养管效果进行考核监督，公路养管专业化、信息化、机械化水平持续提高。在全县 200 多条道路安装了道路责任牌，在各乡镇建立了农管所，并按要求落实了养管责任。

三是落实协作机制。探索建立农村公路企地共建、共养或企业领养的道路养护新模式。由于定边县油气、风能、光伏等产业发展迅速，这些企业车辆在农村公路上通行频繁，目前定边县正探索并试点由企业对通行道路进行养护管理或企业承担部分养护资金，由养护单位进行养护，如试点效果好，将逐步在全县推广使用。

（四）加大产业融合，经济效益发挥足

“要想富，先修路”，为使公路发挥最大经济效益，交通局将公路建设与产业发展深度融合，助推全县经济发展和精准脱贫。

一是与农业深度融合。为推动定边县北部滩区现代农业发展，交通局在道路规划建设中，适度向该区域倾斜，目前北部滩区已形成现代农业、观光农业产业群，拥有国家级农业园区一座、大型农产品交易市场一处，各类示范园、观光园、合作社随处可见，有力地推动了区域经济发展。

二是与企业发展深度融合。定边县境内石油、天然气、盐化工产业发展迅速，光伏、风能等新能源产业遍布各乡镇，交通局将道路规划与产业规划相结合，优先建设产业路、园区路，带动沿线经济发展，助力精准脱贫。

三是与旅游发展相结合。为促进定边县旅游资源的开发利用，交通局将道路建设与全县旅游规划相融合，注重完善旅游区道路设施，提高道路通行效率，目前已初步完成十里沙治沙生态旅游；盐湖观光旅游；三五九旅打盐、红军入陕第一站、李守林故居红色旅游；张献忠人文旅游及定边红花荞麦“田园花海”线路的建设，有效推动了县域旅游业发展，增加了群众收入。

二、定边县交通脱贫攻坚成效

2017 年，定边县被陕西省公路局评为“好路杯”先进单位，被榆林市政府评为交通任务完成先进县。在已取得优良成绩的基础上，定边县交通运输局再接再厉，落实党中央、省市关于交通扶贫行动的要求，全力以赴进一步推进贫困区“四好农村路”示范县的创建工作，以实现全县 226 个行政村、79 个贫困村 100% 通沥青（水泥）路为目标。在县委、县政府的领导和上级业务部门的支持下，交通运输局动员一切力量，科学谋划、真抓实干、积极进取，全面完成了行业脱贫任务。

截至 2018 年底，定边县公路总里程达到 2894 千米，青银高速公路和 307 国道穿境而过，吴定高速、303 省道、定铁及定刘张等线路横贯南北，全面编织成为四通八达的交通网络，极大地提高了当地人民的生产生活水平，成为定边县经济社会发展的重要支撑。定边全县所有行政村、贫困村均实现通柏油（水泥）路，并形成了以县城为枢纽、连接各乡镇的“六横五纵”公路网络，基本实现县域内 2 小时交通圈，进一步为定边县脱贫奔小康打下了坚实的交通运输基础。随着当代农业体系的建设越来越依赖及时便捷的物流链，偏远地区的农产品输出滞后成为阻碍其提升发展的主要原因。针对此短板环节，陕西荣民控股集团投资 4000 万元修建 30 千米柏油路，为当地贫困村民一举打通了致富通道。与此同时，贫困村水泥路作为新兴纽带，为村民带来了更多与外界沟通的机会，便利的外出条件切实地改变着村民们的精神面貌。

三、存在问题与后续巩固提升

对照《中共中央　国务院关于打赢脱贫攻坚战三年行动的指导意见》，定边县依据实际情况，发现其在已取得成绩的基础上，在交通运输扶贫方面尚存在一些有待提高之处，例如：旅游线路及通往各行政村下自然村的道路仍需进一步修建；县乡路有待升级为二级公路或一级公路；道路管理和养护方面缺少技术人才；等等。定边县交通运输局应充分认识到这些问题的紧迫性，并努力在未来采取各种措施予以妥善解决，更加深入彻底地推进定边县脱贫攻坚工作。

第二节　电网脱贫攻坚，照“靓”脱贫路

自脱贫攻坚工作开展以来，定边县供电局坚持科学规划、因地制宜、有的放矢，抢抓国家“十三五”新一轮农村电网改造升级工程的重大机遇，聚焦全县 87 个贫困村，安排资金 2445 万元，实施完成 31 项“村村

通电”项目，建设完成10千伏项目14个、线路55.71千米，安装配变电压器5500千伏安48台；建设完成0.4千伏项目17项、线路183.29千米，配电区60个。截至2018年，已解决贫困村不通电和电力不足问题，实现了87个贫困村和其他非贫困行政村全部通电，极大提升了贫困村的电能质量，更好满足了群众生产生活用电需求。

一、定边县电力系统脱贫攻坚的工作路径

定边县供电局在开展工作过程中，为保证工作高效有序完成，积极主动与相关部门实现对接。

一是与县扶贫办、移民办对接，针对全县涉及的《建档立卡贫困户等四类重点对象农村危房改造项目》的危房改造户和移民搬迁户用电情况进行调查，提前介入，及早进行勘察、设计，全面进行电力未入户用户的摸排工作，根据摸排结果及时予以解决，且与工程施工同步进行，保障施工用电。并配合验收易地扶贫搬迁集中安置区电力配套设施建设，保障了搬迁贫困户按期用电，切实解决了贫困户用电难问题。

二是寻求与县发改局对接，加快推进光伏扶贫工程建设，支持光伏扶贫电站接入电网运行。

三是为解决县域内涉外电源问题，主动与县委、县政府及长庆油田第五采油厂沟通对接，实地勘测，制定合理方案，争取网改接收靖安油区农用电，保障和规范油区人民用电的可靠性和安全性。最终与长庆油田第五采油厂达成协议，确定了从第五采油厂变电站出线，定边新建线路接收油区农用电的方案。同时与国网盐池公司积极座谈，制定方案，规划线路建设，积极向市公司请示对接，协调解决白泥井镇金伊湾村灌溉用电矛盾，发挥企业应尽的社会责任。

与此同时，针对扶贫工作的优先性与紧迫性，县供电局着重做了以下

四方面工作。

第一，电力入户。全面进行了电力未入户用户的摸排工作，率先实现电力入户率100%，定边县贫困村民的用电难问题得到优先解决。为进一步巩固脱贫成果，积极推进乡村振兴，供电局积极响应相关政策，对定边县145个使用单相变压器的自然村进行了摸底排查，现已完成145个未通动力电的自然村改造升级计划的前期项目和资金的批复工作。

第二，贫困村通动力电。优先制定贫困村通动力电规划，并按规划予以全面落实与实施。供电部门投资垫支250多万元，装89台变压器、3893户电能表，主要服务于农业用电。省、市、县在供电方面开通绿色通道，确保电力基本问题快速有效解决。截至2017年底，定边县贫困村通动力电工程已全部完成。

第三，积极推进电网建设。在下一轮农村电网升级规划中，供电局制定了农网长期规划布局与建设标准，力图满足未来农村负荷增长和人民群众用电需求。为提升重点乡镇供电能力和完善电网主体结构，争取新建了樊学、学庄110千伏输变电工程，目前工程正在按照时间节点有序推进。2018年，农网改造升级工程建设项目共计26项，其中：10千伏项目17项，新建10千伏线路108.81千米，安装配电变压器13640千伏安127台，开关11台；低压项目9项，新建低压线路113.02千米（其中，380伏线路113.02千米），户表改造773户。

第四，教育与帮扶。在为贫困地区建设电力设施的过程中，有个别贫困户对扶贫政策及规划缺乏了解，因而出现阻挠电线杆、电缆等设施的架设与施工的情况。供电局针对这种情况进行了妥善处理，耐心地与贫困户沟通，细致地为他们讲解电力入户等相关供电扶贫政策，在取得贫困户的理解与认可后，在与贫困户达成一致性意见的基础上，供电局再逐步层层推进贫困地区的电力扶贫工作。此外，供电局还针对两个贫困村进行了点对点帮扶，由供电局局长、两位副局长及供电所三位所长组成扶贫工作小组，派遣工作人员担任驻村第一书记，提供50万元资金专项改造这两个贫困村的电网设施，并援助4万元的铡草机，资助村中五位贫困户大学生完成学业，并为贫困户子女介绍就业，这一系列的努力获得了贫困户的认可与赞誉。

二、定边县电力和通信脱贫攻坚成效

定边县电力局推进强化电力设施建设，利用农村电网升级改造，提升农网供电能力和供电质量，对贫困村低电压和超供电半径供电的台区采取了增加供电台区、缩小供电半径、增大变压器容量、增粗导线半径的方法予以解决。定边县供电局还制定了贫困村通动力电规划，且按照规划予以全部实施，累计投入2.8亿元，安装配电变压器45217千伏安438台，改造配电台区606个，架设、改造城乡电网977千米，电力入户率达到100%。

此外，由于定边县光照资源充足、地域面积广阔、盐碱地存量多，发展光伏产业的条件优越。依据此地域优势，供电局引进落地光伏企业29家，建成项目14个，累计装机容量720兆瓦，惠及贫困户130户345人，人均年收益为6000元，可持续享受25年。在建光伏项目涉及全县87个贫困村，22个项目规模达5600千瓦，有望实现光伏产业贫困户全覆盖。由于光伏与风电总装机容量高达70万兆瓦，而区域社会用电量仅为30万兆瓦，因此光伏发电能解决当地用电量问题。光伏产业的大力发展不仅能让贫困户获得可观收入，还有效提升了贫困人口转移就业的承接保障能力。此外，定边县投入1000万元，建设变电站一座，架设高压线路100余千米，改造农村电网500多千米，加快实施农电机井通电。

与此同时，定边县供电局推进强化通信设施建设，累计投入1.7亿元，建成基站667个，铺设光缆4000多千米，实现农村4G网络全覆盖、光纤网络到户和贫困村无线网络（Wi-Fi）全覆盖。

三、定边县电力系统脱贫攻坚的典型经验

（一）保证农业用电

定边县白泥井镇为农产品集散地，其农产品远销全国，经济效益十分显著。由于该地区农贸经济发展迅猛，对动力电需求亦随之增长，高峰与低谷用电期用电量相差达40倍。为了确保白泥井镇的用电需求得到满足，保证农业用电供应，定边县供电局设置专项投资，用于白泥井镇的用电保障项目。

（二）攻坚光伏扶贫电站

为了全力发挥定边县光照资源充足、盐碱地存量多的优越地域条件，定边县供电局与县发改局主动对接，支持光伏扶贫发电设施接入电网运行。截至2018年，已并网接入第一期光伏扶贫电站21个，第二期光伏扶贫电站18个已有14个并网发电。在光伏电站并网过程中存在着“消纳难，并网时间紧，施工难度大”的问题，供电局为按期完成任务，采取“局长主管，部门主抓，专责主责”的模式，确保每个环节都有人抓重点：针对“消纳难”的问题，供电局召集各个部门，想方设法减负荷并光伏；针对“并网时间紧”的问题，供电局派专人到榆林市供电局对接材料等问题，确保材料按时甚至提前到位；针对“施工难度大”的问题，供电局设置光伏专责，实行专人专责，并派出技术骨干现场指导。

综上，在实施贫困地区农网改造升级、加强电力基础设施建设方面，在统筹推进网络覆盖方面，定边县供电局的工作卓有成效。为实现2020年大电网延伸覆盖至全县村，定边县供电局下一步规划继续引导电网企业

做好贫困地区农村电力建设管理和供电服务，并将深入推进农村电商、网络公益等创新“互联网+”模式，确保定边县电力工作在日后实施乡村振兴战略中稳步提升。

第三节 确保饮水安全，传递民生情怀

定边县地理条件特殊，水资源极度匮乏。历史上老百姓吃水都靠自己打土窖，尤其是南部山区的村民只能在路边低洼处打土窖，以便收集雨后路上和山上的雨水，水质脏差，饮水条件极为恶劣。“十一五”期间，中央提出确保饮水安全的目标，定边县水利局高度重视，整村推进饮水安全工程，出资帮助老百姓把土窖改造成水泥水窖，并加水盖，此外着手修建积水坑与硬化积水场，截至2015年，投资1.2亿元铺设管道6482条，解决了8万多人的吃水问题。“十二五”期间，水利局进一步加大安全饮水工程力度，开始修建地下蓄水池，并且为部分试点水窖安装水泵。

精准扶贫工作开展以来，定边县将农村饮水安全列入重点督查事项和考核内容，水利局紧紧围绕贫困村、贫困户的安全饮水需求，制定了全县自来水普及率不低于90%的目标任务，坚持将农村饮水安全作为民生水利最紧要的工作来抓。水利局积极与财政局等多个相关行业部门紧密配合，经过不懈努力，对87个贫困村的所有贫困户实施了安全饮水工程。挨家挨户修建砖砌地下蓄水池，普及100平方米的混凝土硬化积雨（水）场，完善净化过滤、消毒设施，27万人口全部覆盖水窖自来水化，农村自来水普及率高达92.9%，大力推进了贫困地区的水利发展，着力解决了广大人民群众尤其是贫困人口的安全饮水、牲畜用水问题，真正实现了“小水窖、大效益”。

一、定边县饮水安全工作的主要措施

为确保定边县水利脱贫攻坚任务圆满完成，稳步推进定边县水利行业扶贫工作，定边县水利局编规划、定方案，抓筹资、促脱贫，其主要措施如下。

（一）精准任务，确保目标明确

脱贫攻坚安全饮水工作目标确定后，水利局立即成立了精准脱贫安全饮水工作领导小组，先后制定了《2016年精准扶贫安全饮水工作实施方案》《2017年精准扶贫安全饮水工作方案》《2018年精准扶贫安全饮水巩固提升工作方案》《2018—2020年脱贫攻坚行动实施方案》以及《重点工作任务分解落实一览表》，明确定位了任务职责，梳理细化了工作流程，确保责任夯实到人，为顺利完成目标任务奠定了良好基础。

（二）精准调查，确保底清数明

要彻底解决全县饮水问题，首要步骤为摸清家底。2016年至2018年三年来共开展了8次饮水情况普查、调查、核查工作，每次分15个外业组、1个内业组，对全县20个乡镇（含1个街道办事处、1个便民服务中心）226个行政村的农村群众饮水情况、补助资金使用情况、饮水工程建设情况以及贫困户、非贫困户、返乡户饮水情况进行追踪核验，切实做到了全县农村群众饮水情况底子清、数据明，为下一步有的放矢地顺利开展工作夯实了基础。

（三）精准实施，确保因户施策

针对调查中存在的饮水问题，定边县结合县域地理环境、生态因素，因地制宜，精准实施，充分发挥“小水窖、大效益”作用，对自来水管网普及区采取管网延伸及配套的方式，对彻底无设施的采取新建水窖及混凝土硬化集水场的方式，对有水窖及集雨场的采取配套水泵、管网及配套设施的方式来解决饮水问题，实现水窖自来水化。2015 年以来，共投入资金 12318.17 万元，新打机井 15 眼，铺设输配水管道 318.2 千米，新修蓄水池 6482 座、硬化集雨场 63.32 万平方米等，解决涉及全县 11149 户 48852 人的饮水问题，使得农村群众告别了人担水、驴驮水、高价买水的历史状况。定边县创新的“小水窖、大效益”模式得到中央、省、市各级领导及专家的肯定和赞扬。

（四）精准对标，确保节支收益

水利局紧扣农民增收、优化环境、基础改善这三大目标，抓民生、补短板、促脱贫，全面实施水窖自来水化工程，提高了全县农户的生产能力与人均收入，改善了村容村貌与居住环境。此外，水窖自来水化还节约了水费支出，年均每户节约水费高达 1000 元左右。砖井镇徐坑村作为移民搬迁安置点，水利局为其配备了一排排整齐的水窖、一片片干净的集雨场，搬迁户家家安装上淋浴器，部分家庭还安装了锅炉供暖设备，这切实地改善了农村群众的居住环境，移民搬迁户的饮用水问题首先得到解决。

（五）精准识别，确保安全饮水

截至 2017 年底，全县贫困户共 9765 户 35998 人，全部达到安全饮水标准；79 个贫困村共 27344 户 104303 人，贫困村内全部农户生活用水达到饮水安全标准；全县农村饮用自来水人口 275603 人，农村饮用自来水人口占全县农村总人口比例为 92.9%，超出了贫困县退出标准，实现了安全饮水，助推了精准脱贫，真正做到了精准扶贫水利先行，精准脱贫水利保障。对已解决饮水（水窖）问题、还未落实管网入户的条件合格户，水利局进一步巩固脱贫成果，以提质增效的方式实施安全饮水进村入户管网工程，总投资 10090 万元，实现贺圈镇、红柳沟镇等 7 个乡镇 1 个便民服务中心的 43 个行政村 54811 人管网入户。截至 2018 年，已实施完成红柳沟镇等4个乡镇1个便民服务中心28个行政村38977人管网入户，完成投资5677.77万元，剩余部分也已于2019年建设完成。

（六）精准帮扶，确保脱贫摘帽

水利局帮扶贫困村为姬塬镇徐阳湾村，驻村工作队集中水利行业优势，实施修建了生产道路、幸福院、休闲文化健身广场、应急供水点等10余项惠民工程，完成投资300余万元。村里的泥泞土路变成了沙砾石路，村民门前的泥土坑变成了干净的文化广场，村容村貌发生巨大变化。定边水利系统93名科级领导及普通党员通过进村入户、宣讲政策，全方位开展帮扶工作，帮扶贫困户132户。针对贫困户缺少资金、找工作难等问题，积极协调相关部门，通过为贫困户购买蒸馒头机、购买种羊、介绍工作、自主创业等多元化方式，变“输血”式扶贫为“造血式”脱贫，群众对定边水利系统帮扶干部满意度很高。

二、定边县饮水安全脱贫措施成效

定边县水利局根据“乡镇负责，群众自建”的原则，对全县农户饮水情况进行详细摸排，将763.2万元整合资金实施精准补贴，解决了全县944户无饮水设施问题。水利局统筹采取补助的主要方式有：15立方米砌砖蓄水池、100平方米硬化集水场；配套水泵每户补助0.9万元，785户已补助资金706.50万元；入户管网统一补助管材、水表、水龙头、闸阀等材料费，每户补助0.2万元，130户补助资金26万元；堆子梁镇王滩子村打机井1眼、铺设管网及配套设施，每户补助资金0.7万元，16户补助11.2万元；堆子梁镇小滩子村、营盘梁村各新打机井1眼、铺设管网及配套设施，每户补助资金1.5万元，13户共补助19.5万元。累计投入4000万元用于实施安全饮水工程，铺设供水管线200千米，新建蓄水池30座，硬化集雨场4万平方米，贫困村自来水普及率达到97%。

与此同时，定边县水利局加强农田水利建设，新建基本农田 4000 亩，维修加固淤泥地坝 45 座；整合扶贫部门资金 1332 万元，用于贫困村机井配套、坡改梯、修防洪墙坝；累计整合水利部门资金 10145.27 万元，用于整理贫困村水土流失面积 28 万平方米，贫困村除险加固淤地坝 17 座，改造水源 827 处，整理八里河河道 3.9 千米，建设堤防 7.8 千米。

综上，定边县水利局积极落实响应党中央关于“大力推进水利扶贫行动”的要求，在落实工程建设和管护责任、强化水质保障、因地制宜加强供水工程建设与改造方面，扎实地做了一系列工作，显著地提高了定边县农村集中供水率、供水保证率和水质达标率，“小水窖、大效益”模式对其他贫困地区有着重要的推广与借鉴意义。

第四节　易地扶贫搬迁与危房改造，圆了安居梦

一、定边县易地扶贫搬迁工作

为全面落实党中央关于保障贫困人口基本居住条件、确保住上安全住房的要求、全面解决定边县“一方水土养不活一方人”的建档立卡贫困户安全住房问题，定边县国土局（现为定边县自然资源和规划局）认真贯彻落实国家易地扶贫搬迁政策的规范标准，积极响应中央、省、市、县关于移民搬迁的各项政策措施和决策部署，结合推进新型城镇化的目标，通过进一步提高集中安置比例、稳妥推进分散安置并强化跟踪监管、完善安置区配套基础设施和公共服务设施等工作，深入推进了易地扶贫搬迁精准搬迁、精确施策、精细管理的“三精”工作，坚持了“易地、扶贫、搬迁”三个初心，守住了“底线、界限、标线、红线”。定边全县上下齐抓共管、不懈努力，在易地扶贫搬迁工作方面取得明显成效，为顺利脱贫摘帽奠定

了坚实基础，圆了老百姓的安居梦。

（一）易地扶贫搬迁工作的落实情况与成效

定边县易地扶贫搬迁工作于 2016 年 7 月起步，“十三五”期间采取“五个一批”手段共妥善实施易地扶贫搬迁 3210 户 13302 人，其中进城安置 2434 户 10136 人（新乐小区安置 1801 户 7547 人、衣食梁移民社区安置 610 户 2542 人、东城惠民苑安置 23 户 47 人），农村新建安置 776 户 3166 人（集中安置 538 户 2232 人、分散安置 238 户 934 人），集中安置率达 92.56%，城镇安置率达 79.5%。2016 年至 2018 年，定边县国土局继续稳步推进扶贫搬迁工作，截至 2018 年底，共实施移民搬迁 4985 户 18286 人，存量的安置现房全部分配到户，农村新建安置房基本建成且通过质量验收，确保贫困户全部入住，建房补助资金兑付到户，农村新建 30 个集中安置点，水电路信等基础设施和配套设施也相应全部配备到位，易地搬迁贫困户入住率达 93.8%。

1. 项目工程进展情况

（1）前期手续办理

2016 年以来，定边县新建易地扶贫搬迁集中安置点 30 个。移民办通过与发改局、环保局、规划局、国土局、维稳办、地质环境监测站等多部门积极对接沟通，完成 30 个安置点安置房和基础设施配套的立项批复、规划设计、可行性研究报告、地质灾害危险性评估、环境影响登记、选址意见、土地预审和报批、社会稳定风险评估报告等前期手续。

（2）农村安置房项目及配套基础设施

2016 年 9 月，定边县全面启动安置房项目建设工作，截至 2017 年 8 月新建安置房全部建成，且 8 月至 12 月移民办协同住建局质监站对新建安置房完成质量验收，农村新建 776 套安置房质量全部达标，后期集中安置 538 套，分散安置新建住房 238 套。与此同时，由各乡镇负责组织实施，于2017年7月全面开工30个新建集中安置点的基础设施配套建设。截至2017年底，新建集中安置点的道路、给排水、电力、绿化项目等的建设任务全面完成。

（3）存量房分配情况

定边县充分结合“去库存”政策，充分利用存量现房安置易地移民搬迁人口。2017年，在征得县政府同意后，移民办回购新乐小区和衣食梁移民社区符合安置条件的安置房2411套，回购东城惠民苑符合安置条件的安置房23套，为确保搬迁户不举债、住房成本不超标，移民办在回购住建局和扶贫办组织实施的新乐小区和衣食梁移民社区存量房时，新乐小区和东城惠民苑存量房的回购价格为1498元/平方米；衣食梁移民社区存量房的回购价格为85平方米以内1360元/平方米、超过85平方米的部分每平方米1630元（按照最大面积120平方米的安置房计算，均价为1438.75元/平方米）。

为保证公平、公正、合理地将安置房源分配到各乡镇，依据搬迁户家庭人口和安置房面积相适应的原则，兼顾安置房源位置、楼层奇偶搭配、采光是否通透等实际情况，将安置房源按比例分配于各乡镇人民政府。为标明每套房源的面积、楼层、区域位置，分配说明图利用不同颜色区分房源类型和面积，并配套了房源分配说明、房源示意图及平面图。各乡镇接到文件后，积极组织分配，于2017年11月将安置房全部分配到户，定边县国土局还举行了存量房交钥匙活动，将安置房钥匙交付到户。

2. 自主实施搬迁与入住进展情况

为确保2018年6月底搬迁与全面入住工作的顺利开展，县委、县政府要求各乡镇签订的项目工程建设责任状中明确标明入住时限。2018年3月，县政府在召开移民搬迁工作推进会议上，明确提出贫困户入住时限，且在减免进城安置户一半大修基金和天然气入户费每户2950元的基础上，又提出于4月底前完成装修并入住的进城安置户，给予每户1000元的奖励。此外，县委、县政府与各乡镇主要负责人签订《易地扶贫搬迁安置房入住责任状》，同时建立县级包乡领导统领、各乡镇主要领导负责、乡镇分管领导主抓的工作责任体系，要求驻村工作队、乡镇包村干部、第一书记直接负责村组，帮扶干部“一对一”直接负责到人，各乡镇也要将责任细化分解到人，形成“多对一”的协助入住工作局面。从2018年5月开始，移民办每周对各乡镇入住进度进行核查通报，累计通报5次。截至2018年12月，全县落实易地移民搬迁共3210户，未实际入住74户（未装修9户、正在装修60户、已装修未入住5户），已实际入住3136户，装修入住率达99.72%，实际入住率达97.69%。

3. 资金拨付与统筹情况

定边县严格按照中央、省市“物理隔离、封闭运行”的精神，对专项资金进行管理；与此同时，又根据陕西省易地扶贫和避灾类资金使用办法，严格按照程序、根据工程进度，切实做到“应拨尽拨”，为保障按期完成建设任务、实现如期入住目标创造了资金条件。为确保新旧补助政策顺利衔接，全力保障调出易地扶贫搬迁系统的搬迁户所得补助资金不降低、所得利益不受损，制定了符合定边县实际情况的补助政策。截至2017年底，安置房补助资金全部拨付到户，共收到易地搬迁专项资金60698.8万元（其中中央预算内10292.8万元，银行借款50406万元），共支出52238万元（其中拨付建房补助资金38328.6万元、拨付基础设施补助资金13536.5万元、前期费用372.9万元），结余资金8460.8万元。共收到县级专项资金15000万元，共支出14847.3万元（其中，拨付建房补助资金14703.6万元、拨付基础设施补助资金88.8万元、前期费用54.9万元），结余资金152.7万元，真正做到了账目明晰、财为民用。

4. 产业、就业脱贫措施落实情况

产业脱贫落实工作主要体现在五个方面：一是发展特色农林业脱贫一批。对于采取行政村内集中安置或部分进城安置户，采取技能培训、技术服务、示范带动等扶持政策措施，鼓励引导搬迁户发展特色种植、高效养殖、林下经济、设施农业、休闲农业等，确保每个有劳动力的家庭至少掌握一门劳动技能。全县搬迁户中，后续脱贫措施为种植业的2499户、养殖业的985户、林业补贴受益1454户、解决护林员岗位43人。二是发展劳务经济脱贫一批。对于依托县城、农业园区、小城镇安置的搬迁户，定边县努力拓宽就业创业渠道，加强就业指导和劳务输出工作，鼓励引导搬迁户向服务业、商贸流通业、交通运输业转移。采取创新订单式培训模式，与劳动密集型企业建立长期合作关系，根据企业用工需求，开展订单式培训，培训合格后直接安置到企业就业，从根本上实现了培训即就业的目的。三是发展现代服务业脱贫一批。定边县充分发挥县城、小城镇、中心村等区位优势，积极鼓励支持搬迁户从事农副产品销售、餐饮、家政、电子商务等服务业，开发公益性岗位用于安置搬迁户，同时开发小额信贷和互助资金贷款支持1751户搬迁户自主创业和发展产业。搬迁户中，自主创业的134户、开设电子商务服务点的2户、其他服务业4户。四是资产收益扶贫脱贫一批。定边县地处黄土高原地带，土地辽阔，矿产资源丰富，搬迁户闲置的土地可开发矿产资源或者开发新能源，用于光伏发电等项目，以土地入股，获得资产收益。全县搬迁户中，有光伏收益的117户、矿产资源收益的51户、其他资产收益的30户。五是社会保障兜底脱贫一批。定边县积极完善农村最低生活保障制度，对符合条件的对象纳入低保范围，做到应保尽保。搬迁户中，享受低保的972户2656人、享受“五保”的28户、享受残疾补贴的322户。

就业脱贫落实工作方面，通过专门组织专场招聘会，共计解决易地扶贫搬迁户就业335人。其中，油气企业招聘106人，环卫工人82人，园林工作32人，基层助理员48人，协管员18人，公益性特岗专岗49人。后续将继续安排搬迁户中有就业意愿、符合就业条件的劳动力就业，预计共解决1500人的就业问题。

5. 旧宅基地腾退复垦情况

2017年，定边县已制定并印发了旧宅基地腾退复垦实施方案；2018年3月至今已完成调查摸底、实地勘测、台账建立、宗地图的绘制、拆旧协议的拟定、工作流程和规划编制等基础性工作。全县3210户易地扶贫搬迁户旧宅基地腾退（含无房户和其他情况不能进行测量的606户）中，2604户的旧宅基地测量面积为2319.49亩（其中房屋面积为376.265亩），与“二调”图比对，可腾退的建设用地指标为3000.41亩，预计可产生周转指标2099.18亩。具体来看，定边县3个试点村（盐场堡镇马圈村、堆子梁镇仓房梁村、学庄乡高庙湾村）在组织搬迁户签订拆旧复垦协议后，于2018年6月开展拆旧工作。截至2018年已有837户易地移民搬迁户腾退旧宅基地（含已复垦150户）。

此外，全县5个增减挂项目的规划已通过专家评审，其中3个项目的初步设计已通过专家评审，2个项目正在初步设计中。项目由定边县移民办统筹协调，县易地移民搬迁开发有限公司负责，全面开展红柳沟镇、砖井镇、安边镇等三个增减挂钩项目工作。

（二）易地扶贫搬迁工作的措施与落实

1. 完善工作责任系统，强化部门联动

定边县成立由县长任组长的脱贫攻坚移民搬迁领导小组。通过建立实行周调度制度，每周至少安排一名县级领导，召开移民搬迁工作调度会，研究解决搬迁工作中存在的困难和问题，安排部署下一周的搬迁工作。全面夯实责任，狠抓“三个落实”，通过建立县级包乡领导统领，各乡镇主要领导负责，乡镇分管领导主抓，驻村工作队、乡镇包村干部、第一书记直接负责村组，帮扶干部“一对一”直接到户的工作责任体系，有力推进工作进度。

及时建立部门联动机制，强化沟通、积极协调、各司其职、优化服务、齐抓共管、合力攻坚。在搬迁对象识别、搬迁规模确定、家庭人口动态管理上，移民办同扶贫办紧密沟通协作，建立搬迁对象动态调整机制和发现反馈机制，实现对搬迁对象的精准和动态管理。在规划编制、项目管理及工作落实等方面，全县 13 个行业部门紧密联合，通力协作，全面推进易地扶贫搬迁工作。

2. 制定多项配套政策，精细管理项目

为全面贯彻落实中央、省、市政策精神，结合定边县实际情况，制定出台了 10 个工作实施方案，同时印发了考核办法、问责办法、督查办法、项目建设资金使用管理办法等配套政策，全面夯实责任、明确时限、理顺体制、堵塞漏洞、落实奖惩，为移民搬迁工作顺利开展提供制度保证。通过制定考核、问责、督查办法，同时将移民搬迁工作纳入县委、县政府重点工作和年度目标责任考核体系，实行“一票否决”制。县考核办、督查室、监察局对全县移民搬迁工作实行跟踪监督考核，实行“一周一报告、一月一排名、一月一通报”制度，严格奖惩制度，严肃工作纪律，对排名末位的乡镇严格按照督查问责办法启动追责程序。

按照省、市“三精”管理工作要求，为全面提升易地扶贫搬迁项目工程管理水平，通过及时完成工程项目前期手续的办理，严格落实项目“四制”，坚持工程质量安全“零容忍”和“终身制”，严控用地规模、安置房面积、建设成本、自筹资金等有力举措，确保项目工程管理规范。

3. 科学合理规划，精准识别对象

立足安置地资源禀赋，科学合理编制全县“十三五”易地扶贫搬迁规划，坚持把贫困搬迁户的脱贫工作贯穿于规划选址、搬迁对象与安置方式、安置房及基础设施配套建设、投资估算与资金筹措、配套产业发展、安置社区管理、旧宅基地腾退复垦和增减挂钩等工作全过程，确定了全县5年内易地扶贫搬迁工作的规划目标和工作重点，充分发挥总体规划引领作用。

根据扶贫办提供易地扶贫搬迁对象精准到户到人，在对象识别上，建立“五签字、三认定、三公示”制度，组织指导镇、村精准衔接易地扶贫搬迁对象，在充分尊重群众意愿的基础上，通过签订“三项协议”，精准掌握搬迁群众的安置意愿、基本情况、能力状况、就业需求，确保了搬迁对象意愿、去向、后续发展的精准。定边县始终将“搬得出、稳得住、能脱贫、逐步能致富”作为易地扶贫搬迁的根本目标，通过精确分析搬迁户家庭人员结构、受教育程度、劳动力状况，结合安置地实际，每个安置点进行就业规划，充分结合全县脱贫举措，通过发展特色农林业、劳务经济、现代服务业、资产收益、社会兜底保障等“五个一批”脱贫措施，切实做到“因地制宜、因户施策、一点一策、一户一法”，全面解除搬迁户后顾之忧，为其后续脱贫致富提供切实保障。

4. 公平合理分配，加强政策宣传

在安置房和衣食梁移民搬迁户土地分配上，坚持公平、公正、公开、合理的原则，通过制定分配方案、公示基础信息、公平摇号抽取等方式，坚持公开透明、公平分配，杜绝暗箱操作、优亲厚友等情况，将安置房和土地公平合理分配到户。在存量现房分配及交钥匙到户的全过程中，没有出现一例因分房不公而上访的事件，搬迁户十分认可存量房分配结果。

鉴于定边县易地扶贫搬迁工作起步晚、搬迁任务重、群众知晓率低的客观实际，通过建立常态化政策培训机制，组织县、镇、村三级工作人员进行政策培训，并且要求三级工作人员入户宣讲政策；同时采取灵活多样的政策宣传形式，利用电视台、报纸、电台、网媒、印发政策宣传单等多种渠道开展政策宣传，引导群众克服“等靠要”思想，引导群众全力支持搬迁工作，为定边县易地扶贫搬迁工作营造了良好氛围。

（三）易地扶贫搬迁工作的经验总结

1. 提升规范管理水平，精准统计数据，加强档案管理

定边县自 2016 年以来已全面完成新建安置点和基础设施配套的立项批复、规划设计、可行性研究报告、地质灾害危险性评估等前期手续，全面实现精细管理工程项目的目标，提升规范管理水平。

与此同时，按照易地扶贫搬迁信息系统数据统计要求，定边县由移民办组织对各乡镇工作人员进行培训，将全县“十三五”易地扶贫搬迁对象全部录入了国办和省办系统，并实时对系统数据进行调整和更新，确保录入信息精准。2017 年 12 月，省国土厅年终工作考核时，定边县的易地移民搬迁系统和国办系统数据精准率为 100%，位居全市之首。

为了彻底完成档案建设工作，定边县国土局专门成立 7 个工作组，共抽调全局 140 余名工作人员分 20 个小组包抓乡镇，和乡镇工作人员按照移民办先行制定的示范样本（档案盒、封面、目录、内容“四统一”）进行档案建设工作，全面完成了 2 万余份县、乡镇、村、户四级档案建设工作。在 2017 年度全市易地移民搬迁工作表彰中，定边县荣获“档案管理先进单位”称号。

2. 发挥拨付资金使用效率，推进工程建设进度，有效解决安置房库存

根据工程进度，严格按照程序及时拨付项目资金，做到“应拨尽拨”，切实保障工程项目进度，为按期完成建设任务、实现如期入住目标创造条件，真正实现贫困户搬迁不举债、脱贫有保障的目标。

全面推进工程建设进度，利用一年半的时间提前完成三年的安置房和基础设施配套建设任务。截至 2017 年底，农村新建安置房全面建成并通过质量验收，集中安置点水电路信等基础配套设施全部建成，实现了“两

不愁三保障”中的住房安全有保障目标。

存量现房安置作为定边县易地扶贫搬迁“五个一批”安置办法中的主要安置方式，占全县易地扶贫搬迁的75.83%。既解决搬迁户安置住房问题，推进定边县农村人口市民化进程，同时又有效解决安置房库存问题，还能减轻县财政压力，是定边县易地扶贫搬迁工作一举多赢的重要举措。

3. 统一规划社区设计，因户施策引领脱贫

定边县易地移民搬迁新建安置房在建设时，一改“十二五”期间的传统建筑风格，对户型及外观进行统一规划设计，切实做到户型经济实用，外观美观大方，成为当地一道亮丽的风景线。同时统一在易地移民搬迁安置社区醒目位置安装标识，标志寓意深刻，主题鲜明，规格统一，标准规范，为宣传移民搬迁安置社区起到良好效果。为鼓励搬迁户积极装修入住，县委、县政府推出了多项优惠措施，提高搬迁户的入住积极性，同时通过签订责任状，建立入住工作责任体系，实行每周通报制度，全力推进入住工作进度。

通过“五个一批”的脱贫措施，着力建设“五大”重点产业，因地制宜建设产业项目、因户因人落实脱贫措施，确保易地扶贫搬迁户“一户有一人有稳定收入”，每户年平均收入较搬迁前均有显著提升。

（四）易地扶贫搬迁工作的后续巩固与提升计划

围绕“产业发展、农民增收、脱贫摘帽”的工作思路和“一户保证一人有稳定收入”的工作目标，着力建设五大重点产业（种植业、养殖业、农产品加工业、新能源产业、文化旅游和乡村休闲旅游业），大力发展涉及扶贫产业的基础设施建设，加大就业扶持力度，紧紧瞄准扶贫对象，使搬迁群众都能享受扶贫成果。

1. 建立现代农业园区，构建立体营销体系，发展县域特色农业

在白泥井镇的公布井移民社区和衣食梁移民社区，依托衣食梁的5000

亩现代农业产业示范园区（户均2亩大棚）和公布井的万亩高标准农田，进行规模化种植和养殖。以衣食梁移民社区的靖杨蔬菜市场为示范点，建立农产品产地批发市场，建立产品集散中心，构建集产、供、销信息于一体的网络信息平台。

大力发展定边县的马铃薯、白泥井镇的应季蔬菜、安边北园子的“安边小瓜”、十里沙的草莓和葡萄种植，山区集中点推广种植苦荞和高产荞麦，公布井移民社区的羊子养殖。通过对以上特色农业的大力培养和扶持，真正形成“一村一品”的产业扶贫格局，并产生品牌效应，示范引领全县农业生产格局和发展模式的转变。

2. 继续落实“五个一批”就业扶持措施

按照县政府《关于印发贫困家庭劳动力就业创业工作方案的通知》（定政办发〔2017〕110号），由县人社局负责，接续落实“油气企业开发一批、新能源企业开发一批、公益性岗位开发一批、自主就业创业一批、劳务输出一批”的“五个一批”工作措施，全力解决迁入新乐小区搬迁户的就业问题，形成就业扶贫长效机制，真正实现“就业创业一人、脱贫摘帽一户”的目标。

3. 组织劳务输出帮扶，开展技能培训

政府组织引导，由扶贫办和移民办负责协调，同当地企业签订用工协议。通过与衣食梁移民社区周边的淀粉厂、纸箱厂、化肥厂等工厂签订用工协议；同时，与当地的农业产业园区和当地种植大户签订用工意向合同，有效促进搬迁群众提高就业率，增加收入。

加大对移民搬迁户的技能培训，确保搬迁户劳动力至少掌握一门致富技能，每户至少有一项致富产业，有一人稳定就业。由移民办牵头，人社、农业、林业、畜牧等部门配合，计划开展实用务工技术、电商技术、种植技术、养殖技术及病虫害防治技术培训，同时开展下乡实地指导，做好回访和专访工作，切实提升搬迁户种养殖技术和技能水平。

4. 新能源产业带动，发展休闲旅游

定边县风能及光伏等新能源产业的迅速发展给移民搬迁提供极大机遇，如公布井的光伏园区的建立，不仅让靠近产业园区的搬迁户共享基础及公共服务设施，还通过用工招聘解决搬迁户家庭的剩余劳动力。例如，在衣食梁和公布井移民社区、衣食梁十字街区、安边北园子等安置社区发展绿色农业观光旅游、地方特色小吃一条街和农家乐等休闲旅游业。

二、定边县危房改造、安全住房工作

为全面落实党中央关于保障贫困人口安全住房、推广危房加固改造的要求，实现贫困村达到人居环境干净整洁的基本目标，自启动精准扶贫工作以来，定边县委、县政府抢抓脱贫攻坚深入开展的有利时机，将农村危房改造作为脱贫攻坚的着力点。定边县结合当地实际，通过开展危房鉴定程序、规范对象认定程序、建立危房台账并实施精准管理等一系列行之有效的工作，严格落实党的惠民政策不走样，优先满足精准扶贫困难户房屋改造，做到应保尽保，把符合农村危房改造条件的建档立卡贫困户纳入改造范围，帮助他们解决最基本的安全住房问题，确保让他们住上“安全房”“放心房”。与此同时，定边县还统筹一部分专项资金将家庭困难的农村危房户也纳入了改造范围进行兜底解决，切实改善了农户的住房条件。

（一）脱贫攻坚危房改造基本情况与成效

2009 年以来，定边县累计实施农村危房改造 7468 户，拨付补助资金 1 亿多元，帮助 2 万多农民群众解决了住房安全问题。2016 年以来，定边县累计实施农村危房改造 1500 户，县财政又安排专项资金用于解决剩余不安全住房户 541 户（包括 167 户建档立卡户），共计拨付补助资金

4829.9 万元，其中省补助资金 1500 万元，县级配套 3329.9 万元。县危改办通过创新工作举措、强化质量监管等措施，使得贫困农户满意度稳步提升。截至 2018 年底，定边全县农户总数 78415 户，有安全住房农户 78250 户，安全住房率已达到 99.79%，符合中央脱贫摘帽退出标准。

（二）脱贫攻坚危房改造政策措施与落实

1. 健全工作机制，责任全面夯实

为了全面如期高质量完成各类危房改造任务，县政府制定并印发了《定边县推进农户安全住房工作实施方案》，成立了由县政府主要领导任组长、分管领导任副组长的定边县危房改造领导小组，办公室设在住建局，具体负责全县危房改造的各项日常工作。同时，为了进一步夯实各乡镇和相关部门的工作责任，县委、县政府与各乡镇、部门签订了限期完成危房改造工作责任书，明确了各乡镇目标任务和工作责任，并将该项工作纳入年终综合考核指标，对完不成任务的按照精准扶贫责任追究办法进行问责。县住建局还建立了局领导、相关股室和局属单位包抓乡镇机制，对全县农村危房改造脱贫工作实行常态化督查、暗访，及时协调处理工作中存在的问题，有效保障了农村危房改造脱贫工作任务如期完成。

此外，建立了一支高效负责的管理队伍，开创了一套行之有效的管理办法。2016 年以来，县住建局将危房改造作为城建部门的头等工作来抓。针对乡镇政府危房识别困难以及危改农户认定不准确等现象，县危改办成立 10 个技术指导组，每组 3 人负责推进 2 个乡镇危房改造工作。1 个技术专家组共 10 人，负责鉴定、质量监管、技术指导工作。分赴乡镇蹲点包抓安全住房工作，并建立了局领导包抓乡镇的工作机制，住建局副职领导每人包抓 2 个工作组 4 个乡镇，建档立卡贫困户的危改工作责任落实到人，并通过建立微信工作群积极有效对接乡镇，及时处理相关问题。在补助对象认定上，实施了农户自愿申请、村集体评议、乡镇审核、县级审批的审

核程序。在建设标准上，落实“三最”原则和 40 ～ 60 平方米建房面积控制要求。在改造资金筹措上，明确了农民自筹为主、政府适当补助的筹资政策。在改造方式上，坚持原址重建和村民自建为主，原则上 D 级危房拆除重建、C 级危房修缮加固。在管理办法方面，定边县将危改对象录入农村危房改造管理信息系统，实行“一户一档”，确保信息监管到户；建立了对乡镇年度绩效评价机制；实施补助资金直接拨付到农户“一卡通”，确保资金发放到户；建立了技术指导和检查验收制度，确保技术指导到户。

2. 统筹资金投入，加强政策宣传

为有效缓解农户建房自筹资金困难问题，县政府统筹安排专项资金 3400 余万元，将 2016 年 D 级危房改造补助标准由户均 1.45 万元提高到 2.5 万元。2017 年将农户不安全住房改造的建档立卡贫困户补助标准提高到了 4 万元 / 户。这些举措大大减轻了贫困户负担，有效避免了农户建房大额举债，极大提高了农户参与危房改造的热情与积极性，为实现“农村住房安全有保障”奠定了坚实的基础。

与此同时，结合精准扶贫工作，县危改办组织集中轮训，以安排专人入村入户宣传培训的方式，开展专项业务培训 21 次，培训 600 余人次，发放政策宣传单 1 万余份，极大地提高了危改工作人员和乡镇专职干部的业务水平。此外，又通过广播电台、网络平台、下乡设点、走访入户等方式进行政策宣传，有效提高了危改农户的政策知晓率。

3. 拓宽改造范围，突破上级指标限制

按照农村危房改造相关政策，B 级住房属于安全住房范畴，但定边县在进行排查鉴定时发现，部分房屋结构构件存在安全隐患，或房屋个别结构构件已处于危险状态。由于定边县传统农房主要结构为土木、砖土木、土窑等，在遭受暴雨、大风等恶劣自然灾害后，极易恶化为 C 级甚至 D 级危房。为了保证农户安全住房长期稳定，依据对全县农户住房排查鉴定情况，县财政又给各乡镇统筹安排600万元专项资金用于全县1570户B级住房的维修加固工作，有效地防止了B级农户住房的承重结构恶化，进一步巩固了“农村住房安全有保障”成果。

2017年8—9月，定边县普降大雨，农村住房出现大范围的漏雨、墙体开裂、地基下陷等现象，致使很多农户由于住房的不安全处于建档立卡贫困户的边缘。由于危房改造对象是针对建档立卡贫困户、低保户、农村分散供养特困人员、贫困残疾人家庭4类对象，新产生的危房农户不符合危改对象的要求。县政府紧急召开会议，并拿出专项资金，按照危房改造补助标准对新出现的危房农户和建档立卡无房的单人户进行补贴。截至2018年，通过县财政实施的541户住房改造均已完成，并且全部入住。

2016年至2017年，定边县共完成危房改造2041户，其中有指标任务的为1500户，突破指标限制的余下541户的危房改造补助资金全部由县财政兜底解决。

4. 及时跟进排查，建立危改动态长效机制

为了确保完成脱贫摘帽任务中安全住房农户达到97%以上的目标要求，由县住建局牵头，按照《农村危险房屋鉴定技术导则（试行）》要求，抽调近50名业务骨干，分成10个工作组、2个专家组，动员县、乡、村三级参与，2017年至2018年对全县19个乡镇的农户住房情况进行了三次拉网式排查（2017年5月进行了第一次、2017年9月由于全县普降大雨进行了第二次、2018年3月进行了第三次），对乡镇摸排出的4579户农宅进行了安全技术鉴定，全面掌握了农村居民住房情况和家庭情况。在排查工作中，严把入户关、登记关、照相关、审核关，力争做到不重登、不漏登。

（1）确保不因安全住房问题发生“错退”。各工作指导组督导各乡镇对已经脱贫退出的贫困户住房进行全面排查，工作技术组对排查出的120户住房安全有质疑的对象进行评定，其中A级14户，B级74户，C级

10户，D级10户，12户由于村内无房等原因无法评定。工作技术组及时将评定结果反馈于各乡镇进一步核实其住房问题，对于属于C、D级危房的贫困户，要求各乡镇按照脱贫攻坚相关要求进行落实解决，并完善好相关佐证材料。

（2）确保不因安全住房问题发生“漏评”。2018年5月，在贫困县退出质量提升视频会议上，指出“个别地方部分非贫困户长期居住在彩钢房或危房内，住房安全保障没有解决，处于建档立卡贫困户边缘”等问题。县住建局针对该项问题，立即组织开展工作，各工作指导组督导各乡镇对全县农户居住彩钢房进行了排查，并将排查结果按“生产性用房”和“生活性用房”进行甄别，共发现190户属“生活性用房”，县住建局立即下发文件到各乡镇政府，责令在6月中旬前完成整改并完善好相关佐证材料，要求先行采取购买、置换、租赁，改造农村闲置校舍、村部等针对性较强的措施，使农户搬迁至安全房屋中。对于未享受过危房改造政策的农户，报扶贫部门备案，由扶贫部门进行贫困认定后，符合享受农村危房改造政策的“四类重点对象”，纳入2019年危房改造计划；不符合农村危房改造政策的非贫困户，最终通过移民搬迁、地质灾害搬迁、乡村振兴等政策统筹解决。

（3）确保未退出贫困农户住房安全有保障。依据县扶贫办提供的2018年至2020年共1285户建档立卡贫困户名单，组织开展排查评定工作，根据摸排结果，1159户房屋属于安全住房，县住建局及时出具安全住房评定报告，1户住房不安全，剩余的125户由于本村无房、寄居等原因无法出具房屋评定报告。县住建局将评定结果和处理办法以文件形式下发到各乡镇，并要求各乡镇通过脱贫攻坚的相关政策解决落实好126户未出具评定报告贫困户的安全住房。

5. 信息共享，确保住房安全无死角

落实安全住房工作时间紧、整改多、任务重，省、市、县前后共反映定边县安全住房存在疑似问题20余条。县住建局严格按照相关脱贫攻坚领导小组下发的文件要求，及时对问题进行研判，组织各工作指导组和各乡镇进行对接，并和乡镇主要负责人进行沟通，对于出现的相关棘手问题，及时汇报县级负责领导予以解决，扎实完成各项整改工作，把握好时间节点，准时地将相关材料报送县扶贫办，做好了行业扶贫领域的各项对接工作。

此外，县住建局积极与移民办联系，针对需要建房的农户与移民办进行信息共享，将已经确认进行移民搬迁的农户，从危房改造或县上推进农户安全住房工作对象中移除。针对不符合相关移民政策的农户，县住建局经过认定识别，纳入县推进安全住房工作兜底解决186户，其中建档立卡户72户，一般农户114户。对自建安全住房无能力的建档立卡农户，由乡镇政府直接给农户建设40～50平方米的安全住房，乡镇统一聘请施工队，负责建设、装修，完工后交付建档立卡农户直接入住，确保住房安全无漏洞、无死角。

6. 加强精准评定、确保质量安全

为全面加强对危房改造工程质量的监管，县危改领导小组印发了《关于做好全县农村危房改造质量安全管理工作的通知》，并成立10个质量安全检查工作组，按照“县不漏乡、乡不漏村、村不漏户”的原则，对所有危房改造户的工程质量安全进行地毯式抽查，对抽查情况每周以《督察通报》的形式，分送相关部门和县级领导，对抽查发现的问题记录在册，要求相关乡镇及时整改，对整改不到位、排名靠后的乡镇主要领导，由县委组织部或纪委、监委进行约谈。截至2018年，所有维修改造或推倒重建的房屋未发生任何质量安全事故。

此外，针对土窑安全鉴定无相关技术规范指导的问题，县住建局聘请4位土窑专家，依据传统土窑修建、维护、使用等相关经验，对土窑进行安全识别。对需要进行维修加固的土窑提出维修方案，对需要立即搬离土窑农户，及时提出搬离意见，确保危窑农户能够及时享受安全住房相关政策。

7. 狠抓制度，促进规范管理

规范精准管理体现在四个方面：一是完善档案管理，严格按照“乡镇建档、县级审批”的原则，做到批准一户，建档一户，一户一档。二是建立健全农户纸质档案信息录入制度，根据住建部关于开展农村危房信息录入的要求，及时录入并更新信息，确保农户档案全面、真实、完整、准确录入。三是强化资金管理制度，严格执行省住建厅下发的《陕西省农村危房改造补助资金管理暂行办法》，加强资金使用管理，做到资金专项管理、专账核算、专款专用。同时，由县住建部门牵头，财政、发改、审计等部门配合，组成验收小组，对危房改造户进行分步验收，按照“完成一户、兑付一户”的原则，分期分批及时将补助资金拨付到户。四是建立健全安全住房台账，确保印证充分。根据脱贫摘帽县安全住房率需达到97%考核的要求，县住建局工作指导组督导各乡镇建立农户住房工作台账，要求对各镇辖区内的住房情况进行全面摸排，特别是建筑年代较长、建设标准较低、失修失养严重，存在滑坡、山体垮塌等地质灾害影响等的房屋进行排查，重点是使用年限超过20年的砖混（砖木）结构房屋、墙体倾斜开裂、门窗变形和受地质灾害影响的房屋。县住建局同时派遣质安站专业技术人员开展房屋评定工作，对属于危房的普通农户要求从台账中单列出来，要求各乡镇及时通过各项针对性较强的政策予以解决。

（三）危房改造工作存在的问题与对策建议

通过实施危房改造，有效地改善了定边县建档立卡贫困户、低保户、农村分散供养特困人员和贫困残疾人家庭这四类重点对象的住房安全条件。与此同时，在开展工作过程中仍存在着以下问题。

一是部分乡镇工作人员依旧未能有效区分“危房改造”和“移民搬迁”政策之间的区别，只是笼统地认为二者皆是解决、改善农民住房的措施，造成了在对象认定过程中存在偏差，给后续工作的开展带来诸多影响。

二是部分建档立卡边缘农户房屋出现安全问题按政策要求无法及时予以改造。危房改造的对象为“建档立卡贫困户、低保户、农村分散供养特困人员和贫困残疾人家庭”，因此按照程序要求，部分建档立卡边缘农户的房屋出现安全问题时，需要先行由乡镇和扶贫部门按程序认定为“建档立卡贫困户”，再行申报危房改造指标，最终才能得以实施改造。而此项程序经历过程较多，耗时也较长，致使部分建档立卡边缘住房不安全农户无法及时进行改造。

在日后开展工作中，首先，各乡镇主管“两房”的工作人员要认真研究“危房改造”和“移民搬迁”政策，在实施对象的甄别上做好基础性工作，确保政策实施不走样。其次，县政府应拿出部分专项资金采取“奖补”的方式，灵活机动解决建档立卡边缘农户的安全住房问题。

农村危房改造是一项事关全局、改善民生的重要惠民工程，通过对生活困难户和住房危险户住房条件的改造，使群众深切感受到了党和政府的关怀和温暖，密切了党和政府与人民群众的联系，广大群众居住条件得到了极大的改善，进一步助推了全县精准扶贫工作的落实。

三、易地扶贫搬迁工作典型案例：衣食梁移民社区

（一）社区背景与区位优势

白泥井镇衣食梁移民社区是县委、县政府确定的千户以上安置规模的大型移民安置示范点之一，位于定边县东，距县城 22 千米，距白泥井镇 10 千米。

2011 年，根据省委、省政府对陕北白于山区移民搬迁的政策精神，定边县决定启动白于山区大规模的移民搬迁。根据这一决策部署，定边县按照“城镇化、工业化、农业现代化”和“实施大搬迁、建设大社区、发展

大产业、保障大民生、带动大扶贫”的思路，启动建设了衣食梁移民社区，并遵循“规划超前、设计新颖、特色鲜明、功能齐全、设施完善”的理念，对移民社区进行科学规划。

衣食梁移民社区位于定边县东白泥井镇辖区内，区位优势明显，地理位置独特，交通便利，地下水质好，宜耕性强，农业发展潜力巨大。白泥井镇是定边县的主要蔬菜生产基地、粮食生产基地、种羊繁育生产基地、区域农产品集散加工基地，已建成国家级现代农业科技示范园1处、省级现代农业示范园5个、市级现代农业示范园4个，被农业农村部命名为全国“一村一品”示范镇。社区周边有金中昌兴、辣红色素、淀粉厂、纸箱厂、绿豆饮品厂等企业，为搬迁群众就业提供便利条件。

截至2018年，社区共安置易地移民搬迁户795户2846人（易地扶贫搬迁安置户共610户2542人），其中一期安置103户566人；二期安置692户2280人。安置房面积从50.99平方米到122.33平方米。

（二）建设规模与配套设施

1. 主体工程建设

社区一期于2011年10月开工建设，2013年8月主体工程全部竣工。占地面积368亩，共建安置房1236套，总建筑面积186606平方米，主体工程投资2.7亿元。

社区二期于2013年9月开工建设，主体已竣工，占地133亩，共建安置房728套，主体工程投资1.09亿元，总建筑面积81985平方米，其中：住宅64426.80平方米，地下室14113.64平方米。共有35栋单体楼91个单元。分A、B、C、D、E共5种户型，其中：A型224套，占总套数的31%；B型280套，占总套数的39%；C型112套，占总套数的15%；D型48套，占总套数的6%；E型64套，占总套数的9%。各类户型面积73.53—122.84平方米不等。

2017 年，县移民办分四次回购房屋 795 套 72345.31 平方米，占总规模的 40.5%，回购价格为：85 平方米以内的 1360 元 / 平方米，超出 85 平方米的，超出部分 1630 元 / 平方米，回购价款共计 9997.2 万元。

2. 基础和公共服务设施

公共服务配套设施水、电、路、信、绿化、亮化、医院、幼儿园、文化广场等已配套完善。社区基础和公共服务设施配备完善，其中，一期配套工程投资 1.1 亿元，二期配套工程投资 2200 万元，已建成水、电、路、医院、幼儿园、泵站、文化广场等基础和公共服务配套设施。截至 2018 年幼儿园已吸纳周边 150 多名学生就学。同时，规划建设小学、开设衣食梁与白泥井镇公交专线，方便群众就学、出行。

根据回购房屋数量及衣食梁移民社区相应的基础设施配套投资比例计算，共拨付社区基础设施配套费用 1981.6 万元。同时，为了进一步落实搬迁户后续产业和就业发展问题，县移民办通过回购商业用房为产业谋划和发展提供保障，回购价格为 3000 元 / 平方米，共计回购 6423.14 平方米。

综上，定边移民办拨付衣食梁移民社区回购房屋、基础设施配套、商铺价款共计 13905.7 万元，占社区总投资的 33.6%。

（三）配套产业助脱贫

产业配套是实现群众“搬得出、稳得住、能脱贫”的根本保证。定边县在规划移民搬迁安置项目时，按照“一点一策”的办法，积极谋划布局后续产业发展，确保搬迁群众收入稳定，不反弹。

2016 年，在启动衣食梁移民社区移民搬迁时，县委、县政府就积极研究落实搬迁户后续产业规划问题，通过协调征收社区南边衣食梁村七组和八组 5000 亩土地，开发为高标准农田，建成移民产业园。为每户搬迁户提供 2 亩土地（2 个大棚），解决了搬迁群众的基本生活问题，实现“搬得出、稳得住”要求。同时安置户可以土地或劳动力入股，进行规模化种植，政府提供市场引导，农业局将提供专业技术指导和高品质种子，为安置户产业致富提供保障。

一是农作物交易带动。靖杨蔬菜市场位于社区西部，已建成并投入使用，马铃薯、萝卜、辣椒、玉米等作物交易聚集于此，以此带动社区安置户发展餐饮、副食、电子商务、农产品加工包装、手工产品等第三产业。支持有意愿的贫困户和带动贫困户就业的农业合作社开办网上商店，鼓励引导电商开辟特色农产品网上销售平台，与合作社种养大户建立直采直供关系。

二是农业观光旅游带动。衣食梁十字街区规划建小吃一条街和农家乐，主营地方特色小吃；现代化农业产业园区部分区域规划发展绿色农业观光旅游；衣食梁移民社区西面建具有地方风情的公园，将采摘、游玩、娱乐三部分融为一体，既为游客提供高质量的旅游体验，也为安置户扩充增收路径。

（四）稳定就业促脱贫

定边县积极围绕“搬迁是手段、脱贫是目的、就业是核心、创业是根本”的工作理念，坚持搬迁安置与脱贫发展并举，系统谋划、统筹推进，久久为功、持续用力，唱好脱贫攻坚“大合唱”，打好稳定脱贫“持久战”。通过四大模块，打造社区一小时就业圈，以安置社区为重点，加快安置社区配套园区建设，加大中小企业、劳动密集型企业引进力度，为搬迁对象提供就业服务，促进充分就业。

一是当地农户用工。白泥井镇是定边县主要的蔬菜生产基地、粮食生产基地、区域农产品集散加工基地。当地农户每年大规模种植蔬菜和商品粮，在农忙季需要大量劳动力，因此与当地农业合作社或大规模种植农户签订用工意向合同，每天薪酬 120 ~ 200 元。二是当地企业用工。衣食梁移民社区周围的企业有淀粉厂、纸箱厂、化肥厂等，可容纳 1000

余人的用工量，搬迁户可与企业签订用工协议，实现家门口就业。三是社区公益岗位用工。在移民社区设立卫生保洁、水暖、电力维修等岗位为贫困户提供就近就业机会，可解决用工 60 余人。四是对口劳务输出。通过政府寻找引导县内或者县外大中型企业实行对口劳务输出，与有条件外出打工的搬迁人口签订劳务用工协议，实现转移就业。

（五）技能培训保脱贫

定边县针对贫困劳动者不同培训需求，统筹培训资源，创新培训模式，因地制宜开展培训，成功实现了从“输血式”扶贫向“造血式”扶贫的转变。采取了“三个创新”技能培训模式：一是创新传统培训模式。灵活采取“走出去”与“请进来”相结合的培训模式，大力开展创新创业培训和技能提升培训。二是创新多种培训模式。以产业建设和贫困劳动力实际需求为主，灵活采取“田间课堂”“联合培训”等多种方式，组织培训机构进行培训。三是创新订单式培训模式。

与宁夏劳动密集型企业建立长期合作关系，根据企业用工需求，开展订单式培训，培训合格后直接安置到企业就业，从根本上实现了培训即就业的目的。通过以上措施，衣食梁移民社区技能培训共计 71 人，自主创业 12 户。

同时，为了使移民搬迁户中的青壮年劳动力提高职业技能、增强就业能力，30 岁以下的初、高中毕业后未继续升学的移民群众，可加入“两后生”计划，免费进入技术院校进行学制教育，毕业后与企业签订就业协议；30 岁以上有劳动能力的移民群众，可参加计算机操作员、缝纫工、电工、美容美发师、汽车修理工等职业技能培训，掌握一定技能后与企业签订用工或自主创业；也可参加种植、养殖技能培训，如蔬菜大棚技术、畜牧养殖技术、马铃薯种植技术等。县职业技能培训机构加大就业技能培训力度，为更多有就业愿望的人员提供高质量的、符合市场需求的免费职业技能培训，力争在 5 年内有就业能力的每户移民搬迁家庭至少有 1 人能够接受职业技能培训和技能鉴定，并及时为培训合格人员办理相关证件。

（六）后续脱贫措施

定边县在搬迁的过程中对搬迁对象的脱贫工作进行了系统安排，积极做好易地移民搬迁群众的后续发展、管理和服务工作，紧密衔接产业、教育、就业、生态、医疗等脱贫措施，制定精准到户的综合施策方案，逐级、逐户落实到位，确保贫困群众搬迁一户、脱贫一户的目标如期实现。

一是发展特色农林业脱贫一批。对于部分迁入衣食梁移民社区的安置户，采取技能培训、技术服务、示范带动等扶持政策措施，鼓励引导搬迁户发展特色种植、高效养殖、林下经济、设施农业、休闲农业等，确保每个有劳动力的家庭至少掌握一门劳动技能。搬迁户中，后续脱贫措施为种植业的 419 户，为养殖业的 154 户，林业补贴受益 370 户，解决护林员岗位 10 人。

二是发展劳务经济脱贫一批。对于依托农业园区安置的搬迁户，定边县努力拓宽就业创业渠道，加强就业指导和劳务输出工作，鼓励引导搬迁户向服务业、商贸流通业、交通运输业转移。采取创新订单式培训模式，与劳动密集型企业建立长期合作关系，根据企业用工需求，开展订单式培训，培训合格后直接安置到企业就业，从根本上实现了培训即就业的目的。搬迁户中，长期务工的 187 人，打零工的 320 人。

三是发展现代服务业脱贫一批。定边县充分发挥县城和小城镇等区位优势，积极鼓励支持搬迁户从事农副产品销售、餐饮、家政、电子商务等服务业，开发公益性岗位用于安置搬迁户。同时，开发小额信贷和互助资金贷款支持 297 户搬迁户自主创业和发展产业。搬迁户中，公益性岗位安排 24 人，自主创业的 18 户，其他服务业 11 户。

四是资产收益扶贫脱贫一批。定边县地处黄土高原地带，土地辽阔，矿产资源丰富，搬迁后，迁出地闲置的土地可开发矿产资源或者开发新能源，用于光伏发电等项目，以土地入股，获得资产收益。搬迁户中，有光伏收益的 1 户，矿产资源收益的 8 户，其他资产收益的 7 户。

五是社会保障兜底脱贫一批。定边县积极完善农村最低生活保障制度，对符合条件的对象纳入低保范围，做到应保尽保。全县搬迁户中，享受低保的 239 户，享受“五保”的 2 户，享受其他兜底政策的 76 户。

衣食梁移民社区易地扶贫搬迁户中，通过种养殖业、资源、资产、贷款支持，兜底保障覆盖共计 610 户，务工 507 人，解决公益性岗位 34 人。截至 2018 年，易地扶贫搬迁的 610 户中已脱贫 558 户。

（七）“三变”改革助推脱贫

定边县在实施易地移民搬迁的过程中，积极同美丽乡村建设、乡村振兴战略相融合，探索资源变资产、资金变股金、农民变股东的“三变”改革工作，让农村“沉睡”的资源活起来、分散的资金聚起来，走出了一条“三变”改革助推脱贫的新路子。

一是资源变资产。充分利用搬迁后迁出地的土地、林业、荒山等自然性资产，通过合同或者协议方式，以资本的形式投资入股当地企业、合作社、家庭农场等经营主体，搬迁户享有股份权利。二是资金变股金。通过财政资金、村集体资金和搬迁户自有资金量化为村集体或农民持有的股金，通过民主意识和协商等方式，投资入股经营主体，享有股份权利。三是农民变股东。搬迁后，搬迁户可将迁出地的耕地、林地的承包经营权，通过合同或者协议方式，投资入股经营主体，享有股份权利。

综上，通过衣食梁移民社区搬迁项目，全县 20 个乡镇 795 户贫困户住进了新房，安全住房问题得到有效保障，居住环境得到很大提升，同时享有便利的教育、医疗等基础公共服务。搬迁群众通过务工、发展产业、自主创业等产业就业渠道，收入有了稳定提升，生活水平明显改善，实现了稳定脱贫。

衣食梁移民社区作为定边县易地扶贫搬迁的典型，全面落实了国家易地扶贫搬迁政策要求和规范标准，在完善安置区配套基础设施和公共服务设施建设、以岗定搬及以业定迁、加强后续产业发展和转移就业工作方面，其一系列经验和做法值得其他贫困县在开展相关工作时借鉴与学习。

第五章　再造农村集体经济，实现“造血式”扶贫

农村集体经济的发展是产业扶贫的重要根基，在精准扶贫战略实施下，发展壮大农村集体经济与精准扶贫工作关系密切。《中国农村扶贫开发纲要（2011—2020年）》中指出，专项扶贫要制定整村推进规划，增加集体经济收入，改善生产生活条件，提高自我发展能力，要把扶贫开发与基层组织建设有机结合，积极探索增加集体积累的有效途径，拓宽群众增收致富渠道。

产业扶贫是通过“造血”的方式，扶植贫困地区产业发展，促进贫困地区经济增长，使贫困户脱贫致富。定边县从贫困群众的需求出发，明确主攻方向和主导产业，抓好产业扶贫这个根。总人口35.21万的定边县，67%的乡镇处在白于山连片贫困区。随着2017年14398人脱贫后，全县贫困发生率为1.13%，2018年降为0.69%。数据显示，定边县2016年农村居民年人均纯收入11789元，2017年达到12885元，2018年达到13831元。定边县较低的贫困发生率和较高的农村居民人均纯收入的背后，是近年来定边县在整县脱贫目标牵引下，根据县情实际，注重农业三产融合、注重贫困群众精神扶育、注重党建统领所取得的成效。

第一节 农村集体经济的发展对精准脱贫的重要性

一、农村集体经济的发展是帮助贫困地区摆脱贫困的关键

实施精准扶贫以来，政府一直重视农村集体经济的发展。2016 年中央一号文件提出要深化农村集体产权制度改革，实施精准扶贫、精准脱贫，因人因地施策，分类扶持贫困家庭，坚决打赢脱贫攻坚战。2017 年中央一号文件指出，抓紧研究制定农村集体经济组织相关法律，全面开展农村集体资产清产核资。2018 年中央一号文件指出，农村集体产权制度要坚持正确方向，维护农村集体经济组织的法人地位和权利，发挥村党组织领导的核心作用。一系列国家政策的发布给贫困地区发展农村集体经济指明了方向，农村集体经济的发展与农业农村的发展是相互联系、相互依存的。贫困地区要积极探索发展农村集体经济的有效实现形式，根据自身地理位置条件，发掘优势资源，改善农业生产条件，调整农业生产结构，不断发展和增强集体经济实力，推进农村经济发展社会化，引导农民参与其中，调动农民生产积极性。农村集体经济作为贫困地区发展经济的重要依托，只有将其不断发展壮大，才能够更多地创造财富、摆脱贫困，农业的基础地位才能更加稳固，贫困地区的“造血”功能才会更强。

二、农村集体经济的发展是推动产业项目扶贫的重要基础

产业扶贫是精准帮扶的主要措施，只有产业发展壮大了，贫困户的收入才会更稳定持续。产业扶贫是一项长期的工作，不能流于形式，不能为了应付上级的检查和考核而盲目上项目，只顾短期效益。精准扶贫要求因户施策，贫困户在市场竞争中无论规模、技术水平还是营销方式、市场反

应灵敏度都无法和规模经济主体相媲美，导致国家资金投入分散，项目发展不理想，扶贫效果不明显，因此，发展产业项目要重视农村集体经济组织和农村集体经济的发展。农村集体组织把农户组织起来，将农村集体作为依托和基础，国家资金和项目可以对接村集体，农户参与进来，形成“企业 + 村集体 + 农户”的形式，根据当地实际情况，结合当地特色和优势条件发展产业，利用农村集体经济的重要基础，将产业规模化发展，推进精准扶贫纵深发展。要“通过创新扶贫项目实施方式促进集体经济发展，让贫困人口享受集体资产收益”[①]。

三、农村集体经济的发展是拓宽精准脱贫渠道的有效途径

习近平在《摆脱贫困》一书中指出：“在扶贫中，要注意增强乡村两级集体经济实力，否则，整个扶贫工作将缺少基本的保障和失去强大的动力，已经取得的扶贫成果也就有丧失的危险。”[②] 发展农村集体经济对加快贫困村农民增收致富有重大推动作用，发展村级集体经济项目仍然是贫困人口增加收入的重要途径，贫困户大多数还是以家庭经营为主，村集体要不断发掘家庭经营的潜力，形成集中连片的集体经营，提高生产质量和效率，扩大产出增加收入。不断发展和壮大农村集体经济实力，同样能够为家庭经营和集体经营提供更好的生产技术服务，促进农村商品经济的发展。例如，农村集体与个体联营形式、集体与个体股份形式等，通过发展农村集体经济拓展精准扶贫的渠道和方式，使国家的扶贫项目和资金能够有更多的选择和投入，同时引导、带领农村的贫困人口参与到集体产业的经营与就业中，既发展了集体经济，又实现了农民的增收，加快了贫困人口脱贫的步伐。

---

① 林东生：《重构集体经济组织助推精准扶贫的策略选择》，《四川农业科技》2017 年第 11 期。

② 习近平：《摆脱贫困》，福建人民出版社 1992 年版。

四、农村集体经济的发展是加快精准脱贫的物质保障

加快农村精准扶贫的步伐，完善农村公共基础设施和精神文明建设非常重要。村级集体承担着一部分集体公共服务的供给，然而，一些村的村集体经济收入非常薄弱，甚至还有一些村集体没有收入来源，导致村级组织无力兴办农村公共基础设施。习近平同志指出:“只有不断发展壮大乡村两级集体经济，才能有效地兴办集体公益事业，发展教育事业，活跃农村文化生活，为农村精神文明建设提供物质基础。”①

第二节　定边县积极推动贫困村集体经济发展的主要举措

定边县农村集体产权制度改革在县委、县政府的正确领导下，在市农业农村局及有关部门的大力支持下，坚持以习近平总书记深化改革系列讲话精神和中央一号文件为指导，认真贯彻落实中央、省、市农业农村会议和农村集体产权制度改革的系列文件精神，结合定边县的实际，采取有效举措，全面深化定边县农村集体产权制度改革。

一、积极推动贫困村集体产权制度改革

（一）积极准备、建立机构

由村“两委”组织，学习相关政策法规、多方征求意见、借鉴成功经验，结合实际分析本村具备哪些改革条件，包括村组发展现状、村民参与改革的积极性、具备的有利条件等，着手开展宣传动员、初步拟订改革计

① 习近平:《摆脱贫困》，福建人民出版社 1992 年版。

划等。改革村成立由村“两委”班子、监委会（民主理财小组）、村民小组组长、村民代表、村财会人员等共同组成的改革工作小组，合理进行人员分工，分成政策宣传组、清产核资组、成员界定组、股份量化组等，组织实施改革工作。

（二）制定方案

村改革工作小组制定改革方案，主要包括清产核资、成员界定、股份量化等内容。方案必须张榜公示、征求群众意见修改完善，经村民（代表）大会讨论通过，报镇政府、县、农村集体产权制度改革领导小组办公室批复后实施。

（三）清产核资、确定成员界定

摸清“三资”存量。以各乡镇为责任主体，组成清产核资工作组，全面开展村集体资源、资产、资金自查核实工作，分门别类建立管理台账，分清可变资本。这是发展集体经济、进行“三变”改革基础中的基础，也关系到“三变”改革的效果。选择符合实际的好产业，以村为单位，制定发展规划，做到一村一策。定边县按照“尊重历史、兼顾现实、程序规范、群众认可”的原则，统筹考虑户籍关系、农村土地承包关系、对集体积累的贡献等因素，协调平衡各方利益，切实做好农村集体经济组织成员身份确认工作，解决成员边界不清的问题。

（四）结合村集体经济发展规划完成股权设置、章程制定，建立农村集体经济组织

向县级农业主管部门申请发放组织登记证书，农村集体经济组织可据此向有关部门办理银行开户等相关手续，以便开展经营管理活动。农村集体经济组织具有管理集体资产、开发集体资源、发展集体经济、服务集体成员等方面的功能作用。

二、积极探索发展集体经济摆脱贫困的路径

（一）以村为单位，制定发展规划，做到一村一策，实现“三变”，发展壮大集体经济，提高农户收益

第一，资源变股权。一方面是集体资源变股权：在清理核实农村集体资源和确定其权属关系的基础上，经集体经济组织全体成员同意，将集体投资兴建或购置的房屋、建筑物、机械设备等资产评估入股，将集体所有的土地、林地、草地、荒山、滩涂、水面等自然资源经营权折价入股，使集体经济组织拥有合作社、企业等经营主体的股权，按比例获得收益。另一方面是个人资源变股权：在坚持农村土地集体所有性质不改变、耕地红线不突破、农民权益不受损的前提下，积极引导农民将已确权登记的土地承包经营权入股到企业、合作社、家庭农场等经营主体，盘活土地资源；还有农民自有的房屋、林权、水权等也可以变为股权。在“资源变股权”上，从目前来看，变得最多的就是土地经营权和林权。

第二，资金变股金。整合的资金包括财政资金、集体资金与个人资金。一是财政资金。在探索农村产权制度改革的过程中，定边县提出将各级财政投入农村的发展类、扶持类等资金（补贴类、救济类、应急类资金除外），量化为村集体或农民持有的资金。通过合同或者协议方式，投资入股经营主体，享有股权权利。这有利于变“输血”为“造血”，变简单的资金支持为资产支持。可以变为股金的有五大类：生产发展类资金、农村设施建设类资金、生态修复和治理类资金、财政扶贫发展类资金、支持村集体发展类资金。二是集体资金。三是个人资金。鼓励农户拿出现金入股入社，将分散的资金参与到“三变”改革中来。四是社会资金。我们利用财政资金这个杠杆，撬动国有和私营企业、社会民间资本注入“三变”改革中来，促进农业现代化发展，激发市场经济。

第三，农民变股东。通过三种方式，让农民变为股东。第一种方式是定边县政府主导农民入股实现增收，探索把扶贫资金作为他们持有的股金，异地入股、占有股份、获得收益、实现脱贫。第二种方式是政府推动农民入股实现增收，鼓励和推动农民以土地、资金、技术等多种方式入股，采取“公司 + 基地 + 农户”“合作社 + 集体 + 农户”等多种组织形式，让农民实现在家门口就业，提高土地产出率，增加农民收入。第三种方式是大力发展政府支持本村、本乡农民回乡入股实现增收。鼓励新型农业经营主体积极投入农村集体经济改革中来，让新型农民在“三变”改革中创业就业，支持返乡创业就业大学生、外出务工人员、乡土能人等回乡创业就业，营造“大众创业、万众创新”的良好氛围。

（二）多措并举，为集体经济发展奠定基础

第一，整合土地。严格执行一户一宅制，村集体将农户退出的闲置宅基地进行统一整理规划。将村集体的公共服务设施有效整合利用。鼓励农户将细碎化土地进行流转或入股整合，打破细碎化经营管理现状，实现一户一块田或一村一块田的集中统一经营模式。整合服务。因地因时，将村内具有农业机械化技术、农业种植技术、养殖技术、特殊劳动技能的人和设备进行整合，成立专业的农田劳务队、建筑队、农机服务队、农技服务队。由村集体派服务队进驻有需要服务的经营主体或企业进行对应的服务，从而实现经济创收。

第二，依靠企业，搭建平台。农民有了资源、产权和资金，如何变股东，还需要一个平台。定边县的平台主要是合作社、园区和企业。围绕农村资源资产，择优包装一批“三变”发展项目，并通过招商引资，引进一批规模大、实力强、市场竞争优势明显的农业龙头企业参与“三变”改革，让工商资本在农业领域迸发新活力，加快推进土地流转和规模化经营进程。操作时根据储备项目，采取外引内联的方式，重点围绕农村闲置资

源、资产和马铃薯、荞麦等特色优势产业，积极引进龙头企业、合作社等经营主体，签订初步意向性合作协议，对具有合作意向企业的资金、技术、生产经营等情况进行实际考察，经择优比选后，拟定重点合作对象，经村民代表大会讨论通过后确定合作经营主体。

第三，因地制宜、因村制宜，新建一批合作社、家庭农场和农业企业，开办生产型、加工型、商贸型、物流型、乡村旅游型等村办企业。资源、资金整合、产业培育等方面按照先急后缓、先易后难的原则，坚持着力解决广大农民最关心、最直接、最现实的利益问题作为切入点，多办农民看得见、摸得着、见效快的实事，让农民群众在切实受益中得到实惠，自觉投身到“三变”改革中来。

三、政府部门积极主导精准脱贫，助推集体经济发展

（一）加强主体培育

引导本土的非公经济主体转产投资农业，培育农民专业合作社、农业龙头企业、种养大户等农业产业经营主体，引导各类经营主体参与集体经济发展，与“三变”农户建立利益联结机制。同时，加强技术指导。派技术人员加强现代农业和特色产业的技术指导，与高等院校、科研院所建立紧密的合作机制，为现代农业、特色产业品种的引进、选育、研发、示范、推广等方面提供保障。加大培训力度。按照实用、实效原则，积极牵头开展好贫困户“一户一技”的精准培训，强化农村集体产权改革及发展相关知识的培训。

（二）整合涉农奖补资金

积极整合部分涉农补贴，集中投向农业产业经营主体，提升涉农资金使用效益。增加财政投入。统筹财政投入贫困村的可变资金，以股金形式投入发展村集体经济改革中。撬动融资。财政部门充分发挥财政资金杠杆

作用，在试点村每村注入互助资金 50 万～100 万元互助基金，吸引集体资金、农民自筹资金、社会资金、金融资金参与发展壮大村级互助资金。

（三）用活扶贫资金

全面清理统计可变资金，在不改变资金性质和用途的前提下，将可变资金注入农村集体产权改革产业项目，向贫困乡镇、贫困村、贫困户倾斜，发挥政策扶持资金的最大效益。政府出台针对村集体经济组织的免税、招商引资、基础设施建设、用地、用电等优惠政策。加强金融支撑。在农村产权确权登记和清产核资的基础上，建立和完善农村产权融资、产权交易、股权交易等“三变”改革配套政策体系。

第一，建立融资平台。定边县出台政策措施，鼓励市、县各金融机构对“三变”实施的承接经营主体应优先提供信贷金融支持，简化审批手续，降低贷款门槛，实行利率优惠，切实搭建好银企服务平台，为“三变”提供有效金融支持。建立农业产业发展基金，市、县成立农业担保机构，积极吸纳金融机构的信贷资金多种方式地壮大“三变”改革资金。

第二，建立“两权”抵押平台。根据 2016 年 8 月 10 日国务院下发的《关于开展农村承包土地的经营权和农民住房财产权抵押贷款试点的指导意见》，定边县深入研究、深刻领会，加快推进农村土地承包经营权、宅基地使用权和农民住房所有权确权登记颁证，开展“两权”抵押试点。

第三，建立交易平台。建成定边县农村综合产权交易中心，积极开展业务，为“三变”改革提供支撑。

四、积极发展集体经济稳脱贫，让群众满意

（一）尊重群众意见

定边县各级干部在推动“三变”改革的过程中急群众之所急、想群众之所想、思群众之所思，沉下身子、走进田间地头，深入群众进行调查研

究，找准群众的需要和发展集体经济工作的结合点，不违背群众的意愿。根据群众意见谋划发展，根据群众意见推动发展。找到问题、听群众意见是“知”，解决问题、用于实践是“行”，切实做到了以知促行、知行合一。对群众不“感冒”、不买账的做法，敢于叫停推倒；对行之有效、群众欢迎的举措，坚决形成机制，长期坚持。

（二）注重防范风险

一是健全风险防控机制。建立市统筹、县为主、乡镇负责的机制，乡镇对资金转股金工作统筹管理，规范运作。二是探索建立风险基金。现阶段，小规模农业生产经营主体的抗风险能力有限，在风险面前，往往束手无策。在市场经济条件下，农业生产又必须面对市场风险、自然风险、技术风险、决策风险、信用风险等，稍有不慎，都会给农业生产者带来损失。入股主体可从年度收益中提取一定的风险基金，弥补分配收益不足或经营亏损时对项目农户和贫困户的补助。三是完善农业保险体系。探索开展农业特色产业保险，拓展农业保险覆盖面，逐步扩大政策性农业保险对特色农业产业的覆盖面，不断提高农业抗风险能力。

（三）保持适度规模

定边县充分认识到“三变”改革是农村的一场变革、一场硬仗，开弓没有回头箭。步子已经迈出去，就要踩得准、走得稳，既要全面铺开，又要保持适度规模，稳扎稳打，切忌简单蛮干，切忌随便“翻烧饼”。慎重考虑人地的规模、产业的规模、平台的规模。适度规模经营可以有多种形式，既可以通过积聚土地资源，形成土地规模经营，也可以通过发展农户间的联合与合作，以及农业社会化服务，来提高组织化、规模化、市场化水平。种植大户、家庭农场、土地合作社、土地托管等，都是好的形式，各有特点，各有优势，也有各自适应的领域和行业，都属于规模经营，要因地制宜、科学推进。

（四）维护公平公正

一是建立监督机制。解决机会不公平的问题。优先安排贫困人口等弱势群体参加“三变”改革。解决程序不公平的问题。凡是涉及群众参与“三变”改革、签订合同、分享红利等维护群众基本权益等重大事项，进行“四议两公开”，即采取党支部提议、村“两委”商议、党员大会审议、村民代表会议或村民会议决议的程序进行决策，决议的内容和实施结果向全体村民公开，解决规则不公的问题。建立健全并全面落实民主监督、村务公开等各项民主管理制度，切实解决政策“一碗水”端不平、优亲厚友、暗箱操作、损害群众利益等突出问题。二是帮助和引导贫困人口参与“三变”。通过个人自助变、组织协助变、社会帮助变来实现贫困户参与集体经济发展和“三变”改革。

（五）注重循序渐进

循序渐进即有条不紊、脚踏实地。发展集体经济来不得半点急躁和急功近利，所谓“欲速则不达”。一是不能走激进道路，二是要选择正确的路径，三是防止“一刀切”。

五、营造良好氛围，发展集体经济

（一）强化宣传

定边县大力宣传“三变”改革的重要意义，为全面深化“三变”改革唱响主旋律、发出好声音、凝聚正能量、营造好氛围。创新宣传方式，利用互联网、手机终端等多形式、多渠道、全方位广泛进行宣传，重点宣传“三变”工作的典型案例和先进经验，在全县积极营造浓厚的“三变”改革的工作氛围。

（二）全员培训

定边县各级各部门党委（党组、党支部）采取中心组学习、职工大会学习、个人自学等形式进行，组织本单位人员学习农村集体产权改革、“三变”改革，掌握“三变”相关理论知识。重点学习农村产权改革、土地流转、确权颁证、适度规模发展意见，中央、省、市领导重要批示和讲话以及省市的“三变”改革的相关文件等，做到全面开展、学深学透，确保全市各级干部学习全覆盖。

六、定边县农村集体经济发展进程及成效

定边县总面积 6920 平方千米，有 18 个乡镇，1 个街道办事处，185 个行政村，1 个便民服务中心。2018 年，全县乡村有户数 6.3 万户，农业人口 28 万人，农村劳动力 17 万个，全县集体土地总面积 950 万亩（其中耕地 421 万亩、林地 226 万亩、建设用地 26 万亩、草地 80 万亩、未利用地 197 万亩），固定资产 25 亿元（其中经营性资产 6365 万元）。

2017 年，定边县开展农村集体产权制度改革工作，县上安排 500 万元，截至 2018 年已经成立并登记赋码的集体经济组织 105 个，集体经济组织发展产业项目的村 79 个。2018 年，定边县开始开展农村集体产权制度改革工作，完成 4 个省级“三变”改革试点（安边雷圈村、白泥井公布井村、红柳沟沙场村、贺圈红庄村）。成立了集体经济合作社，2018 年按照省上农村“三变”改革“千村试点”行动实施方案，确定定边县省级示范村 10 个。定边县根据实际及结合精准脱贫工作，实施“十村试点、百村推进”行动，年内完成 65 个贫困村（贫困村集体经济组织全覆盖）、4 个非贫困村“三变”改革，成立经济合作社或股份经济合作社，承接财政资金注入。2019 年，定边县继续实施农村集体产权制度改革工作，将剩余行政村按照农村集体产权制度改革工作要求（清产核资、成员界定、股权量化、成立组织）全部实施完成，申领集体经济组织登记证书，办理完成银行开户、刻制印章等手续。

（一）村集体经济发展进程

第一，农村集体资产清产核资工作通过市级验收。截至2019年初，定边县18个乡镇1个街道185个行政村（2018年并村前是226个行政村）2004个村民小组已按照清产核资工作程序完成了清产核资工作。全县集体货币资金核实数为26370.08万元；农业资产、长期资产、固定资产核实数252708.43万元（其中经营性资产核实数为6500.3万元）；集体土地总面积950.88万亩（第二次调查面积956.29万亩，差数为0.5%），集体资产清产核资数据全部录入全国农村集体资产清产核资管理系统，填报率为100%，并对数据进行了审核、校验，通过了市级验收。同时按照“制度严明、审计严格、程序规范、监管公开”的要求，建成了县级农村集体“三资”管理平台。

第二，农村集体资产股份合作制改革工作全面展开。2018年在做好清产核资的基础上，结合市级“三变”改革试点，定边县通过民主制定改革方案，依法界定成员资格，据实资产量化，合理设置股权，强化股权管理，在2018年完成了79个贫困村产权制度改革基础上，将全县剩余106个村全面开展集体产权制度改革工作。农村集体组织登记赋码工作有序开展。截至2019年7月1日，定边县已经完成160个村的改革任务（完成185个村的86%），共完成成员界定160个村组成员234350人，成立集体经济联合社与合作社160个（其中已经正式颁证登记的集体经济组织115个，其余村正在审核资料），剩余25个村正在有序开展。

第三，“三变”改革试点及土地托管试点工作正在推进。2018年按照市级“三变”改革试点工作任务，定边县确定10个村为“三变”改革试点村、1个村为土地托管试点村。截至2018年试点村任塬、杨凤渠子、仓房梁已完成项目建设任务，其余村正在按照方案积极组织实施。农村土地确权工作全面收尾。截至2018年，定边县已经完成408.40万亩的外业调绘，确权面积达到397.62万亩，面积确权率达到97.36%。应开展农户6.79万户，已开展农户6.33万户，完成发证户数6.16万户，户发证率达到91%。2019年4月以来，定边县积极开展了土地确权“回头看”工作，共排查全县涉及367户农户的10964.71亩土地，因为矛盾纠纷没有确权。

第四，“三权分置”改革探索推动。为加快推进定边县农村土地所有权、承包权、经营权分置并行，不断优化农村土地资源要素配置，大力发展以家庭农户为基础的农业适度规模经营，加快构建现代农业经营体系，促进农民增收、农业增效、农村繁荣稳定，定边县制定出台了《定边县落实农村土地集体所有权稳定承包权放活经营权工作方案》，建成县级农村产权交易中心和土地流转服务中心，建立乡镇农村产权交易服务站，与县农村产权交易中心形成一个体系。建立健全市场管理制度和交易规则，规范交易行为，保障以土地经营权流转为主的农村产权公开公平公正有序交易。

（二）村集体经济发展主要做法

第一，高度重视，强化领导。定边县委、县政府对此项工作高度重视，多次召开关于农村集体产权制度改革的专题会议安排部署，研究加强此项工作的措施。成立了以县委书记为组长的定边县农村集体产权制度改革工作领导小组，产权改革办公室设在农业局。出台了《定边县农村集体产权制度改革工作方案》《定边县农村“三变”改革工作指导意见》《定边县清产核资工作方案》等一系列指导性文件，明确了责任主体、工作目标、步骤、原则及各部门职责。各乡镇、试点村成立了“农村集体产权制度改革领导小组”。

第二，立足实际，边学边改。定边县组织业务人员多次赴赵家峁等地参观，学习他们改革的先进经验，在推广运用的过程中主要学习赵家峁人敢于变革的思想、开拓进取的精神和因地制宜的经验。鉴于此，定边县根据立地条件和人文环境选择了村“两委”凝聚力强、改革积极性高，资源、资产较多，现代农业基础条件较好的公布井、沙场等 4 个村作为省级百村试点，铁角城等 20 个村作为千村推进试点。

第三，包片分抓、责任到人。定边县农业局负责同志与农经站干部组成 4 个农村产权改革专项工作组，对全县 20 个乡镇的产改工作实行包片分抓，将工作的责任落实到人，明确了每个片分管领导、包片组长及包村业务干部的具体责任。工作组多次到乡镇、试点村召开动员、培训会进行政策解读和业务指导。各组对本片区产改工作不定期进行督查。

第四，加大投入，推动改革。陕西省、定边县两级财政给全县 79 个贫困村先后注入资金 910 万元，作为产权制度改革扶持启动资金。每个试点村结合自己的村情和资源，依照“一村一策”的思路初步确定了自己的发展方向，制订了计划，积极开展实施。沙场村、郑寨子村、红庄村、雷圈村都蹚出了自己的路子，起到了较成功的示范带头作用。强化培训，营造氛围。产权制度改革以来，定边县高度重视宣传培训工作，通过多种途径开展宣传活动，提高干部群众认识程度，为推进产权制度改革工作营造良好的氛围。截至 2018 年，定边县委、县政府先后组织召开县级专题会议 6 次，开展宣传培训 118 次，培训人员 4640 人次，发放宣传书籍 2500 本，宣传彩页 60000 余份。

加大村级集体经济的政策扶持。一是资金扶持。每年安排一定数量的资金，重点扶持一批示范带动作用大的村级集体经济项目。每年为每村预算 5 万～10 万元的村级集体经济发展资金，单独切块下拨到村，扶持村级集体经济发展。同时，免收村级集体经济建设项目征地管理费、土地登记费、房屋登记费等相关行政事业性收费，对村级集体经济项目的税收实行先征后奖等，从税费上予以支持。二是项目扶持。农业、国土、水利、交通、林业等涉农部门将项目和资金向发展村级集体经济倾斜，对有利于村级集体经济发展的农业产业化、农业基础设施、土地整理、扶贫开发、农业综合开发等项目予以优先立项和扶持。三是土地扶持。对村集体经济发展用地，依法办理农用地转用和集体建设用地使用权证，允许其依法按规划、用途使用土地开展生产和经营。四是金融扶持。鼓励金融机构把扶持村级集体经济发展作为信贷支农的重点，对符合条件的村集体经济组织给予一定额度的信贷支持，信贷利率和贷款期限按照生产经营周期放宽到最大限度。同时，探索确权登记后的集体资产、资源使用权质押贷款的有效途径，允许村集体用其直接管理使用的房屋、土地、山林、矿产等自然资源使用权作为抵押担保，由金融部门提供信贷支持。加大对村集体经济发展项目的贷款贴息力度，积极帮助符合条件的村集体经济组织申请国债贴息、扶贫贴息、农业产业化贴息等专项发展资金。

（三）工作成效

第一，摸清家底，扫清推进改革的制度障碍。产权制度改革体系基本建立。

第二，试点村改革取得一定成效。白泥井镇公布井村坚持“品牌走出去，技术引进来，旅游兴起来”的发展方向，与天津奥群、塞丰农场等企业合作建成“两园一市”（占地 6000 亩的农业产业园区、羊饲养量达 3000 只的畜牧产业园区及月供应量 5 万吨的饲料玉米交易市场），初步规划建成 1500 亩的薰衣草观光产业园。形成公布井村“绿色、观光、旅游”为一体的文化小镇。红柳沟镇沙场村整合集体土地 300 余亩，建成 625 座大棚，以每个成员 0.8 亩配股到户。由成员自主管理经营，主要种植西甜瓜，合作社统一规划种植，代农户找寻产出销路，产出利润归农户所有。

七、定边县助力集体经济发展典型案例：精准扶贫蹚出“荣民模式”

“荣民模式”的成功，是村集体经济迅速发展的结果，也是金融扶贫模式中不可或缺的一笔。陕西荣民控股集团用16年时间，定点帮扶陕西定边海则梁乡，累计投入资金1.6亿元，通过全面准确把握导致帮扶对象贫穷落后的关键因素，制定科学的帮扶规划，选准帮扶项目，坚持“授人以渔”的“造血式”扶贫，帮助海则梁乡增强内生动力和市场活力，开创了扶贫开发和新农村建设的“荣民模式”，帮扶效果堪称典范。

第一个“五年规划”从2000年到2005年，主要做教育、医疗和基础配套设施建设。最明显的改变，一是油灯变电灯，实现了户户通电、户户通电话；二是土路变柏油路，实现了全乡村村通公路；三是调整产业结构，捐资100多万元从保加利亚引进辣椒新品种、新技术，从荷兰引进土豆新品种、新技术，同时又捐资200多万元，建成荣民光彩农技培训中心，帮助农民掌握科技种植技术；四是办医院建学校，捐资200多万元建成荣民光彩小学，实现全乡12个行政村的500多名学生免费就学，捐资600多万元建成荣民光彩医院，为每个村民发放免费就医卡，实现全乡12个行政村农民看病全免费，同时为全乡每个村民每年体检一次，并建立了医疗档案。经过打基础的第一个5年，海则梁全乡人均收入由2000年的不足500元增加到2005年的5000多元，全乡基本实现了农业种植的规模化，农民基本实现了脱贫。

第二个“五年规划”从2005年到2010年，进一步调整产业结构，实现了农业现代化。“我们首先捐资1500多万元治沙造地，造出了十多万亩高产水浇地，实现全乡人均水浇地达到12亩。”全国工商联副主席、荣民控股集团董事局主席史贵禄告诉记者，接下来他们又捐资2500多万元，从山东引进及本地购买了5000多个蔬菜大棚，加上农民自筹和政府配套资金2500多万元，又建起了5000多个大棚，全乡实现人均一个大棚。“仅大棚一项，每年人均纯收入就达到1万元以上。”除此之外，荣民控股集团还捐资500多万元，加上政府配套和农民自筹的资金，一共打了8000多口机井，满足了全乡十多万亩水浇地的灌溉需求。同时从以色列引进喷灌、滴灌等先进技术和设施，喷灌、滴灌覆盖了全乡水浇地面积的80%以上。到2010年，海则梁全乡人均收入达到了3万多元，90%以上的农民由过去居住的土坯房改建为砖瓦房或楼板房，有些农民盖起了两层小楼，90%以上的农民买了小轿车。可以说，这5年，基本实现了农业现代化，农民由脱贫转向了富裕。

第三个“五年规划”从2010年到2015年，主要是实施农业现代化。其中还包括小微城镇规划、规模养殖、移民搬迁及家庭农场。

经过15年的艰苦奋斗，荣民控股集团顺利完成了3个“五年规划”。截至2015年底，海则梁全乡人均收入达到了5万多元，全乡基本实现了农业现代化，农民生活逐步小康，基本达到了物质文明、生活文明、精神文明。

2015年，陕西定边县委、县政府希望荣民控股集团扩大扶贫范围，公司负责人决定在原有一个乡扶贫的基础上，再新增两个乡的扶贫任务，制定出了第四个“五年规划”——从2016年到2020年，继续推进农业现代化、农村城镇化和农村工业化。

荣民控股集团与当地政府共同制定了“四大工程”，即到2020年各类蔬菜种植面积达到50多万亩，日光大棚达到3万多个，有500只羊的养殖大户达到200户，500亩的家庭农场达到200户。同时要实现三个全覆盖：即免费医疗全覆盖，消除贫困户全覆盖，人均一个日光大棚全覆盖。

“以上四大工程和三个全覆盖，我们计划再捐款1.5亿元，到2020年要让新增的两个乡的1.8万农民人均年收入达到5万元以上。”据公司相关负责人介绍，2016年荣民捐款3000多万元，建了3000多个蔬菜大棚，扩建了一所医院，实现了两个乡农民看病全免费，给每户建档立卡的贫困户5万元贴息款和9个蔬菜大棚。“到2018年底，建档立卡的338户贫困户1600多农民全部实现了脱贫。”

第三节　创新金融信贷扶贫模式，助力村集体经济发展

“精准扶贫攻坚战，金融主力必参战。”政府搭台、银行唱戏、农户受益的普惠金融政策，在贫困户中落地生根，让信贷梦不再遥不可及。政府的社会公信力、银行的小额信贷孵化力、贫困户的自我发展潜在力彼此印证、互利共赢。脱贫攻坚战中，定边县政府与县农商行协作投放“植（殖）富宝”，帮扶干部引导用活“植（殖）富宝”，贫困户受益源自“植（殖）富宝”的金融扶贫模式，破解了贫困户发展生产资金“瓶颈”，寻到了脱贫新动力，走活了奔小康的“关键棋”。

定边县政府投放“植（殖）富宝”，为有贷款意愿、有致富愿望、有发展潜力的建档立卡贫困户打造精准扶贫信贷产品，对症下药，用量合理，为贫困户脱贫奠定经济基础；建档立卡贫困户无抵押纯信用方式贷款，让贫困户从手中“无可支配”到脑中“有活可干”，赋予新的生产力，这对贫困户而言，无疑是脱贫的“致富法宝”。

一、金融信贷扶贫成效

定边农商银行是定边县域内唯一一家地方性中小金融机构。“精准扶贫攻坚战”号角吹响后，定边农商银行积极投身于攻坚战中。2016年初，根据中央、省、市扶贫会议精神，定边县委、县政府立足县域，勇于创新，

第一时间与定边农商银行达成金融扶贫共识，制定了《定边县金融信贷扶贫方案》，确立了“政府产业引导、提供担保支持、银行降息让利、变输血为造血”的金融扶贫思路，签订了《小额扶贫贷款合作协议》。定边农商银行及时成立以党委书记任组长的精准扶贫工作领导小组，并推出小额担保扶贫贷款这一金融产品，由县委、县政府出资5000万元设立扶贫担保基金和风险补偿金（其中陕西荣民控股集团出资1000万元），农商银行扩大10倍，向全县建档立卡贫困户发放不超过5亿元的低息扶贫贷款，疏通解决贫困户生产启动资金短缺的“瓶颈”。

截至2019年7月，定边县9790户建档立卡贫困户，其中有贷款的贫困户有5066户，贷款余额为28962.49万元，贷款覆盖率达到51.75%，以前有贷款目前已经结清的贷款户大约有1500多户，贫困户贷款获贷率达到67.07%。其中小额扶贫贷款3892户余额17431.99万元。2016年以来，农商银行累计发放贫困户贷款14898户，贷款金额87131.18万元，其中小额扶贫贷款13154户，金额74001.3万元。通过金融信贷支持，解决了6000多户贫困户发展种植业、养殖业，购销农副产品，购买农业生产资料的资金问题。有效地支持了贫困户发展农业和特色产业，解决了部分贫困人口创业和再就业的问题。

二、金融扶贫亮点：“5321”与评级授信

（一）组织领导到位

定边农商银行加强组织领导，确保金融扶贫工作落到实处。成立以党委书记为组长，以党委副书记、行长为执行组长，以党委委员为副组长和各部门负责人为成员的精准扶贫工作领导小组。严格贯彻落实中央、省、市、县扶贫政策，上下联动，全面开展金融扶贫工作，确保金融扶贫政策落实到位。

（二）以产业发展为导向："5321" 精准扶贫模式

定边农商银行创新金融扶贫模式，助力产业发展。根据县域农业人口分散、农业产业集约化程度低、以家庭农业为主的特点，在定边县金融信贷扶贫规划的指导下，农商银行因地制宜，确立了"小额为主、大额为辅"的金融扶贫方式，向全县建档立卡贫困户提供一般不超过 5 万元的小额扶贫贷款，最多不超过 10 万元的贫困户扶贫贷款；授信期限最长不超过 3 年。对授信金额不超过 5 万元的贫困户贷款，严格执行"5321"扶贫模式；对授信金额超过 5 万元的贫困户贷款，分两笔发放，一笔严格执行"5321"标准模式，一笔为普通经营性贷款。所有扶贫贷款利率一律执行一年期贷款的基准利率，即月利率 3.625‰，比其他经营性贷款利率低了一大半。

定边县政府设立 1000 万元的扶贫贷款贴息基金，对建档立卡贫困户所借 5 万元以下的贷款，按照 4.35% 利率进行全额贴息。5 万至 10 万元的贷款，按照 5 万元贷款财政全额贴息，即超过 5 万元贷款的利息由借款人自己承担。对高于基准利率发放的扶贫小额信贷，不纳入风险补偿金补偿范围，财政不予贴息。贴息实行"先付后贴"的办法，贫困户按时偿还农村商业银行贷款本息后，再通过乡镇政府逐级提出贴息申请。贴息资金降低了贫困户贷款成本，5 万元以下的扶贫贷款户可实现"零"成本贷款。如果贷款出现逾期，借款人将丧失贴息资格。通过贴息政策，引导资金流向农村，流向有脱贫意愿的贫困户，服务农业生产。

农商银行发放的扶贫贷款用于发展家庭养殖业、简单加工业、家庭零售业及购置小型农机具等项目。由驻村第一书记、网点负责人、客户经理共同辅助农户开展产业脱贫，提供信贷资金、市场信息、产品渠道支持，通过联系第三方收购、发动员工自愿购买等方式，积极帮助贫困户销售农产品，积极帮助农户拓宽销售渠道，提高生产收入。

（三）评级授信机制完备

定边县金融扶贫的一大特点就是贷款方式灵活，原因在于贷款之前集中进行了信用评级与授信工作，使贫困户随时可还、随时可贷。

信用评级，是一个通过信用检查和特征参考筛选潜在顾客的过程，代替了传统信贷服务的层层审批，相对于原有的信贷模式具有较大的效率优势。2015 年末至 2016 年初，在为贫困户建档立卡的工作中，定边县在村级层面成立风险控制小组对贫困户评级或授信。需要说明的是，村级的授信是虚拟的，将原本需要由信用社完成的客户识别与审核工作转移到了主要由社区共同承担，有效地降低由于信息不对称带来的风险，为银行提供参考。驻村工作队、第一书记、村“两委”班子等进村入户对村民住房、从事的脱贫项目、本人有无实施项目的技能、实施项目的能力、对项目的控制能力等方面进行考察，重点在于预期的脱贫有无保障。

农商银行同步为贫困户建立经济档案。农商银行进村入户，单独对贫困户建立经济档案，进行信用等级评定与授信。村级与银行的两个授信的结果合并对比，商议是否符合贷款条件，之后进行公示，公示期间无异议就可以发放贷款。贷款期限根据脱贫项目的情况，和贫困户本人商榷决定。

具体操作方面，定边农商银行以贫困户经济档案为依据，先建档，后授信，一次授信，周转使用。根据“扶贫办建档立卡 + 乡镇推荐 + 农商银行经济档案”三级档案，对建档立卡贫困户进行信用等级评定，并根据信用等级差别授信。A 级信用户授信额度 5 万～10 万元，B 级信用户授信额度 2 万～5 万元，C 级信用户授信额度 2 万元以下。一方面，三个层次的建档确保扶贫资金流向贫困户，切实做到专款专用，体现了贷款资金扶贫精准化；另一方面，在扶贫办建档立卡及乡镇推荐的基础上，由农商银行筛选出具有一定致富能力和强烈脱贫致富愿望的贫困户进行帮扶，不仅从源头上降低了扶贫贷款违约风险，还能有效防止脱贫群众返贫现象的发生，阻断贫困代际传递。

具体工作形式上，形成由网点负责人、包村客户经理、“双基联动”工作站共同组成的建档评级授信工作组。依托“双基联动”工作站，客户经理进村入户，集中时间、集中精力，与村风控小组、帮扶责任人共同为贫困户确定帮扶项目、匡算资金需求，建立贫困户经济档案、开展评级授信工作。按照“有项目、放得出、扶得准、有效益、能收回”的原则，第一时间发放项目资金，保证贫困户生产资金及时到位。

（四）风险防范机制到位

第一，政府出资设立风险保证金。在金融扶贫工作开展之初，农商银行与县政府签订了《小额扶贫贷款合作协议》及补充协议，由政府提供5000万元的风险补偿金，形成县“风险补偿金担保、银行提供贷款”的风险保障机制。农商银行放大不超过10倍，向全县建档立卡贫困户发放低息扶贫贷款，扶持贫困户发展农业和特色产业生产，增加收入，早日脱贫。协议确定了风险补偿金补偿的范围和对象，对死亡贫困户逾期贷款及时启动风险补偿金代偿机制，有效地发挥了风险补偿金的作用。

第二，农商银行争取保险合作，加大扶贫贷款保险。为缓解风险补偿金压力，节约财政支出，为贫困户转移贷款风险，降低贫困户贷款意外死亡损失，农商银行积极与多家保险公司沟通，确定了由保险公司为贫困户赠送不超过5万元的意外伤害保险，有力地提供了风险保障。截至2018年，扶贫贴息贷款业务，累计投放贷款7.51亿元，累计不良贷款56万元，占比0.07%，水平较低。在56万元的不良贷款中，一部分是意外事故比如死亡等导致本金未能收回，一部分正在发展产业，资金链较为紧张，还有一部分是家中富余劳动力在外务工，需要等到年底或者春节以后才能带回资金。

三、扶贫小额贷款的机遇与挑战

（一）机遇

扶贫小额贷款鼓励农民通过产业发展的道路实现脱贫目标，从“输血”到“造血”，为贫困户赋能，培养农民的主体性意识。农民才是反贫困的主体，农民才是农村发展的主体。政府要做的只是帮助农民找到发展的路子，最终依靠的是农民的自主性与主体性。内生性发展是农村发展的必经之路，过去依靠政府补贴实现外生性增长的日子实际上会让农民产生依赖心理，不利于发挥能动性。只有农民自己觉醒，通过发展产业，找到适合自己的道路，才能实现农村真正的减贫和发展。农民眼光更长远，才能实现农村发展的长期性与可持续性。

对农商银行来说，机遇体现在培养客户与提升能力两个方面。

一是为农商银行和其他地方银行培育了一批有能力的客户资源。现在的扶贫户就是脱贫之后潜在的客户资源。因之前有过借贷业务，银行对其相关情况了解较多，信息成本较低；贫困户通过发展产业获得稳定收入，还款能力有保证。在此情况下，脱贫攻坚战给了银行需要去挖掘培养的客户资源，银行扩大了客户范围，可以继续向原来的贫困户发放贷款从而获得贷款利息收入，贫困户富裕之后的闲散资金也可以存款或理财。

二是提升了银行的能力，特别是锻炼出一批深入了解农村、深刻理解贫困的基层工作人员。在实施扶贫攻坚行动中，银行的基层工作人员相当于政府的基层干部，通过进村入户对贫困户的走访调查，准确把握贫困户的具体诉求，建立起与贫困户的具体沟通机制。

（二）挑战

政府主导的微型金融扶贫，改变直接发放补贴的做法，从改善农户经营环境入手，寄希望于贫困户自身主动性发展产业实现真正脱贫，从“授人以鱼”到“授人以渔”，体现了政府扶贫思路与模式的重大转变。然而，不可否认的是，政府主导的微型金融扶贫模式存在着若干问题。由于政府一般缺乏微型金融服务的经验，特别是缺乏系统的信用评估手段和风险控制机制，因此在微型金融的运作模式上存在很大的提升空间。

几年来，定边县的金融扶贫工作取得了较好的效果，但也存在一些问题和风险隐患。主要表现为：风险防控化解机制不完善，扶贫贷款逾期压力较大；依赖政府财政贴息，可持续性有待加强；农民的风险意识淡薄，缺乏金融知识。这在全国大部分地区也是普遍问题。

四、金融信贷政策建议

第一，定边县各级政府和扶贫部门加强扶贫贷款的风险监测和风险防范机制建设，成立小额扶贫贷款考核评价实施方案，对县扶贫办、乡镇政府、村“两委”、帮扶责任人、村风控小组、农商银行等按照风险共担的原则划分责任，按比例考核评价打分。为了控制风险，开展小额信贷业务的金融机构需要足够的风险评估技术和人才，政府需要出台政策大力支持。

第二，乡（镇）、风控小组、帮扶责任人、第一书记积极参与到逾期贷款的催收工作中，防范和化解小额扶贫贷款逾期风险。在针对农民的小额扶贫信贷宣传上，行政部门与金融部门宣传的口径必须统一，形式上要让老百姓易懂、易学、易用。让百姓充分理解政策、较好使用政策，形成社会诚信的氛围。

第三，注重机制创新，通过机制创新和机制设计实现农村的发展。要更加重视制度创新，政府不能仅仅提供看得见的东西（如直接的物质补贴）来支持农村，更应该用看不见的强大机制来支持农村的发展。

第四，建议中央及省级政府对基于地方经验产生的自主成果予以重视，适当保留，不能全国“一刀切”。以小额扶贫贷款为例，政策要求 5 万元以下无抵押无担保，缺乏抵押担保品，使得开展小额扶贫信贷的金融机构贷款风险加大，影响到未来的可持续发展。

五、金融信贷扶贫案例

案例一：胡建军，白泥井镇红旗村村民，家中 4 人，有一对双胞胎女儿先天性残疾，无劳动能力。由于常年为女儿看病导致家庭贫困。农商银行驻村工作队入户走访时了解到胡建军家庭情况，并帮助其制订了脱贫计划：种植玉米 40 亩，西瓜 10 亩，洋葱 6 亩，养羊 30 只，养奶牛 2 头，缺乏资金 10 万元。驻村工作队及时与乡镇政府沟通，并将情况反馈给白泥井支行。白泥井支行随即进行考察授信，为其发放了 6 万元的扶贫贷款。通过一年多的帮扶，该贫困户年收入达到 10 万元，其中玉米收入 4 万元，洋葱收入 1.5 万元，养奶牛收入 1 万元，养羊收入 3.5 万元，基本实现脱贫。

案例二：贫困户韩伟国，十年前因车祸导致头部受重伤，完全丧失劳动能力。妻子陈秀芳既要照顾丈夫和 83 岁的婆婆，还要供女儿上大学，家境贫困。驻村工作队及时调查了解，联系周台子分理处，向其授信 3 万元。在小额扶贫贷款的帮助下，陈秀芬一次性偿清了平整 67 亩土地欠下的债务，2017 年，仅大田西瓜就售出 150 吨。一年下来，人均年收入达到 1.87 万元。

案例三：高敏，杨井镇旗杆山村人，与孙彩芬夫妻二人在家务农，其子高海晨早早辍学打工贴补家用，其女高靖茹将要参加高考。一家人虽然辛苦劳作，但收入一般。2015 年，高敏家“因学致贫”被村里确定为精准扶贫户。农商银行客户经理在下乡考察时了解到了他家的情况，于是主动上门服务，决定向高敏授信 8 万元作为启动资金。高敏把自己的移民搬迁房简单装修后，办理了营业执照，一间开了理发店，另外一间开了净水器门市部。

案例四：冯世英，白泥井镇公布井村村民，家中7人，其中两个儿子因智障和残疾，丧失劳动力。农商银行驻村工作队了解情况后，及时给予帮助，确定了种植辣椒、西瓜、香瓜大棚项目；同时，设立了养羊项目。由于资金缺乏，农商银行给予10万元的扶贫贷款支持。通过一年多的帮扶，实现人均年收入1.1万元。

案例五：盐场堡镇杨凤渠子村贫困户陈国华，此前多年在外打工，后因患病无奈返回老家。小额扶贫贷款政策出台后，2016年，他贷款5万元建起了400平方米圈舍，购入10头母猪发展起肉猪养殖产业。“按照每年自繁自养150余只仔猪的规模，仅养殖收入可超过7万元。2017年，又贷款10万元用于购买饲料，并计划建一座沼气池，实现对猪粪的有效利用。这样一来，冬季新繁育仔猪的成活率就有了保障，农业种植的效益也有了保障。下一步，我打算继续扩大养殖规模，力争用自己的双手早日实现脱贫致富。”陈国华说。

第四节　贫困村光伏产业助推精准脱贫

光伏扶贫产业是国家重点支持和大力推广的有效扶贫措施，正在向全国贫困地区推广运用。定边县通过光伏扶贫这个长期产业项目，在增加贫困户的收入的同时，稳固壮大村集体经济，建立起长效机制。2011年，定边县被国务院确定为国家扶贫开发工作重点县，特别是位于县城南部的白于山区更是全省三大贫困区域之一。这里贫困人口多，分布广泛，大部分位于白于山区腹地，要发展长期稳定的扶贫产业项目困难很多。2016年3月，国家发改委等五部门联合印发《关于实施光伏发电扶贫工作的意见》中明确，定边县是陕西省重点实施光伏扶贫项目的18个贫困县之一，这为定边县产业扶贫项目指明了方向，更为定边县大力发展光伏扶贫产业提供了最好的政策支持。

定边县建设光伏扶贫电站46.7兆瓦，年平均扶贫收益达3240万元，为贫困户来年发展生产、扩大经营提供了有力的经济支撑。在脱贫期间，对全县建档立卡贫困人口每人每年帮扶不少于1000元。在脱贫期后，全县79个贫困村，平均每个贫困村有30多万元的集体经济收入，有效解决了村上长期无产业收入的难题，提高了村“两委”为群众办实事的能力，更为下一步大力发展乡村振兴战略提供了良好的产业支撑。

2017年以来，定边县委、县政府紧跟国家产业扶贫政策导向，解放思想，创新思路，充分发挥当地太阳能资源优势，破解扶贫产业匮乏的难题，把光伏发电作为扶贫攻坚重点、亮点产业精心培育，大力发展光伏扶贫产业。作为可再生资源之一，光伏发电有着无可替代的作用，这个曾经在村民眼里视为“遥不可及”的装置，现在却变成了贫困户的“掌中宝”、脱贫致富奔小康的“好帮手”。光伏扶贫是精准扶贫、精准脱贫的有效途径，是资产收益扶贫的有效方式，更是将产业扶贫由“输血”转为“造血”的创新工程，是帮扶贫困人口脱贫的惠民工程。

一、光伏扶贫成效

定边县作为2017年全省计划脱贫摘帽的四个贫困县之一，为更好地完成脱贫攻坚任务，充分发挥光伏扶贫产业带动作用，积极响应省、市有关政策号召，建设光伏扶贫电站41个（40个村级电站和1个集中式电站），总规模46.7兆瓦，覆盖全县建档立卡贫困户9765户35998人。具体包括37个单村电站和3个联村电站，总规模26.7兆瓦，覆盖全县79个建档立卡贫困村贫困户；1个集中式电站，总规模20兆瓦，覆盖全县非建档立卡贫困村贫困户。定边县第一批5.6兆瓦20个村级电站已建成并网。第二批6兆瓦17个村级电站于2018年底建成并网。20兆瓦集中式电站已建成并网，已分别通过专业公司的资产评估和质量评估，并已通过了验收组的综合验收。

2017—2020年，定边县79个建档立卡贫困村，根据土地、电力等建设条件，采取“单村独建”和“多村联建”方式，覆盖4855户。另外，为使未列入建档立卡贫困村的贫困户也能通过光伏扶贫实现脱贫奔小康，计划再建设150兆瓦集中式光伏扶贫电站，覆盖4890户17493人。力争使全县9708户建档立卡贫困户户均年增收达到3000元以上，持续扶持20年。

二、光伏扶贫亮点创新点

（一）示范引领，合理科学选址，建设模式多样

定边县光伏扶贫电站具有规模较小且点多面广的特点，对地形地貌、采光条件、接网线路等因素都有严格要求。定边县聚焦问题导向，坚持示范带动，在市、县各级政府大力支持下，首批在18个乡镇20个贫困村建设了5.6兆瓦扶贫示范电站。在选取光伏扶贫电站建设地点的过程中，定边县积极组织发改、国土、电力等部门深入每一个贫困村，开展实地调查踏勘，充分结合贫困户数量、分布、性质等因素，指导贫困村科学选址。

在建设模式上，一是“单村独建”模式，对选址具备国土、林业和电网消纳条件的贫困村，按照每户贫困户5～7千瓦的标准，建设11.6兆瓦村级光伏扶贫电站，总投资9000万元，惠及37个贫困村2317户贫困户9506人。二是“多村联建”模式，对选址不具备国土或林业或电网消纳条件的贫困村，按照每户贫困户5～7千瓦的标准，选择适宜场址，联合

集中建设 15.1 兆瓦村级光伏扶贫电站，占地约 400 亩，总投资 9500 万元，惠及 42 个贫困村 2538 户贫困户 8605 人。三是“千户共建”模式，为使未列入建档立卡贫困村的贫困户早日脱贫，在具备建设条件的砖井、公布井两大光伏园区，按照每户贫困户 25～30 千瓦的标准，建设 150 兆瓦集中式光伏扶贫电站，占地约 4500 亩，总投资 10 亿元，惠及 4890 户贫困户 17493 人。

（二）强化政企联动，高效务实合作

光伏扶贫产业的发展，涉及部门、环节众多，既需要政府层面的政策保障，又需要企业层面的联动配合。为理顺管理体制，凝聚工作合力，保障扶贫工程有序推进，从政府和企业两个层面采取措施。在政府层面，定边县成立了由县长挂帅，扶贫、农业、发改、财政、审计、电力等部门和各乡镇组成的专项协调议事机构，建立联席会议制度，全面负责推进光伏扶贫项目建设、运营、分配各项事宜。在企业层面，依托榆林能源投资集团、陕西黄河集团等企业，加大技术支撑，引进先进电站信息采集传输系统，全程实时掌握发电信息，保证扶贫电站高效率运行。

（三）筹措多元资金，保障项目建设

光伏扶贫工程具有投资大、回报高、收益久等特点，其投资较传统行业需要的一次性投入较高。在资金筹措方面，定边县积极争取专项资金，整合配套资金，为夯实定边光伏扶贫产业奠定坚实的经济基础。2017 年以来，通过发改、扶贫、财政部门的协同配合，积极争取市级专项资金，用于示范项目启动建设，后续将通过“先建后补、以奖代补”的形式逐步争取市级资金。通过整合中央、省、市切块下达的产业扶贫资金、相关涉农资金、捐助资金、贷款资金等，为电站建设提供资金保障。

按照《榆林市光伏扶贫工程实施方案》要求，村级电站投资以市、县政府和榆能投企业按 20%、30%、50% 的比例共同筹资建设，电站产权由

村集体和运营公司共同所有，各占股 50%。收益实行分段差别化帮扶政策，按前 5 年、6～15 年、15 年之后三个阶段划分，分别按总收入 58%、50%、45% 的比例，用于项目所在村精准扶贫和村级经济社会发展。集中式光伏电站由自愿参与光伏扶贫的社会资本与定边县政府平台公司共同投资建设，收益采取按股分红 + 企业捐赠的模式，给予每年每户扶贫对象 3000 元补贴，保障贫困户获得稳定收益。通过发展光伏扶贫产业，既能解决定边县贫困村主导产业缺乏、集体收入薄弱的难题，同时又能使建档立卡贫困户获得长期、稳定、持续可观的收入。

（四）落实制度保障，规范管理运行

定边县通过制定管理办法，创新管理机制，规范运行程序，有效保障贫困人口获得收益。

一是规范收益。为此制定了《定边县光伏扶贫电站管理及收益分配细则》，该细则从光伏扶贫收益资金的申请、确定、下达和使用等方面作出了明确要求，并实行受益贫困户一年一评的动态调整机制，确保收益资金发挥更大的扶贫效益。

二是提高收益。在扶贫电站接网消纳上，通过采取单村电站全额上网、联村电站就近接入、集中式电站园区送出的技术方案，以此提高发电量，增加售电收入，保证贫困村收益最大化。

三是稳定收益。在运行维护上，专业运营队伍对电站和辅助设施实施常态化、经常化安全巡检，并建立突发事故监测预警机制和反馈报告制度，以此确保电站安全运行，保障项目稳定收益。

第五节 农村集体经济成效与展望

一、党建引领村集体工作，自力更生谋发展

定边县充分发挥党支部、党员在集体经济发展的引领作用，筑牢基层党组织的战斗堡垒基地。注重示范引领，发挥“带动”效应。定边县委、县政府班子带头学习不同基础、不同类型、不同模式的集体经济发展示范发展路径，注重总结提炼经验。定边县委、县政府班子仔细研读中央及省市的农村集体经济发展最新政策，积极寻求政府产业扶持资金支持。充分利用地区产业优势、人文环境开展产业规划布局。充分发挥盘活项目资金、集体资产和招商融资的优势，积极引进龙头企业和优质资源，通过参股、联营、合资、合作等方式加以开发利用，激活社区集体产业发展链。

成立集体经济发展领导小组，协调创新经济体建设中的重大问题，监督公开实施进展情况，实施对经济体发展趋势进行规划和中期评估，确保经济目标任务有计划、有步骤地落实。同时，充分利用各种媒体资源，加强规划实施宣传，让群众通过多种渠道参与集体经济规划实施的决策和监督，保障群众参与规划实施的知情权和参与权。

二、干部深入群众，做好思想动员

定边县针对部分村干部、村民不愿发展、不会发展、不敢发展集体经济的现状，提出村“两委”班子成员要深入农户家中，找准思想问题，研究思路。

第一，加强经验交流和学习。农村集体产权制度改革属于新生事物，

面临的困难多，没有统一行之有效的办法，定边县委、县政府组织县级分管领导带领试点乡镇主要领导、分管领导、村干部、农经站人员到省内经验丰富地区及其他地区等先行省、市考察学习，借鉴外地的先进经验，强化对产权制度改革的认识和理解。增强业务理论和自身素质的提升，从而更好地引导村级干部和群众搞好“三变”改革。

第二，将产权制度改革与乡村振兴战略有效融合起来，产权制度改革是实施产业兴旺的重要环节，不可将二者当作两个独立的事物对待，需要政府部门将产权制度改革与乡村振兴战略放在同等位置，正确引导。

第三，引导乡镇和村明确改革目标、夯实责任，为改革村厘清思路。保障群众利益，因地制宜、一村一策，选择收益稳定可靠的产业项目。探索建立股份设置，完善收入分配办法。尊重市场经济规律，稳扎稳打，创新经营，保障群众利益最大化。引导各个阶层深刻理解产权制度改革内涵。帮助改革村夯实“变”的基础，抓住“变”的关键，做活“变”的方式，明确“变”的目标。把脱贫攻坚的政策与产权制度改革、乡村振兴战略有机结合起来，实现群众脱贫致富与壮大集体经济的双赢。

三、拓宽发展路径

因地制宜，鼓励集体经济组织利用未承包到户的集体土地资源，集中开发或者通过公开招投标等方式发展现代农业项目。盘活利用闲置废弃的集体资产，以村企联手共建、合资合作等方式，入股或参股新型经营主体和工商企业发展相应产业。利用生态环境、人文历史等资源发展休闲农业和乡村旅游。对一些本地资源较少、区位条件较差的村，可引导其整合上级扶持资金、社会帮扶资金、集体自筹资金等，在城镇规划区等具有区位优势的地方，跨区域抱团建设可持续发展的扶贫车间、仓储设施、商铺门面、标准厂房等“飞地”项目。

挖掘村集体土地资源潜力，利用好清产核资成果，对集体闲散的农用地、“四荒”地，以及闲置的工矿仓储用地、闲置的学校用地等建设用地规范管理，建立健全集体资源台账，通过发包、出租、股份合作等方式盘活经营，增加集体收入。村集体受农户委托统一组织土地经营权流转的，可依法收取适当管理费用。对闲散土地资源，可有偿流转给村集体，由村集体统一对外出租、入股，提升资源利用效率。鼓励村集体稳妥开展闲置宅基地整治，农民自愿腾退的宅基地优先用于村级公共服务设施建设和乡村产业发展。

四、规范“三资”管理

在全面开展村级集体资产清产核资基础上，进一步加强了村集体资金、资产、资源规范化管理。逐步建立健全产权明晰、权责明确、经营高效、管理民主、监督到位的管理体制和运行机制。

第六章　特色产业融合发展助力定边脱贫

产业是区域经济的“发动机”，也是精准脱贫的“铁抓手”。产业扶贫是脱贫攻坚的“重武器”，定边县按照精准扶贫的总体要求和“产业+”的总体扶贫思路，主动作为、奋力而为，坚持因地、因户、因人制宜，分类施策、靶向发力，在全力推进产业扶贫工作中探索出了新路径，积累了新经验，将产业扶贫工作不断推向前进。

定边县总人口35.21万，67%的乡镇处在白于山连片贫困区。随着2017年14398人脱贫后，全县贫困发生率为1.13%，2018年降为0.69%。数据显示，定边县2016年农村居民年人均纯收入11789元，2017年达到12885元。较低的贫困发生率和较高的农村居民人均纯收入背后，是近年来定边县在整县脱贫目标牵引下，根据县情实际，注重农业三产融合，注重贫困群众精神扶育，注重党建统领所取得的成效。其中重中之重是立足定边农业大县的实际，适度引导，科学谋划，促进农业畜牧业规模化种养殖，借助脱贫攻坚机遇实现转型升级。

产业扶贫是脱贫攻坚的固本之基、治本之策，科学精准的产业扶贫规划是确保产业扶贫有序扎实推进的首要条件，是实现长远发展目标的指导性纲领。定边县始终同以习近平同志为核心的党中央保持高度一致，系统谋划、整体推进脱贫攻坚工作，突出农业特色，确保与“四化同步”、三产融合相辅相成、相得益彰。

第一节　推进现代农牧业升级融合发展

定边县在推进产业发展中经历了三种递进组织发展模式。三种模式体现出从传统到现代、从政府引导到市场主导的发展理念的转变过程。第一种模式是联产承包责任制，采取分产增收的措施，把特色产业做大，主要通过发放化肥、种子，购买保险，推广新技术，开展新农技培训等，目的是促进农民增收致富。这是传统的农业模式，在脱贫攻坚之前即不同程度地组织运行。第二种模式是通过“园区 + 公司 + 协会 + 农户”这种行政助推式的规模效应、品牌撞击的联动模式，这是一种发展过渡模式，是为了形成规模效益，形成积聚效益，为现代农业发展营造丰厚的土壤。第三种模式是比照国内先进企业、对标世界先进农业发达农业和全国的先进农业，引进行业龙头企业，围绕全产业链，构建新型现代农业体系。这是着眼未来，通过现代龙头企业的引领，形成产业链各要素积聚发展和农业产业品牌化建设。举例来说，定边县是全国马铃薯六大生产县之一，但是光卖鲜马铃薯是低效的，定边县商务部门通过努力引进东北地区上市马铃薯企业，同时聘请了中国农业科学院团队，在定边县建设马铃薯研发中心，引进在世界马铃薯生产加工领域水平较高的荷兰的设备、种子等进行马铃薯产业升级扩展。通过市场龙头去引领带动贫困户及普通农户，完善研发、培种育苗、种植、收储、加工、销售等完整的产业链，发展壮大产业，促进贫困户借力现代农业增加收入。

一、制定完善的县域特色农业产业扶贫规划

在县委、县政府的领导下，由县扶贫办牵头，相关部门配合，充分结合县域实际，制定全县产业扶贫规划。在制定措施的过程中，坚持如下原

则：一是坚持长线产业与短期产业结合。立足定边县资源禀赋、产业基础和区位特点，兼顾时效性和长期性，因地制宜布局产业。既着眼短期脱贫，又考虑长效增收，统筹培育短平快产业和长受益产业，实现贫困户精准覆盖、持续增收。2018 年投入 1287.8 万元，用于特色产业项目推广、农机购置补贴、农业保险代缴、畜牧产业补助等。二是坚持主导产业与特色产业相结合。围绕“现代农业、现代养殖、马铃薯全粉、田园花海、传统能源、光伏产业、风力发电、荣民模式”八个方面构建产业扶贫“四梁八柱”，铺就产业扶贫“局域网”，使传统产业与现代产业优势互补，三次产业高度融合、相辅相成、彼此促动。大力发展休闲旅游业，举办首届“中国・定边红花荞麦节暨百万亩花海旅游美食月”活动和环“千年盐湖”汽车拉力（全国）邀请赛，大力发展休闲农业、观光旅游业等新业态，带动区域内贫困群众户均节本增收 6500 元。三是坚持传统产业与现代产业相结合。改造提升传统产业，实现贫困群众与主导产业有效对接；开展电商扶贫，实施“电子商务进农村”活动，以国泰电商企业为龙头，孵化电商企业 22 家，在 3 个乡镇建设 3 个贫困村服务网点，引进京东等电商企业，服务群众网络购销，从事电商业务专兼职人员 500 余人，2018 年电商销售额达 6577 万元。

二、制定完善的乡镇农业产业扶贫规划

定边县由各乡镇牵头负责，以全县产业扶贫总体规划为指导，结合各乡镇实际，制定乡镇产业扶贫规划。乡镇产业规划体现出三个显著特点：一是坚持传统种植业和养殖业相结合。北部风沙滩区的乡镇以种植业和设施农业为主，辅之以必要的养殖业；南部浅山区和深山区的乡镇以特色种植业和养殖业为主，实行种养结合，辅之以生态观光农业；城市周边和重点镇主要以发展第三产业和农副产品加工业为主。二是坚持自主脱贫与带

动脱贫相结合。根据贫困户的发展能力和意愿分类施策，对具有自主发展能力的贫困户，支持从事适度规模种养殖业，提升自我发展能力。对发展产业意愿不强的贫困户，通过带动嵌入产业链环节。三是坚持政策帮扶与激发内生动力相结合。坚持贫困群体的主体地位，在政策帮扶的基础上，加强思想教育，着力扶智扶志，引导贫困人口靠辛勤劳动脱贫增收，推动“输血”向“造血”转变。

三、制订完善的行政村产业扶贫计划

行政村的个性化产业扶贫计划由贫困村村“两委”班子负责，第一书记和驻村工作队参与，参照县乡两级制定的产业扶贫规划，拟订切合本村的产业扶贫计划。定边县行政村的产业计划制订遵循三个坚持。

一是坚持因村制宜。各村发挥产业扶贫的带动效益，实现定向“滴灌”，做到项目精准，抓好产业规划引导，充分考虑市场因素，结合本村优势和群众传统种养习惯，有针对性地引导和帮扶贫困群众规模发展适合当地实际、周期短、效益高的产业。如红柳沟镇沙场村在村“两委”的带动下，发展大棚香瓜产业，贫困户的收入大幅增加，出现了贫困户带动非贫困户增收致富的佳话。

二是坚持创新产业扶贫模式。学习借鉴县内外成功的典型做法和经验，积极探索“政府 + 企业 + 农户”“企业 + 合作组织 + 农户”发展途径，不断创新村级产业发展模式。建立脱贫创业“孵化库”，将发展前景好、风险较小、效益明显的产业项目纳入库中，让贫困户择优选择，为产业扶贫增加活力和动力。

三是坚持科学技术培训。将贫困户纳入初级职业农民培训范围，以使用生产技术和产业技能为主，开展各项培训。成立了定边县产业脱贫技术服务 110 指挥中心、10 个专业技术服务队、13 个技术服务小分队，组建

30 人的专家服务团队、100 人的农村能人（“土专家”）队伍，为所有农户产业发展提供技术保障。

第二节　助力乡村农业经济转型：“六字诀”与五大模式

食为人天，农为正本。农业产业是产业扶贫发展的根基，也是脱贫的主要依托。定边县依靠传统农业、现代农业、乡村农业观光旅游业助力脱贫攻坚。

改造提升传统农业。定边县坚持以传统种植业为基础，因地制宜发展农业产业。定边县被誉为“中国马铃薯之乡”，全县马铃薯种植面积常年保持在 100 万亩以上，产量约 100 万吨，年均总产值 10 亿元，占农民总收入的 50% 以上。瓜果蔬菜种植面积达到 20 万亩，总产量近 40 万吨。小杂粮种植面积超过 70 万亩。定边县是全国红花荞麦生态第一大县，全县常年种植荞麦近 60 万亩，总产量 5 万吨以上。实现以特色产业带动传统农业，以优势产业引领传统农业，以现代装备改造提升传统农业。

党的十八大以来，定边县农业工作在省委、省政府的大力支持和关心下，在县委、县政府的坚强领导下，按照“工业强县、产业富民、城镇化改善民生”的总体布局，坚持“稳粮油、优菜薯、兴种业”和“立支柱、创品牌、兴产业”的发展思路，立足资源优势，瞄准国内外市场，紧紧依靠科技支撑，大力调整优化农业产业结构，扎实稳步推进产业化开发，着力培育特色品牌，使全县农业特色产业呈现出区域化种植、规模化发展、专业化生产、产业化经营的良好发展势头，形成了马铃薯、玉米、特色瓜菜、名优小杂粮、优质油料等五大特色主导产业和六大特色农产品优势产业带，即北滩特色辣椒、中滩特色西甜瓜、东滩地膜玉米、南部浅山区优质马铃薯和优质红花荞麦、西南部浅山区优质油料、南部深山区优质杂豆。

农业综合生产能力逐步增强，正由传统农业种植大县逐步向品牌化、专业化、规模化的现代农业强县转变。

定边县先后被授予“世界著名红花荞麦原产地保护县”“中国农业发展百强县”“全国粮食生产先进县”“全国优质高产马铃薯生产第一大县”“全国春玉米高产创建示范县”“全国优质荞麦生产基地县”“陕西省一村一品先进县”“陕西省现代农业示范基地”等称号。2017 年以来，农产品注册商标达 120 余个，省级以上名牌和著名商标 7 个。形成了“三边”牌乳制品、“付翔”食品、“定之荞”石磨荞麦粉、“吉元泰”马铃薯淀粉等一批在国内具有影响力的农业品牌。“定边马铃薯”“定边荞麦”分别荣获国家地理标志保护产品。

一、现代农业新思路

党的十九大提出实施乡村振兴战略，开启了新时代农业农村现代化的新征程。定边县委、县政府将认真贯彻落实党的十九大精神，坚持以习近平新时代中国特色社会主义思想为指导，深入贯彻落实习近平总书记视察陕西时的重要指示精神，紧紧围绕省市关于乡村振兴战略部署，将实施乡村振兴战略作为新时代“三农”工作总抓手，聚焦农业农村现代化，以更加坚定的决心，汇各方之智，推创新之举，补发展之短，扬乡村之长，谱写定边乡村振兴和农业发展新篇章。

定边县在传统农业发展的基础上，着力推动现代设施农业发展。南部浅山区学习借鉴北部现代农业发展经验，结合实际发展现代农业。以红柳沟镇沙场村、白泥井镇公布井村为例，大力实施特色设施农业建设，建设大棚近 4000 座，政府补贴 2000 元，荣民补贴 1000 元，受益农户 1060 户 4240 人。针对贫困户种植需要，形成“政府 + 公司 + 农户”的模式，成立大棚蔬菜专业合作社、农民专业合作社共 300 家，种植大户 500 户以上，大棚种植农户人均收入达到12000元以上。通过设施农业发展，建成省级园区5个、市级园区4个，农业现代化体系初步形成，贫困户迅速走上了大棚设施产业脱贫致富之路。

（一）坚持党对“三农”工作的领导，强化乡村振兴组织保障

健全完善党对农村工作的领导体制机制，坚持党委统一领导、政府负责、党委农村工作部门综合统筹协调的领导体制，坚持党委农村工作领导小组研究重大政策，审议重大投入、重大项目、重大工作等职能，强化党委农村工作综合部门牵头协调、决策参谋、调查研究、推动落实等职能。建立落实乡村振兴战略责任制，坚决贯彻省负总责、市县抓落实的乡村振兴战略工作机制，建立并严格落实党政“一把手”第一责任人制度。建立党政领导班子和领导干部推进乡村振兴战略考核制度，将考核结果作为衡量干部实绩的重要依据。加强“三农”干部队伍建设，严格按照懂农业、爱农村、爱农民的要求，在培养、配备、管理、使用上着力，全面提升各级干部特别是领导干部做“三农”工作的能力和水平。优先选派熟悉“三农”的干部进入各级党委和政府领导班子。在向全县所有贫困村和基层组织软弱涣散村派驻第一书记基础上，再向集体经济薄弱村选派第一书记，为实施乡村振兴战略提供坚强保证。

（二）着力推进全面发展，落实乡村振兴总要求

乡村振兴是全方位的振兴。定边县将按照产业兴旺、生态宜居、乡风文明、治理有效、生活富裕的总要求，推进农村全面发展。按照建设农业强县的要求，深化农业供给侧结构性改革，加快推进农业现代化建设。突出质量强农，推进农业生产标准化、绿色化、特色化、品牌化，大力发展优势种养业和特色农业，加快推进农村一、二、三产业融合发展。围绕打造富美乡村，加强农村基础设施建设，大力整治农村环境，推动农村移风易俗，多途径促进农民增收，把乡村建成富美家园。

（三）着力推进创新发展，激发乡村振兴内生动力

坚持以改革创新激发乡村振兴内生动力。巩固和完善农村基本经营制度，把好维护农民权益的“关口”。巩固农村土地承包经营权确权登记颁证成果，深化承包地“三权分置”改革，发展多种形式的适度规模经营，促进小农户与现代农业有机衔接。推进农村集体产权制度改革，为工商资本下乡提供市场“接口”。进一步扩大改革试点，推进集体经营性资产折股量化到户，加快建立农村产权交易体系。探索财政支农资金市场化运作机制，打开提升支农资金使用效益新“窗口”。探索将部分财政支农资金形成的资产折股量化为村级集体股份，参与所支持的经营实体分红，增加村级集体经济收入。探索将财政支农资金变为支农基金，实行滚动、有偿、可持续使用，做大支农资金“蛋糕”。创新农村金融服务，使农村成为投资的“风口”。农业农村投资当下已是金融抗周期性的热门产品。推广“银行 + 农合联 + 新型主体”的农村合作金融创新试点经验，稳妥推进“两权”抵押贷款试点，有效扩大对农业农村的金融投入。

（四）注重产业融合，实施“链条式”扶贫

定边县始终坚持产业融合发展思路，构建一、二、三产业助力脱贫攻坚的“链条式”产业发展格局。定边县沃野农业开发有限公司结合精准扶贫，畅通政府—企业—农户—市场能量信息交汇渠道；促进农业种植—工厂育苗—全程服务有效融合；促进新品引进—大棚建设—休闲观光链条延伸；以公司为纽带，与贫困户构筑各尽所能、互利共赢的全方位立体式现代农业服务体系，达成一、二、三产业资源优化、效益量化、服务常态化的良性互动模式。同时，打造农产品采摘基地，开展果蔬采摘、体验培训等项目，吸纳贫困户参与其中、脱贫增收，带动当地农业休闲旅游业快速发展。

二、农业转型助力脱贫攻坚新模式："六字诀"与"五模式"

脱贫攻坚以来，定边县紧紧围绕实现贫困人口"两不愁三保障"和全县脱贫摘帽这一目标，以强化脱贫攻坚产业支撑体系为基础，以项目带动为抓手，以改革为动力，以科技培训为突破，激发贫困户发展产业内生动力和"造血"功能，培育中长期产业建设，实现稳定脱贫持续增收的目的。

（一）念好产业发展"六字诀"

为确保助推产业发展稳收益，定边县用"六字诀"部署推进产业脱贫精准扶贫工作，"六字诀"即"筹、补、保、带、改、教"。

第一，念好"筹"字诀，统筹整合扶贫资金。脱贫攻坚以来，定边县逐年持续加大农业产业扶贫投入力度，累计整合资金 6702.9 万元用于农业产业扶贫，共吸纳社会投资 1.2 亿元，促成金融机构融资 3000 万元。同时为保障扶贫资金安全，强化资金管理，定边县先后出台了《定边县统筹整合财政涉农资金管理办法》《定边县财政专项扶贫资金使用管理试行办法》《定边县财政专项扶贫资金报账制管理试行办法》《年度编制和调整统筹整合财政涉农资金实施方案》等相关政策，为了保证扶贫资金的安全有效使用，定边县严格按照项目申报、审批、验收、公示等程序进行，确保产业脱贫专项资金安全、规范使用，发挥最大效益。

第二，念好"补"字诀，积极推进项目建设。扶贫攻坚以来，定边县以项目为抓手，累计实施了包括产业扶贫设施农业建设、种植业补助，有序引导贫困户融入产业，发展产业，受益于产业。设施农业建设补贴。实施设施农业建设项目，设施补助标准分别为日光温室 3 万元 / 亩、塑料大棚 3000 元 / 亩，共扶持引导贫困户发展日光温室 40 亩、塑料大棚 248 亩，累计兑付补助资金 158.9 万元，受益贫困户 69 户。通过设施建设，为贫困户建立一个稳定的脱贫产业，塑料大棚户均增收达 5000 元以上。种植业物资补贴。给予全县贫困户发展种植业进行有机肥等物资补贴，累计发放生物有机肥 8500 余吨，受益贫困户 7180 户，共补贴面积 80.3 万亩，其中马铃薯种植面积 20.2 万亩、玉米面积 29.5 万亩、荞麦面积 30.6 万亩，实现了贫困户种植全覆盖。马铃薯良种补贴。给予贫困户马铃薯良种配套，累计受益贫困户 3222 户，覆盖面积达 8.2 万亩。通过项目实施，有效更新马铃薯品种结构，提高商品性，亩增产 15% 左右。

第三，念好“保”字诀，实现农业保险全覆盖。给予全县贫困户马铃薯、玉米种植保险，累计承保马铃薯 16 万亩、玉米 19 万亩，累计受益贫困户 17282 户（次），做到应保尽保，累计理赔贫困户 1400 万元。有效增强了贫困户抵抗自然风险的能力，保障其不因灾致贫、返贫。

第四，念好“带”字诀，探索产业带动模式。“田园花海”旅游农业带动。为促进一、二、三产业融合发展，推动精准脱贫，2017 年，举办了首届“中国・定边红花荞麦节暨百万亩花海旅游美食月”活动，在贫困户集中的白于山区打造核心观景区 4 万多亩。通过旅游区的建立，带动区内 300 余贫困户广泛参与种植、餐饮、零售及交通等生产经营。特色餐饮培训就业带动。以打造定边县特色农产品品牌为目标，积极推进定边县特色餐饮业发展，带动贫困人口就业。2017 年，定边县组织有条件的贫困户家庭成员 59 人参与餐饮从业人员培训。通过 1～6 个月的学习，均取得上岗资格，实现就地转移就业，月收入达到 2600 元，实现就业一人、脱贫一户。新型经营主体脱贫带动。一是投资 312 万元作为带贫资金风险池，放大 10 倍，共计 3120 万元，通过订单生产、土地托管、股权合作、吸纳就业等方式，每 10 万元带动 1～2 户贫困户脱贫，已向新型经营主体贷款 295 万元。二是实施新型经营主体带贫奖励项目。投资 70 万元，对全县带贫效果明显的新型经营主体给予奖励。第一批兑付 6 家合作社、园区等新型经营主体，利用就业带动、物资减免、订单回收等方式带动贫困户 303

户，带动效益达 127.7 万元，户均收益达到 4214 元。

第五，念好“改”字诀，有序推进“三变”改革。推进农村集体产权制度改革，有利于增强农村集体经济发展的活力，解决集体经济发展的体制、机制障碍。2017 年，定边县向 79 个贫困村村集体经济组织注入 50 万元 / 村；2018 年，利用财政资金 860 万元实施“十村试点、百村推进”行动，完成 10 个省级试点村和 65 个贫困村、4 个非贫困村的“三变”改革，成立经济合作社或股份经济合作社，承接财政资金注入，承担惠农和扶贫资金项目，与企业、合作社等新型经营主体实现项目对接，建立起利益联结机制，实现农民增收。75 个村已完成清产核资工作，资源性资产总额 42.93 万亩，经营性资产总额 170.5 万元，非经营性资产总额 78829.5 万元，完成成员身份界定 37 个村，成立村集体经济合作社并颁发证书 6 个。通过农村集体产权制度改革，将集体经济组织改为股份经济合作社后，作为一个市场竞争主体与市场对接，使集体产权由原来的共同共有变为按股（份额）共有，产权更加明晰，运作更加规范。通过股权量化到户，让集体组织成员长期分享资产收益，切实增加农民财产性收入，改革的意义和作用初步显现。

第六，念好“教”字诀，广泛开展科技培训。建立了“主要领导全面抓、分管领导定点抓、指挥中心负责抓、业务骨干一线抓、技术人员上门抓”的技术服务工作机制。确立了“做给农民看，教会农民干，帮着农民赚”的新型服务理念。通过产业脱贫技术服务，实现了“三个一”目标，即：贫困户户均拥有一套实用技术资料，至少有一人掌握一项关键实用技术，建立起“一对一”技术帮扶长效机制。

在全县 79 个贫困村推行“点面结合，整村推进”模式，完成 79 个贫困村的技术服务全覆盖，印发张贴明白卡 3682 张，服务贫困户 3682 户 14707 人，现了贫困村技术服务全覆盖。

（二）探索“五模式”，拓展农民致富路

三年来，定边县通过积极探索和实践，逐步在产业脱贫方面积累了一定经验，初步形成了产业脱贫方面的五种发展模式。

第一，探索总结“三变”改革并公布模式。通过“一个体系两种方式三大机制模式”达到“每一亩土地都赚钱，每一个农户都增收”的目的。“一个体系”是指产业帮扶体系：利用集体经济整合闲置资源、引入外部企业协同发展产业。“两种方式”是指探索应用“板块式”运营模式和“体验式”培训模式。“三大机制”指的是运营机制（创建村级互助资金理事会，统筹落实产业项目，协调解决各项问题，管理资金分红，保障村民权益）、股权激励机制（围绕种植业、牧业及旅游业三大产业向全体村民颁发股权证，颁发互助资金股权证，村民可以“股东”的身份参与经济事务的决策，培育产业“主人翁”意识，所持“两证”可分享村集体经济所有运营项目的利润），以及盈利分红机制（设立“三级元素”分配的机制，即按村民投入土地、资金及管理技术成本进行三轮核算分配，保障每一位村民的利益，实现“产业带动全村致富”）。通过改革，该村已经实现了首次分红，人均分红 4000 多元。

第二，设施农业沙场村模式。通过“三产五统一”实现“种上一个棚，当年就脱穷；卖完两棚瓜，小车开回家；一户三棚菜，小楼都能盖”的目的。“三产”：产前、产中、产后。产前：产业扶贫资金帮扶建大棚。产中：芝麻香瓜全生育期田间管理指导。产后：拓宽销售渠道，走向高端市场。“五统一”：统一茬口、统一种苗、统一指导、统一品牌、统一销售。先后建成塑料大棚 625 座，仅 2017 年销售额就达到 1200 多万元。

第三，田园花海“三产融合”模式。为了推动精准扶贫，增加农民收入，促进一、二、三产业融合发展，定边县 2017 年举办了首届“中国•定边红花荞麦节暨百万亩花海旅游美食月”活动，实行“五花四业”。

“五花”是指荞麦、黄芥、胡麻、马铃薯、油葵五种作物的花，五种颜色组成田园花海。“四业”即餐饮业、住宿业、农产品加工业、零售业。带动区内 300 余贫困户广泛参与种植、餐饮、零售及交通等生产经营，据不完全统计，活动直接带动农户增收 200 万元左右。

第四，特色餐饮薯荞香模式。定边县实行“一推一培三品”。“一推”指的是在北京、榆林等地推广设立定边红花荞麦美食餐饮店 4 家。“一培”指的是共培训贫困人口 73 人，其中前厅 35 人、后厨 38 人，实现就地就业 50 人，自主择业 23 人。实现就业一人，脱贫一家。“三品”是以荞麦、马铃薯、羊肉为主要食材，推动定边县农产品线上、线下销售，提高定边县农产品品牌附加值，助推精准扶贫。

第五，新型职业农民“李林军”沃野农业带动模式。实行“带、教、帮、销”四位一体带动模式。具体指带动、培训、帮扶、销售四个环节。带动服务农户 3200 多户，其中有 290 户贫困户。培训全覆盖，免费培训贫困户大棚生产技术。帮扶种苗优惠 25%、免费使用商标。给贫困户联系销路，回收部分农产品。让贫困户嫁接到现代农业产业链上，帮助他们稳定脱贫致富。

三、现代农业转型升级呈现卓越成效

农业综合生产能力显著提高。2008 年至 2012 年全县粮食平均产量为 26.57 万吨，农业平均生产总值 191527.6 万元。2013 年至 2017 年平均产量为 29.07 万吨，农业平均生产总值 320095.8 万元。近五年较前五年分别增长 9.4%、67.13%。2013 年农作物播种面积 267 万亩，粮食作物总播种面积 229 万亩，实现粮食总产量 45 万吨。2017 年全县农作物播种面积 306 万亩，粮食播种面积 258 万亩，粮食总产量 58.1 万吨，农业综合生产能力得到了有效提高。具体表现为：

（一）农民收入大幅增长

通过大力发展产业精准扶贫、农业重点项目等项目，积极推广种养结合，促进了农民收入大幅提高。2008 年至 2012 年全县农民人均纯收入 6334 元（2008 年至 2010 年农民人均纯收入为家计调查），2013 年至 2017 年全县平均人均纯收入 12054.4 元，近五年较前五年增加 5720.4 元，增幅 90.3%，规模生产、特色产业和高效农业成为农民增收的新亮点。

（二）示范园区建设稳步推进

近年来，定边县把建设现代农业示范园区作为改造传统农业、发展高效生态现代农业的重要抓手，按照“设施完善、科技领先、机制灵活、特色鲜明、生态高效”的建设要求，建成现代农业示范园区总数达 44 个，面积 47.4 平方千米其中省级园区 8 个，市级园区 12 个，已成为陕西省省级现代农业示范园区建设数量最多、规模最大、标准最高的县区。

（三）农业机械化程度逐步提高

农业机械化覆盖面逐步扩大，农机化各项指标持续增长，截至 2017 年上半年，农业机械总值达 5.0 亿元，农业机械总动力达 48 万千瓦（柴油机动力 28 万千瓦，电动机动力 18 万千瓦），有拖拉机 10124 台 27 万千瓦、各类配套农机具 16575 部、农用排灌动力机械 10790 台 10 万千瓦、农用水泵 12731 台、节水灌溉机械 319 套、马铃薯收获机 4639 台、脱粒机械 2791 台、塑料大棚温室 401243 平方米、农副产品加工动力机械 3243 台 2.7 万千瓦。2016 年完成机耕作业面积 144132 公顷、机播面积 102411 公顷、机械收获面积 109244 公顷、机械植保面积 19280 公顷、机电灌溉面积 24105 公顷，农机化耕种收综合机械化率达到 65.2%。

（四）特色产业健康发展

目前定边县围绕马铃薯、玉米、特色蔬菜、名优小杂粮、优质油料等五大特色农业主导产业，形成了北滩特色辣椒、中滩特色西甜瓜、东滩地膜玉米、南部浅山区优质马铃薯和优质红花荞麦、西南部山区优质油料、南部深山区优质杂豆等六大特色农产品优势产业带。

（五）农业龙头企业带动明显

2017 年，全县销售收入 500 万元以上的农业龙头企业达 16 家，固定资产 6.4 亿元，销售收入 6 亿元。基本形成了“企业 + 基地 + 农户”“企业 + 合作社 + 农户”等多种产业组织模式，不断规范合同订单制度，积极探索合作股份制度，利益联结机制得到加强。全县各类产业化经营组织已达 600 多个，带动农户近 1.3 万户。

（六）农产品市场体系初步形成

以大型农产品批发市场为龙头、重点产地专业批发市场为骨干、农产品营销大户为基础的农产品市场体系初步形成。目前已在白泥井镇衣食梁移民社区建成西北地区最大农产品物流园区交易市场一处，占地面积 470 亩，培育国家级示范社 3 个、省级示范社 7 个、市级示范社 38 个、省级家庭农场 23 个、市级家庭农场 71 家，省级龙头企业 6 家、市级龙头企业 21 家，搭建了定边县农业信息服务平台，全县有 3000 名农村经纪人活跃在农产品流通市场，定边农产品以其优良品质畅销全国 27 个省区市，荞麦、马铃薯等产品走出国门行销国外。

（七）农产品品牌战略初显成效

围绕定边产业特色，加快农业标准示范应用，通过了省级无公害农产品整县环评认定，建成了 240.1 万亩省级无公害马铃薯、蔬菜、小杂粮等生产基地，打造了国家地理标志保护产品“定边马铃薯”“定边荞麦”“定边羊肉”，有机转换产品“定优马铃薯”，绿色食品“白泥井蔬菜”，无公害产品“一定”牌辣椒，“薯为天”马铃薯等一批“三品一标”特色农产品。

（八）农业标准化进程全面推进

截至 2017 年 12 月底，全县已注册登记合作社 1558 家，社员人数达 3.9 万人，带动农户 4 万户，注册资金 4.95 亿元；认定全县家庭农场共 650 余家；培育重点龙头企业 27 家；农产品贮藏能力 20 万吨。2017 年 4 月，经县委、县政府同意，批准成立了定边县五原农业发展有限公司。定边县将进一步加大招商引资力度，开拓市场，抵御风险，创品牌、促销售，实现产销市场对接，使定边县农产品产得出、卖得好、效益高，提高农民的收入水平，为全面实现脱贫致富奔小康生活奠定扎实的基础。

四、定边县农业产业扶贫典型案例：沃野农业

位于陕西省定边县白泥井镇海了梁集镇的定边县沃野农业开发有限公司成立于 2011 年，作为国家级现代农业示范区定边核心区运营企业，是集大棚建设、种苗培育、种植服务、农民培训、试验示范、休闲旅游、农业观光为一体的现代化大型农业科技企业，是省、市、县和各级相关部门重点扶持培育的现代农业龙头企业。公司按照"政府引导、企业运营、农户参与、合作共赢"的发展理念，着力打造特色鲜明的现代农业企业。截至 2017 年底，公司营业收入达 2000 万元，带动白泥井镇户均种植大棚 2 个，辐射带动陕甘宁蒙等省区农户 4800 多户，服务农田总面积近 70 万亩从事蔬菜种植、销售、加工等相关产业，当地蔬菜产业产值超过 10 亿元。大棚收入突破 20 万元的农户达到 500 户，农民人均纯收入达到 28600 元，产业链年均吸纳临时外来务工人员达到 10000 人 / 次，当地实现由传统外出务工向吸纳大量外来务工的历史性转变。

（一）基本情况

定边县沃野农业开发有限公司是县委、县政府重点扶持培育的现代农业示范基地，是科技部认定的国家级农业科技示范园区。截至 2018

年底，已累计完成投资近1亿元，建成农业示范基地2340亩，其中核心区540亩，包括日光温室40栋240亩、大棚68栋140亩、双面温室12栋40亩、智能温室2栋35亩、物流配送区20亩、办公区15亩、养殖区50亩。

（二）主要做法

第一，"五统一"服务全县农户。公司成立以来，按照"政府引导、企业运营、市场竞争、互利共赢"的发展理念，制定推行了"五统一"的服务模式：一是统一茬口，统一倒茬种植，便于规模生产，利于形成市场。二是统一育苗，统一引进优良品种，培育成健壮的基质苗，提供给农户，保证幼苗质量。三是统一品牌，统一注册"白泥井"瓜菜品牌，实行"一箱一号"或"一瓜一号"的产品追溯制度，形成一套完整的农产品质量及安全性可追溯体系。农产品有了自己的"身份证"，增大了市场占有量，提高了销售价格和商品性，便于提高美誉。四是统一技术指导，公司聘请了10名种植专业技术人员深入农户的田间地头进行技术指导。五是统一销售，将农户的产品集中到统一地点有序销售，既形成了市场规模，又规避了市场风险，价格持续稳定，便于增加收入，引导农民拓展种植模式，保证全程指导和服务。

第二，"五优先"服务全镇贫困户。精准扶贫以来，公司主动承担社会责任，制定推出"五保障"的扶贫模式：一是优先保障种苗优惠。按村核实贫困户种植需求，确定种类和亩数，种苗予以25%补贴，每户补贴不超过3000元。截至2018年，共补贴贫困户102户，种苗228万株、价值57万元，户均享受5588元，优先保障贫困户种苗需求。二是优先保障技术培训。通过采取"走出去"和"请进来"两种方式，实现贫困家庭中有培训需求的劳动力职业技能培训全覆盖。2016—2018年先后组织贫困户415人/次到山东、山西、甘肃等地培训，优先保障贫困户技术需求。三是优先保障信息服务。通过建立专家指导、客商收购、价格指导等 5 个微信群，入群农户 2500 人，实时提供病虫防治、产品报价等快捷服务，优先保障贫困户服务需求。四是优先保障免费商标。贫困户免费使用由公司注册的白泥井商标，实施“一瓜一号”或“一箱一号”，提升产品销售价格。截至 2018 年，公司共向 83 户贫困户免费提供商标 12 万枚，实现商品增值 60 万元，贫困户户均增收 7200 多元，优先保障贫困户商标需求。五是优先保障产品回购。收购订单优先签订贫困户，优先保障贫困户销售。

（三）实施效果

一是从种苗补贴、专家指导、技术培训、免费商标、贫困户农产品回购等各个环节资助帮扶贫困户，使农户与贫困户能够“种得上”“卖得了”“收入好”。二是从思想上触动贫困户，通过提高贫困户的劳动生产技能，增强贫困户自身“造血”功能，达到激发自主脱贫的目的。三是从农业产业化、水肥一体化、发展集约化以及农机、运输、包装、加工、电商等方面，延长产业链，提升价值链，完善利益链，为定边现代农业发展探索出一条可行之路，促进农民增收，找到致富门路。

（四）案例总结

定边县沃野农业开发有限公司巧抓企业与精准扶贫的有机结合，按照“政府引导、企业运营、农户参与、合作共赢”的发展理念，着力打造特色鲜明的现代农业企业，开创公司与产业链上下游各方共同受益的良好局面。公司已经成为引领定边蔬菜产业发展方向的一面旗帜，成为定边县乃至省市现代农业发展的一张亮丽名片，其发展经验可供其他地区及其企业参考借鉴。

第三节　畜牧业产业培育与结构改革：“一轴、两带、多点”

产业扶贫，畜牧先行。畜牧业发展是产业扶贫发展的关键，定边县结合畜牧业现状，通过政府鼓励、加大资金投入、科学培训、帮扶养殖户、家庭农场多策并举，大力扶持现代畜牧业。

定边县位于榆林市最西端，陕甘宁蒙四省（区）七县交界处，地处鄂尔多斯草原向陕北黄土高原过渡地带，素有“旱码头”和“三秦要塞”之称。畜牧业是定边县的传统优势产业，早在夏、商、周时期就有原始部落的游牧活动，据定边县志记载汉时“水草丰美，土宜产牧，牛马衔尾，群羊塞道”。农业农村部把定边县列入白绒山羊优势产区，陕西省确立定边县为白绒山羊和肉羊养殖基地。定边羊肉，因其营养丰富、口感鲜美，被列入国宴菜单，荣获国家地理标志产品保护。定边羊肉享有很高的知名度，其中被列为非物质文化遗产的贺振平大块羊肉，有着深远的历史渊源，古代蒙古士兵称其为“天下第一美食”，如今被誉为“定边硬早点”。定边八眉黑猪肉“肥而不腻，瘦而不柴”，深受消费者喜爱。

一、畜牧业发展指导思想与基本原则

定边县始终坚持深入贯彻党的十九大和十九届二中、三中、四中、五中全会精神，坚持以习近平新时代中国特色社会主义思想为指导，认真落实党中央、国务院的决策部署，紧紧围绕“五位一体”总体布局和“四个全面”战略布局，坚持创新、协调、绿色、开放、共享的新发展理念，按照陕西省加快畜牧业现代化发展和榆林市委、市政府提出的打造“三区一高地”、实现“两个率先”的工作要求，坚持“产出高效、产品安全、资源节约、环境友好”的发展方向，以提高质量效益和竞争力为中心，以市场需求为导向，以转变畜牧业发展方式为主线，以改革创新为动力，以多种形式适度规模经营为引领，加快推进“畜禽良种化、养殖设施化、生产标准化、防疫制度化、粪污处理无害化、质量监管常态化、经营产业化、产品品牌化”，着力构建“优势特色突出、产业布局清晰、生产技术先进、经营规模适度、一二三产业融合发展、市场竞争力强、生态环境可持续”的现代畜牧业产业体系、生产体系和经营体系，大幅度提升畜牧业的综合生产能力、市场竞争能力、可持续发展能力，努力把定边建设成陕甘宁蒙四省（区）交界农牧交错区域现代特色畜牧业示范基地，使畜牧业成为定边经济发展的支柱产业，在落实乡村振兴战略、产业提质增效转型升级和现代农业建设上始终走在榆林市和陕西省前列。

党的十九大报告中指出要把“三农”问题放在党工作的重中之重，不仅要坚决打赢脱贫攻坚战，更要加快落实乡村振兴战略，建设“产业兴旺、生态宜居、乡风文明、治理有效、生活富裕”的新农村。为推进乡村振兴战略，中央分别提出了五大制度建设、五大体系建设和五大具体措施。畜牧业是定边县乃至陕西省的特色优势产业，省政府、市政府以及县政府高度重视，相继出台了《陕西省“十三五”畜牧业发展规划》《榆林市现代特色畜牧产业追赶超越行动方案》以及《定边县“十三五”畜牧业发展规划》。其中，陕西省政府在“十三五”畜牧业发展规划中指出要着力建设“四大体系”：畜禽良种繁育体系、饲草饲料生产加工体系、动物疫病防控体系以及畜产品质量安全监测体系；实施“十大工程”：肉羊产业转型升级工程、奶山羊产业转型升级工程、肉牛产业转型升级工程、奶牛产业转型升级工程、生猪产业转型升级工程、家禽产业转型升级工程、区域特色产业转型升级工程、畜牧产业信息化监测预警服务工程、现代畜牧兽医技术推广示范工程以及从业人员素质培养提升工程。

定边县委、县政府一直高度重视畜牧业发展，“十二五”期间共计投入 1.3 亿元财政资金用于畜牧业发展。出台了《“十三五”畜牧业发展规划》，从提升整体素质水平、优化产业结构、畜禽标准化生产、饲草饲料基地建设、良种繁育体系建设、动物防疫、卫生监督、养殖污染治理、依法治牧、科技兴牧、品牌建设以及畜牧业投入等方面制定了十二项保障措施。大力实施人才强县战略，2018 年制定了“春风行动”人才招聘政策，促进转移就业，支持返乡创业。重点实施了畜禽标准化养殖、人工种草、良种繁育体系建设、畜产品质量安全检验检测体系建设、动物防疫冷链体系建设、定边县京津风沙源治理二期工程（畜牧项目）及畜禽屠宰加工等项目。大力开展畜牧产业扶贫工作。

二、定边畜牧业创新思路与亮点

（一）统筹兼顾，突出重点

在品种上，统筹大宗主导品种和特色优势品种，重点发展肉羊、八眉猪产业，稳步发展特色蜂蜜、羊奶和禽蛋产业；在区域上，统筹禁养区、限养区和适养区，坚持有进有退，加快优势区域发展；在环节上，统筹品种繁育、疫病防控、屠宰加工、质量监管、生态安全和品牌培育，着重推进现代畜牧业，强化一、二、三产业融合发展和生态环境可持续；在经营主体上，扶持农户发展畜禽养殖，发挥龙头企业带动作用，大力发展家庭牧场、养殖专业合作社、产业联盟场户，切实提高畜牧业发展水平。

（二）前延后伸，融合发展

引导畜牧养殖企业向种植、加工延伸，支持畜产品加工企业建设畜产品生产加工基地，实现产业链一体化发展，全产业链开发；推进畜牧业价值链与产业链、创新链同步建设，完善利益联结机制，建立合作互助、风险共担、利益共享的长效发展机制。鼓励引入新技术、新业态和新模式，用现代畜牧业理念引领产业发展，用现代技术装备改造传统产业，促进畜牧业“接二连三”融合发展。

（三）农牧结合，绿色发展

依托地方资源禀赋、环境承载能力，树立种养配套、农牧结合、生态循环、绿色安全的发展理念，统筹考虑种养规模和环境消纳能力，大力发展资源节约型、生态型、环境友好型畜牧业，加快推进畜禽养殖废弃物资源化利用，积极开展种养结合循环农业试点示范。全面推进粮改饲，按照“以养带种”的原则，扩大优质苜蓿和饲用玉米种植，积极构建粮草兼顾、农牧结合、生态循环的新型种养模式。

（四）科技支撑，创新驱动

面向市场和科技发展的新动向，引进和推广新技术、新成果，构建畜禽种质资源保护与利用、动物疫病防控、饲草料加工、畜禽屠宰加工、产品质量安全等技术支撑体系，促进产业转型升级。大力推广新型实用技术，进一步提高标准化和产业化水平，加快培植新模式、新业态、新产业，向技术集约型畜牧业转变。创新合作组织发展、投融资等机制，充分发挥资本、技术、组织管理等要素的作用，增强现代畜牧业的内生动力。

三、畜牧业功能分区：“一轴、两带、多点”

定边县始终坚持立足产业基础，依托资源禀赋，突出定边优势，调整优化畜禽养殖区域布局，重点打造“一轴、两带、多点”产业发展区。

“一轴”即现代农牧业发展轴。以太中银铁路以南，青银高速、307国道以及明长城沿线为轴，此区域以基本农田为主，少部分为牧业用地、一般农地及林业用地，乡镇密集、交通便利。依托现有产业基础，重点打造八眉猪、蜜蜂、蛋鸡等现代养殖加工基地，支持发展休闲畜牧业、创意畜牧业等新产业，培育畜牧业科普基地等。“一轴”涉及红柳沟镇、定边镇（现为“定边街道”，下同）、贺圈镇、砖井镇、安边镇、堆子梁镇、郝滩镇、石洞沟镇等。

“两带”即北部的综合养殖带和南部的白绒山羊养殖带，北部综合养殖带位于太中银铁路以北区域，以滩地、林地和牧草地为主，重点发展肉羊养殖和牧草种植，稳步发展八眉猪养殖，规划建设屠宰加工产业园，涉及定边镇、盐场堡镇、白泥井镇等；南部白绒山羊养殖带位于白于山以南的区域，重点发展白绒山羊、奶山羊产业，支持发展乡村旅游和特色小镇，引导发展新兴产业，涉及白湾子镇、油房庄乡、冯地坑乡、姬塬镇、樊学镇、张崾先镇、杨井镇、新安边镇、学庄乡等。

“多点”即围绕“一轴两带”重点打造多个规模化养殖基地、畜牧主题科普基地、特色小镇等。形成布局合理、特色鲜明、环境美好、产出高效的现代畜牧业发展新格局。

（一）定边县畜牧业发展空间结构布局

坚持“突出区域特色，发挥比较优势”的原则，综合考虑产业基础、区位条件、市场需求等因素，调整畜牧业产业结构，逐步建立起优势特色鲜明、契合市场需求的产业格局，打造“一轴（现代农牧业发展轴）、两带（综合养殖带、白绒山羊养殖带）、多点（白绒山羊、肉用绵羊、八眉猪、牧草种植、蛋鸡养殖、蜜蜂养殖、新产业发展）”产业发展区。

第一，精准发力肉羊养殖。按照“规模适度、加快发展”的要求，鼓励适度规模商品肉用绵羊生产，扶持基础母羊增量扩群，推进肉用绵羊养殖基地建设，重点建设北部滩区肉用绵羊产业优势区域；充分发挥陕北白绒山羊品种优势，建立和选育核心育种群，加强繁育推广力度，在南部白于山区发展白绒山羊养殖；加快提高羊肉加工能力，创建知名品牌，打造辐射陕甘宁蒙四省（区）的羊肉深加工区和高端产品供应区。肉用绵羊养殖重点区域：盐场堡镇、白泥井镇、砖井镇等，养殖规模 150 万只。白绒山羊养殖重点区域：学庄乡、冯地坑乡、樊学镇、白湾子镇、姬塬镇、杨井镇等，养殖规模 120 万只。

第二，适度规模八眉猪融合产业。按照“控制生猪总量、提高肉品品质”的要求，调整生猪养殖品种，在滩区发展适度规模的集约化八眉猪养殖，推进八眉猪产业化开发，推动养殖、屠宰、加工、销售等产业融合，积极培育“定边八眉黑猪肉”品牌，拓展市场份额。养殖重点区域：盐场堡镇、红柳沟镇、贺圈镇、石洞沟镇、郝滩镇等，养殖规模 20 万头。

第三，推进现代化奶品产业。按照“约束规模、做精做优”的要求，控制奶牛养殖总量，改造提升现有奶牛养殖场，提高奶牛单产，加强养殖废弃物处理设施建设。以北部滩区为重点，大力发展奶山羊产业，建立和选育核心育种群，加强繁育推广力度，推广机械化挤奶模式，提升单产水平，建设奶山羊种羊基地和羊奶加工基地。支持配套发展乳品加工、牧草种植，引导奶农与乳品企业实行订单化、合作化、一体化经营，发展“精致奶业”。其中，奶牛养殖重点区域：盐场堡镇、定边镇等，养殖规模 6000 头；奶山羊养殖重点区域：盐场堡镇、白泥井镇、学庄乡等，养殖规模 30 万只。

第四，特色蜜蜂养殖产业。以荞麦种植优势区域为重点，发展蜂产业，以培植产业区域优势、提升科技创新能力、优化产品结构为核心，培育蜂业龙头企业，着力提升蜂业标准化、组织化和产业化发展水平。养殖重点区域：砖井镇、盐井镇、姬塬镇、堆子梁镇、油房庄乡、白湾子镇等，养殖规模 2 万箱。

第五，推进山区特色家禽养殖。按照“因地制宜、突出特色”的要求，稳定家禽养殖，发展优质禽蛋产业。定边县在定边、安边、砖井、贺圈等地区重点发展禽蛋产业；在白于山区发展适度规模的养鸡产业，推进特色禽蛋产品开发。养殖重点区域：砖井镇、红柳沟镇、定边镇、安边镇、贺圈镇、白湾子镇、油房庄乡等，养殖规模150万只。

第六，完善配套饲草业发展经营。按照“以畜定草”原则，优化调整农业结构，大力推进“种养结合、农牧循环”的发展模式。稳步实施退牧还草、退耕还草，重点发展优质牧草，实行以养定种、订单种养。发展饲草加工、青贮饲料、配合饲料生产，推进饲料企业整合，培育1～2个大型饲料企业，鼓励支持饲料企业发展全产业链一体化经营。重点区域：定边镇、贺圈镇、安边镇、白泥井镇等，人工种草规模20万亩。

第七，鼓励屠宰加工业发展，提高产品附加值。按照“规划引导、规范管理”的要求，科学调整屠宰企业布局，严格准入标准。依法规范猪、牛、羊、禽屠宰，稳步推进牛、羊、禽集中屠宰加工。鼓励支持屠宰加工企业发展全产业链一体化经营，引导企业生产精深加工产品，选址建设加工产业园。重点区域：建设标准化定点屠宰场，加工产业园规划面积500亩。

第八，鼓励发展畜牧业相关新产业。按照“产业融合、创新发展”的要求，依托特色畜禽资源，构建种养循环型、种养加销一体型、绿色生态旅游型、“互联网+畜牧业”型等多种产业融合体系，打造定边现代畜牧新产业，支持发展休闲畜牧业、创意畜牧业等，大力培育畜牧业科普基地、特色小镇等，形成多业态集聚、多主体培育、各具特色的乡村畜牧业旅游产业带。重点区域：定边镇、贺圈镇、白泥井镇、安边镇、郝滩镇、杨井镇、白湾子镇、樊学镇、姬塬镇等。

（二）定边县畜牧业发展目标任务

第一，加强畜牧种质资源保护与利用。加强畜牧种质资源保护与利用，增加“特、精、美”和优质畜产品供给。一是完善保种体系。系统开展畜牧种质资源调查，摸清特色猪、羊、蜜蜂和禽等主要畜种的数量、分布、特性等，调整畜牧种质资源保护名录，全面落实保种主体，完善畜牧种质资源保种场、保护区建设，带动农户开展联合保种。二是完善体制机制。

科学确定保护优先顺序，制定出重点品种个性化保护方案；实施了畜牧种质资源保护绩效管理，以完善畜牧种质资源保种场、保护区管理办法，建立保种单位奖励和退出机制，保证资源保护工作的持续有效性；加强种质资源合作研究、开发利用管理，完善畜牧种质资源利益分享机制，保障各参与方互利共赢；组建畜牧种质资源保护与利用创新联盟，建立定边保种协作组，完善联合协作资源保护机制；鼓励开展“主管部门＋乡镇政府＋保种场”三方协议保种。三是强化科技支撑。创新保种理论和保护方法，完善畜牧种质资源保护方式，研究应用畜禽种质资源胚胎、精子、细胞等各种遗传物质超低温冷冻保存技术；整合保种场区库、科研院所、高校、企业的资源和科技力量，加强科技成果转化，为畜牧种质资源保护与利用提供有力支撑，打造自主品牌，提高特色畜产品供给能力。四是保护利用结合。以保为主，以用促保，推动畜牧种质资源共享和可持续利用，打造一批以特色畜牧产品开发为主导的产业化龙头企业，促进资源优势转化为市场优势，实现保护与利用有机结合。五是建设预警体系。搭建畜牧种质资源监测平台，实时监测畜牧种质资源保护状况，提高资源保护的针对性和前瞻性。

第二，建设规模化标准化养殖繁育基地。加强畜禽养殖繁育基地建设，推进畜牧业规模化和标准化生产。具体措施有：一是实施标准化繁育基地建设。推动高繁殖性能种质猪、羊等的选育工作，加强目标性选育，积极开展人工授精，建立人工授精站；发挥优秀种质种畜的优势，建立种畜档案，实现良种良养，保证种畜质量；建立“原种场—扩繁场—商品场”层次分明、结构合理、联合紧密、布局优化的种畜禽生产供应、配种服务、质量检测的畜禽良种繁育体系；重点实施定边山羊和八眉猪繁育基地建设工程，辐射带动陕西、内蒙古、宁夏部分地区，打造全国知名八眉猪和定边山羊供应基地。二是实施标准化养殖基地建设。加强适度规模畜牧种质示范养殖场建设，鼓励开展羊、猪、蜂、蛋鸡、奶牛、奶山羊标准化规模养殖示范创建，提高标准化规模养殖水平；支持羊、猪、蜂、蛋鸡、奶牛、奶山羊规模养殖场推进养殖设施改造，加快配备羊、猪、鸡、牛栏舍智能化控温、自动喂料、自动饮水、性能测定和防疫消毒、畜禽排泄物处理等设施设备。三是实施合作社、家庭农牧场新型经营主体建设。引导适度规模羊、猪、奶牛、蜂、蛋鸡专业养殖示范户、适度规模家庭农牧示范场、养殖专业合作示范社建设，加强技术指导、专业培训，扶持示范户、家庭牧场、合作社等标准养殖设施改造。四是实施绿色安全节能化养殖示范。推进标准化生态规模养殖，促进种养结合、农牧结合、粮改饲，落实畜禽养殖场废弃物生态化治理、粪污资源化利用，建设畜禽废弃物和病死动物无害化处理中心，实现从养殖到餐桌的产品质量安全。

第三，构建动物疫病防控体系。构建动物疫病防控体系，确保畜禽产品质量安全，推动畜牧业生产健康可持续发展。采取的具体措施有：一是加强动物疫病防控宣传工作。采取灵活多样的措施与方式，积极利用电视、广播、网站、微信等媒介以及张贴宣传资料等方式，开展《动物防疫法》等法律法规以及动物防疫知识的宣教工作，普及动物防疫和畜产品安全知识，开展热点问题、重点问题的跟踪报道。二是加强疫病防控基础设施建设。强化产地检疫、屠宰检疫和监督执法基础设施建设；实施动物疫病预防控制中心实验室建设项目，建立以动物疫病预防控制中心为主体的动物疫情监测和流行病学调查实验室网络；建设病死畜禽无害化收集处理体系。三是加强动物疫病防控技术指导。积极开展健康养殖、高效养殖和生态养殖，提高品种改良、饲料配方、养殖方式等环节科技含量；提升动物卫生执法能力，加快养殖方式转变，推进动物防疫工作由传统向现代化转变；加强动物疫病防控技术培训，及时提供各类信息和指导服务。四是加强动物疫病免疫程序规范。根据动物品种特点、疫苗特性，结合本地疫情和养殖场实际，选择最合适有效的免疫程序，选择最安全的免疫剂量，进行合理的基础免疫，积极开展动物疫病免疫示范场建设活动。五是加强动物疫病防控风险管理。加强兽医站、养殖场、屠宰场、交易场所等监测点动物疫情和动物产品质量安全监测；加强协作配合，确定动物卫生监管重点和检查频率，实施风险管理。健全动物疫情应急物资储备制度，配备应急交通通信和疫情处置设施设备场所。

第四，建立优质饲草料生产加工体系。构建优质饲草料生产加工体系，实现优质饲草料现代化加工。具体措施包括：一是加快推进人工种草产业发展。以实施国家退牧还草、退耕还草、京津风沙源治理二期、高产优质苜蓿示范建设项目为抓手，大力推广优良牧草和饲料作物新品种，推行“粮—经—饲—草”四元种植结构，南部山区以种植苜蓿、青燕麦为主，北部滩区以苜蓿、柠条、沙打旺、苏丹草、青贮玉米、饲料玉米为主，保证畜牧养殖优质饲草供应。开发利用柠条等灌木草场，提高草场综合效益。二是加快优质饲草生产基地建设。按照“扶优、扶大、扶强”的原则，扶持、引进、建设优质饲草料专业化加工企业，支持优质饲草料加工企业引进自动化、智能化加工装备，提高生产能力和产品质量，加快饲草料产业现代化步伐。三是加快饲料科技进步创新。引进、推广一批高效安全饲草料生产技术，力争在饲草料生产、饲草料资源开发利用、饲草料安全检测等方面取得突破，提升产业技术水平；基于定边县饲草资源特点，通过酶制剂、微生物制剂、有机微量元素、植物提取物等新型饲草料添加剂技术的应用，对定边丰富的柠条和马铃薯秧等饲料资源进行开发利用，生产优质安全高效饲草料新产品；加强农作物秸秆综合利用，生产秸秆高效全价饲料。

第五，鼓励建设畜禽产品加工产业园区。发展建设以畜禽产品加工为主的农产品精深加工产业园区。具体采取以下措施：一是夯实园区载体平台。选址建设畜禽产品加工产业园区，提高入园项目门槛，严格入园企业项目标准，严守环保、生态、安全底线，对技术落后、污染环境、附加值低的项目要求整改达标后再准许进驻，对优势有潜力的项目优先支持，优先安排入园，确保项目引进及建设质量；强化单位面积投资强度，提高土地集约利用标准，为后续发展留足空间。二是引导农产品加工园区整体有序推进基础设施建设。加快电力、燃气、供热、供水、通信、道路、绿化、节能减排、治污等设施建设力度，园区污水集中处理设施建设与园区建设同步，提高园区承载能力；重点支持园区根据产业特性和定位，统一规划、集中建设功能完善的标准厂房；完善冷链物流等配套服务体系，建成一批物流配送中心，推动畜禽产品加工产业园区配套建设综合性现代化农产品交易市场。三是实施畜禽产品加工产业“补链”招商。立足资源优势，依托当地骨干企业，积极引进畜禽加工关联企业向园区聚集，努力延长产业链，提升产业附加值，不断扩大园区经济规模；提升畜禽加工产业配套优势，大力吸引国内外知名企业入驻园区，在稳步发展畜禽屠宰初加工的同时，重点建设配套的冷链物流系统和畜禽产品精深加工体系，打造完整的畜禽产品精深加工产业链条。四是实施“园区+”融合发展。以现有产业基础为依托，加快推进一、二、三产业融合发展，打造“园区+精深加工”，建设特色鲜明、主业突出的畜禽产品精深加工集聚发展功能区；实施“园区+互联网”行动，培育发展网络化、智能化、精细化现代畜禽产品加工新模式。

第六，健全畜禽产品质量安全控制体系。建立健全定边县畜牧质量安全监管体系，确保畜禽产品质量安全水平是定边县畜牧业可持续发展的基本保障。具体包括：一是加强畜禽产品质量安全监管。以质量安全专项整治、检验检测、执法打击为重点，促进质量安全水平提升，引导责任落实从偏重监管责任到监管责任和主体责任双落实转变，推动质量安全以政府主导向以企业主导转变，加快监督管理以部门为主到全社会共同参与转变。二是构建畜禽产品安全风险评估体系。建立以风险评估数据处理平台为中心、畜禽产品质量安全监测数据录入点为支撑的风险评估基础数据库，实现信息资源充分共享，为风险监测和安全评估提供支撑。三是构建畜禽产品质量追溯体系。建立畜禽产品质量安全监控及质量追溯管理信息系统，建设动物卫生监督信息管理平台、动物及动物产品检疫电子出证平台、畜禽产品安全可追溯体系监管平台，建成实现生产记录可存储、产品流向可跟踪、伪劣产品可召回、储运信息可查询的畜禽产品质量安全追溯体系。四是推进畜牧业信息化新业态发展。充分运用“物联网 +”的现代信息技术，大力开发设施养殖环境智能监控系统、饲草料质量营养快速检测和追溯反馈系统、畜禽产品加工流通信息管理系统等，加快信息化与传统畜牧企业的深度融合，使消费者买得放心、吃得明白。

第七，合力打造区域特色品牌。定边县积极推进畜禽产品品牌化建设，打造区域特色品牌。具体措施有：一是夯实品牌资源基础。大力挖掘“定边羊肉”“定边八眉黑猪肉”“定边乳品”“定边花蜜”等区域特色产品品质特性，基于畜禽产品加工特性、加工适宜性明确定边特色畜禽产品的核心优势。二是培育知名品牌。积极推进“三品一标”认证，建立地区品牌目录，实行动态管理，确保品牌含金量，全力打造定边县畜禽产品区域品牌；鼓励龙头企业到县外建立生产基地，促进技术和产品输出，打造国内外知名品牌。三是打造龙头企业。深入推进定边畜牧示范企业品牌创建，鼓励支持龙头企业开展品牌建设，支持有实力的龙头企业发展产业联盟，加大对拥有自主知识产权、自有品牌的畜禽企业或联盟支持力度，提升示范企业产值在全县畜牧业产值中的比重，不断扩大市场占有率，实现品牌化经营目标。四是创新营销手段。建立基于“互联网 +”的品牌营销模式，鼓励规模新型经营主体开展互联网等新媒体品牌营销，以畜禽产品网上销售带动市场化、促进规模化、倒逼标准化、提升品牌化，增强定边畜禽产品品牌产品的市场影响效应、社会带动效应和收益示范效应。五是打造区域新业态。着力培育多元化产业融合主体，强化家庭示范场户的基础作用，培育壮大产业化龙头企业，集聚发展生态循环种养殖业、畜禽产品精深加工业、“物联网 +” 物流业以及休闲旅游业等多业态融合新产业，赋予新产业特色文化内涵，建立多主体、多业态融合发展新模式。

第四节　品牌培育，打造精品畜牧产业项目

一、精准发力特色优势养殖品类

（一）定边羊肉品牌打造工程

立足资源禀赋，发挥优种优质优势，加快推进定边羊产业转型升级。

一是开展高繁育性能滩羊、陕北白绒山羊的选育工作，基于南部白于山区建设高标准良种繁育基地 1 个，建成滩羊、陕北白绒山羊核心种羊场 1 ~ 2 个，扩繁场 2 ~ 4 个，积极开展人工授精，加强目标性选育，发展肉羊杂交改良，利用肉用绵羊为父本，以滩羊、小尾寒羊、湖羊为母本，发展二元、三元杂交，提高生产性能，严格选优淘劣按等级销售，良种化程度达到 90% 以上，实现良种良养，保证种羊质量。

二是全面推广标准化养殖，基于肉羊、陕北白绒山羊品种特性科学制定日粮配方，制定标准化饲养管理技术规程，扶持圈舍、草棚等设施改造建设，建立羊粪污集中处理点，推广小型适用农机具和科学饲养方法，扶持示范养殖户，建立标准化规模养殖场 80 个，养羊示范村 80 个。到 2025 年实现年饲养量 300 万只，存栏 160 万只（肉用绵羊 100 万只、白绒山羊 60 万只），出栏 150 万只。

三是加快优质饲草料生产加工基地建设，开发优质安全高效饲草料产品，保证滩羊、陕北白绒山羊优质饲草料供应。

四是依托加工园区基础平台，扶持、引进肉羊屠宰与羊肉精深加工规模企业 2～3 家，鼓励、扶持企业与养殖场户建立订单生产、保护价收购模式，引进标准化、自动化、智能化屠宰加工技术与装备，打造羊肉精深加工生产示范线，研发生产功能性、新型高端羊肉制品，支持骨干企业延伸产业链，建立基于“物联网 +”的产品质量追溯体系，推进原料生产、加工物流、市场营销、品质监控等环节融合发展，推进羊肉加工向规模化、集约化、标准化、信息化、系列化精深加工方向发展。

五是建立基于“互联网 +”的产品营销平台，大力提升“定边羊肉”品牌价值；严格品牌准入标准，重点选择 1～2 家具有一定规模、市场潜力大的羊肉加工企业进行自主品牌培育，鼓励和支持企业申报省级、全国级驰名商标和知名品牌。

（二）八眉黑猪肉品牌建设工程

挖掘八眉猪特色品种优势，加快推进定边生猪产业转型升级，打造“定边八眉黑猪肉”特色品牌。

一是健全八眉猪良种繁育体系，系统开展定边八眉猪种质资源调查，科学制定八眉猪保护与利用的方案，完善八眉猪种质资源保种场、保护区，良种供应链，开展“主管部门 + 乡镇政府 + 保种场”三方协议保种。

二是建设定边八眉猪标准化养殖繁育示范基地，推动高繁殖性能八眉猪的选育工作，加强目标性选育，以纯种八眉猪培育为基础，目标性选育杂交商品猪为主导，建立 1 个 300 头的八眉猪种猪场、1 个 1500 头的八眉猪扩繁场、3 个 5000 头的八眉猪育肥场，实现八眉猪“原种场—扩繁场—商品场”紧密联合；引导规模养猪场建设粪污处理利用配套设施，在养殖密集区建立 1 个粪污集中处理中心，促进畜禽粪污资源化利用。

三是建设八眉猪养殖合作社，建立高效的“公司 + 合作社 + 基地 + 农户”的运行机制，统一猪苗、饲料、兽药、疫苗、技术服务、保护价收购，推动八眉猪商品猪育肥，建立年出栏 200 头以上八眉猪的合作社、养猪示范户 100 个。

四是建设八眉猪屠宰加工企业，建立 1 个 30 万头 / 年的定点生猪屠宰场。依托当地骨干企业，建立 1～2 个猪肉产品精深加工厂，积极引进畜禽加工关联企业向加工园区聚集。

五是依托高校和科研院所开展定边八眉黑猪肉品质特性和加工适宜性研究，挖掘八眉黑猪肉的食用品质、营养品质和加工品质特性，明确定边八眉黑猪肉的特色和优势。

六是打造八眉黑猪肉高端品牌，注册 1 个定边八眉黑猪肉品牌，依托门店鲜销和互联网销售打造品牌。建立 1 个“园区 + 农业 + 精深加工 + 互联网”平台，实施上游种养殖和下游电子商务、仓储、物流、商贸、认证服务、科技服务等的融合发展，构建“种养加销”一体化发展新模式，实现“以养带种、以加促养”。

七是创新八眉猪休闲观光 + 网络订单定向养殖销售新模式，依托定边八眉猪特殊地理文化，打造 1 个定边八眉猪科普娱乐休闲观光区，建立网络订单定向养殖“观—养—销”新模式。

（三）定边优质奶培强工程

大力推进定边优质奶建设工程，促进定边奶业由“传统奶业”向“现代奶业”转型。

一是加强优质奶牛、奶山羊品种选育及规模化养殖基地建设工作，引进高性能奶牛、奶山羊，建立奶牛、奶山羊供精站各 1 个，输精站 12 个，实现目标选育，推广家庭合作社养殖模式，鼓励、支持养殖示范场（户）配备自动喂料、自动挤奶及智能控温等自动化、智能化设施设备，建立并推广奶牛、奶山羊标准化饲养管理技术规程，实现饲养管理标准化。

二是依托优质饲草料生产加工体系，引进饲草料安全检测与评价技术，确保优质安全饲草料供给。

三是扶持、引进优质奶加工企业1～2家，鼓励、扶持企业引进标准化、自动化、智能化乳制品加工技术与装备，建设原料乳、乳粉、发酵乳等多种类产品生产示范线，建立基于“物联网+”的产品质量追溯体系，推进原料生产、加工物流、品质监控、市场营销等环节融合发展，提升企业技术创新能力，拓展增效空间。

四是鼓励支持龙头企业加强企业品牌建设，着力打造“秦乳”等特色乳品品牌，不断扩大定边羊奶市场占有率，建立线上、线下多种品牌营销、推广模式，着力打造国内知名羊奶品牌。

（四）优质饲草料加工升级工程

构建优质饲草料生产加工体系，推进优质饲草料现代化加工。

一是稳步实施退牧还草、退耕还草，加快推行人工种草项目，引进推广优良牧草和饲料作物新品种，在南部山区建设以苜蓿、青燕麦为主的饲草料种植基地1～2个，在北部滩区建设以苜蓿、柠条、沙打旺、苏丹草、青贮玉米、饲料玉米为主的饲草料种植基地2～3个，建立示范标准化饲草料种植模式，保证优质安全饲草料供应。

二是建设标准化饲草料加工基地，发展饲草加工、青贮饲料、配合饲料、秸秆饲料生产，加快扶持、引进优质饲草料专业化加工企业1～2家，给予政策倾斜与财政补贴，支持其建立优质饲草料自动化、智能化加工示范线1～2条，实现饲草料现代化加工。

三是推进饲料企业整合融合，培育大型饲料企业，鼓励支持饲料企业发展全产业链一体化经营。

四是加大优质饲草料质量安全控制技术体系建设，设立专项经费，引进相关科研院所、高校等科技资源，研发推广应用高效安全饲草料生产技术与新型饲草料添加剂技术，建立基于“物联网 +”的饲草料质量安全监管体系，实现优质饲草料质量安全的信息化管理。

（五）定边特色花蜜培优工程

立足特色荞麦资源，发展本土蜂产业，引进吸收外来养蜂技术和人才，引导外来采蜜向本地自采转化，培育打造定边特色花蜜。

一是鼓励外来养蜂户从事本地蜂产业，扶持本地农户积极从事蜂产业，加强定边蜜蜂种质资源调查，培育专用土蜂品种。

二是推进蜂产业标准化规模化建设，利用定边世界红花荞麦原产地旅游观光美食节，实施基于红花荞麦种植场的荞麦花蜜标准化示范定点蜂业基地建设。

三是适度规模培优土蜂特色花蜜，利用国家土蜂保护政策，土蜂养殖补贴，养殖技术支持，依托荞麦种植基地，开展适度规模土蜂养殖。

四是建立高效的“合作社 + 基地 + 农户”运行机制，扶持规范化养蜂户，建设养蜂合作社，建立 160 个 200 箱以上、80 个 100 箱以上的土蜂示范户，年产高端蜂蜜制品 1500 吨。加强与高校、科研院所合作，夯实科技与人才基础。

五是支持蜂蜜深加工产业发展，依托当地骨干企业，建立 2～3 个荞麦花蜜、蜂花粉、蜂胶、蜂王浆产品精深加工厂，注册 1 个定边荞麦花蜜品牌，积极引进其他蜂蜜加工关联企业向加工园区聚集。

六是打造定边特色花蜜品牌，依托定边红花荞麦原产地旅游观光美食节、荞麦种植基地和定点养蜂合作社，开展“当场摇蜜”等形式多样的品牌销售推广活动，打造“养殖—种植—观光”三位一体精品园区，建立基于“互联网 +”的品牌产品营销平台。

（六）禽蛋产业转型升级工程

扎实推进禽蛋产业转型升级，促进产业绿色健康发展。一是加强蛋鸡繁育基地建设，建设 1 个 5 万套蛋鸡良种场，年可提供蛋鸡鸡苗能力 250 万羽。二是开展蛋鸡养殖场设施改造升级工作，大力推动标准化自动化养殖，配备禽类排泄物处理等设施设备，建设 1 个鸡粪污和病死鸡无害化集中综合处理场，加强鸡粪资源化利用。三是建设蛋鸡养殖标准化合作社，积极培育蛋鸡养殖大户、家庭牧场、合作社，建设存栏 5000 只蛋鸡的养殖大户 100 户、10000 只蛋鸡的养殖大户 25 户。四是大力发展禽蛋制品深加工产业，依托当地骨干企业，建立 1～2 个禽蛋产品精深加工厂，积极引进畜禽加工关联企业向加工园区聚集，引进、推广洁蛋加工技术，开发专用蛋液、蛋粉等系列蛋制品。五是建设禽蛋制品质量安全追溯体系，建成生产记录可存储、产品流向可跟踪、伪劣产品可召回、储运信息可查询的禽蛋制品质量安全追溯体系，稳步推进定边禽蛋品牌创建。

二、创新措施加强畜牧业脱贫保障

（一）加强组织领导

按照精准扶贫、精准脱贫攻坚工作目标，定边县采用发放畜牧补助、建设家庭农场等方式，充分调动农户养殖积极性，引导当地贫困户大力发展养殖业，着力提高贫困户养殖技能，帮助贫困户掌握实用技术，实现脱贫致富。

一是成立领导小组和工作小组，协调各部门工作。成立现代畜牧业发展领导小组，由县长任组长，政府主管领导任副组长，财政、发改、农业、林业、科技、招商、环保、电力、金融、工商等部门为成员，领导小组办公室设在畜牧兽医局，负责产业规划制定、产业政策研究、项目争取及管理、考核验收办法制定并组织实施。各乡镇党委、政府也成立现代畜牧业发展领导小组和工作小组，将定边县现代畜牧业发展工作列入各级党委、政府工作的重中之重，全县“一盘棋”，细化分解规划中确定的工作目标、任务和重大工程，切实把各项政策措施落实到位。

二是落实责任，完善考核机制。切实抓好规划落实工作，对规划实施进行动态监测、中期评估管理，适时作出合理的调整，确保规划落地见效。把现代畜牧业发展列入对各乡镇的年终考核内容，各乡镇要围绕全县规划目标任务，细化分解指标，明确工作任务，落实工作责任，制定工作措施，加大投入力度，确保规划圆满实施。把加快建设现代畜牧产业体系纳入各级各部门年度目标责任考核，建立指标体系，完善考核机制，严格考核，严格奖惩。

（二）加强政策扶持

一是落实已有政策，争取更大支持。贯彻落实国家、省、市关于畜牧业发展的养殖补贴政策、动物防疫补贴政策、良种补贴政策、饲草种植补贴政策和措施安排，积极从国家各部门、社会各方争取支持。

二是加大政策制定。根据定边县畜牧业发展总体规划和产业布局，针对严重制约现代畜牧业发展的瓶颈，制定切实可行的政策措施，积极推进畜牧业体制机制创新，加大土地、配套基础设施、财政、金融、税收等政策支持。发改、农业、环保、商务、水利、电力等部门加强规划衔接，保障规模养殖场、人工饲草料地、加工园区等重点项目、重大工程实施过程中的用地用水用电。加强现代畜牧业相关配套设备、设施建设，建立畜禽粪便处理沼气池、加工废弃物无害化处理系统、活畜交易市场、冷链物流平台等。

三是加大政策性保险投入。完善畜禽养殖保障机制。强化政策性保险，拓宽畜牧业政策性保险范围和额度，探索建立适合不同畜禽品种的政策性保险制度，完善畜牧业保险条款，争取保险机构发展多种形式、多种渠道的畜牧业保险。完善畜禽养殖政策性保险补贴制度，大力支持保险机构开展养殖保险业务，提高商业性保险参保率，发挥畜牧业保险保障功能。

（三）加大资金投入

定边县先后分两批对贫困养殖户进行补助，范围涵盖全县 20 个乡镇。第一批涉及贫困户 3141 户，贫困户每户补助 3000 元，共计发放补助资金 942.3 万元，第二批涉及贫困户 1131 户，共计发放补助资金 1814.5 万元。奖励贫困户养羊、养牛、养驴、养猪、养鸡、养蜂、养兔。通过政府投入进一步助力贫困户，激发贫困户养殖热情。

一是加大财政支持。增加财政投入，以划拨专项经费或补贴的形式用于种质资源保护、畜产品安全监管、规模化养殖基地创建、动物疫病防控、粪污资源化利用、良种良法推广、县域品牌打造、新技术引进推广、人才培养培训等。

二是加强金融信贷支持。采取投资补贴、项目推介、贷款贴息等方式，鼓励金融机构采取质押贷款、抵押贷款、联合担保贷款、信用贷款等多种形式为现代畜牧发展提供金融服务。创新贷款抵押和担保机制，进一步完善小额信用贷款和农户联保贷款制度，解决规模养殖企业贷款难、农户小规模贷款难、农户小额临时性周转资金缺乏的问题。及时推出系列优惠政策，简化投资、贷款审批程序，降低信贷门槛，提高信贷额度，使有能力、有资金的投资人勇于投身发展畜牧业。

三是拓宽融资渠道。加大招商引资力度，积极搭建平台，积极主动参与国际性、全国性的畜牧业、畜产品加工等行业展会，吸引民间资本和外来资本投资“定边羊肉”“定边八眉黑猪肉”“定边乳品”“定边特色花蜜”等特色产品开发。

四是加强科技投入。加快畜牧业创新体系建设，支持龙头企业建立研发中心，与国内本领域知名科研机构建立长期技术合作，在定边建立合作站（实习基地、院士专家工作站、博士后科研工作站等），为企业技术改造、新技术研发、新产品开发等提供支持，推动新旧动能转换，促进产业转型升级。

（四）加强宣传引导

一是加强品牌的宣传引导。设立专项财政资金支持，充分利用多种形式、多种平台、多种机会强化宣传，构建“定边羊肉”“定边八眉黑猪肉”“定边乳品”“定边特色花蜜”县域公共品牌。牢牢把握营养健康、绿色畜牧业、现代畜牧业的理念，充分利用互联网、多媒体、报刊等各种媒介对县域公共品牌、企业品牌和产品品牌进行宣传。积极利用国内外农洽会、产品推介会、展会等平台宣传定边县特色农产品、示范基地、产业园区、龙头企业，树立良好形象，拓展市场，培育打造具有国际竞争力的畜产品品牌。

二是加强现代畜牧业发展理念的宣传引导。邀请现代畜牧业及相关产业专家对从业人员进行培训，提高其综合素质。利用会议、培训、发放宣传册、张贴标语、悬挂横幅等形式发放现代畜牧业发展政策、技术资料，充分调动从业人员积极性。

三是积极宣传创业致富典型和养殖成功经验，营造创业创新良好氛围，促进新一轮的现代畜牧产业大发展。充分发挥产业技术服务 110 体系平台，技术人员包扶贫困村，专家团队采取课堂培训，现场实训，个性化应急服务等方式，从饲草种植、品种改良、疫病防治、粪污处理、科学饲养、产品安全、经营管理、营销策略等方面进行培训服务，提高科技含量，优质高效安全发展。

（五）加强人才支撑

以实施现代农业人才支撑计划为抓手，采取多种形式，加快现代畜牧科技创新、创业领军人才和创新团队的引进与培养，完善现代畜牧科技人才评价体系和激励机制，激发现代畜牧科技创新活力，充分利用企业、协会或行业组织的人力优势，推动定边现代畜牧业快速稳定发展。

第一，加大培养现代畜牧科技骨干。依托“西部之光”、少数民族特培、学历进修、继续教育等渠道，加大基层畜牧科技骨干培养，使其成为当地主导品种、主推技术示范推广的引领者，畜牧科技与农牧民对接的中坚力量。

第二，大力培养基层畜牧业专业技术人员。组织实施基层畜牧管理和科技人员知识更新培训，通过异地研修、集中办班和现场实训等方式开展分层分类培训，着力提高基层畜牧行政管理、技术人员的专业水平和业务素质，在畜牧业发展规模达到一定程度的村镇配备技术人员。

第三，加快一线从业人员素质提升。开展农牧区实用人才和实用技术培训，加快畜牧企业（合作社、小区）负责人、养殖大户、村级防疫员、经纪人等生产经营技能型人才培养。

第四，加强龙头企业、领军企业家的引进和培养。结合定边县畜牧产业基础和特点，因地制宜培育、引进一批龙头企业和“专精特新”企业，认定和扶持一批现代畜牧业示范企业；积极推进领军企业家引进和培养，不断提升企业家的创新能力和管理水平。

第五，充分发挥协会或行业组织的引导和规范作用，积极参与定边县现代畜牧业的发展。引导各协会或行业组织树典型、传经验，引导行业产业结构调整，制定“定边羊肉”“定边八眉黑猪肉”“定边乳品”“定边特色花蜜”等标准规范，促进行业安全健康发展；引导协会或行业组织增加服务意识，切实帮助定边企业提升安全管理水平，为特色畜牧业的发展贡献智慧和力量。

三、定边畜牧业脱贫经济发展成效

定边县地域广阔，畜牧资源丰富，有羊、牛、猪、蜂、蛋鸡和饲草资源等。近年来，定边县规模化养殖发展迅速，生产方式发生转变，规模养殖户数量明显增加。定边县养殖业逐步向优势产区集中，初步规划了“一园、二区、三基地”的畜牧产业布局。2017 年，全县生猪饲养量 24.28 万头，羊饲养量 139.36 万只，家禽饲养量 110.62 万只，人工种草保留面积 100 万亩，肉蛋奶产量分别为 19789 吨、6720 吨、11220 吨，畜牧业总产值 11.79 亿元，占农业总产值的 32.5%，涌现出了陕西铭丰现代农业园区、定边县红墩梁现代农业园区、陕西省乳品现代农业园区、定边恒顺丰现代农业园区等一批有代表性的养殖企业。

表 6-1　定边县畜牧经济发展情况（2012—2017 年）

	2012	2013	2014	2015	2016	2017
大牲畜年末存栏（头）	31662	21875	18136	15459	15956	16037
羊年末存栏（只）	780626	825218	852291	890236	902961	887760
生猪年末存栏（头）	102084	101986	99779	96122	96016	93811
家禽年末存栏（万只）	47.85	47.84	47.53	49.98	51.00	52.20
蜂年末箱数（箱）	552	496	370	—	—	—
家兔年末存栏（万只）	0.41	0.75	0.4	0.55	—	—
当年出栏大牲畜（头）	2895	3518	4021	2467	2771	2626
当年出栏羊（只）	454926	478897	481844	502531	506390	505907
当年出栏生猪（头）	136183	143408	148224	144475	143624	143046
当年出栏家禽（万只）	55.86	65.92	58.76	56.98	57.24	58.42
当年出栏家兔（万只）	0.5	0.72	0.6	0.95	0.91	—
当年肉类总产量（吨）	18454	19457	19954	19390	19846	19789

通过草畜配套、科技支撑、农牧结合的模式，全县贫困养殖户逐步走上生态循环发展的方向，为全面建成小康社会奠定基础。将扶贫财政资金纳入畜牧产业发展，通过发展养殖业使贫困户在固定的产业中得到稳定的收入，增强了贫困户发展内生动力，让贫困户在产业中发展，在产业中致富，进一步加强畜牧产业发展在精准扶贫工作中的突出作用，巩固精准扶贫成果。

通过畜牧产业扶贫项目的实施，贫困户养殖基础设施得到进一步改善，养殖规模进一步扩大，科学养殖水平进一步提高，养殖效益逐步增加，在精准脱贫攻坚工作中发挥了巨大作用。养殖户在畜牧产业上户均收入在 3000 元以上，家庭农场在畜牧产业上户均收入在 1 万元以上。

第七章　民生为本：定边县包容性发展的经验

民生为本是定边县包容性发展扶贫的有效举措和经验。“将扶贫寓于发展之中，在发展中解决贫困问题”，这是中国扶贫开发的一个主要做法，也是理解中国扶贫道路的基本方法论。在脱贫攻坚政策背景下，包容性发展[①]意味着，贫困地区的公共服务水平应当随着当地财政收入和支出的增加而提高，同时，应当推进基本公共服务水平均等化和机会平等建设，保障贫困人口也能公平地获得均等的服务，即实现包容性的社会发展。

自 2015 年 11 月中央释放减贫新信号——坚决打赢脱贫攻坚战以来，定边县用实际行动响应以脱贫攻坚统领经济社会发展全局的总目标，在民生领域，坚持以民为本，变多年来经济社会发展的致贫因素为脱贫致富的有利条件，坚持优先发展教育，完善社会体系，提升医疗服务水平，苦下“绣花功夫”，织密民生保障网络，真正实现了“学有所教、病有所医、弱有所扶、老有所养”，此间涌现出许多各具风采的典型乡镇。

本章着力阐释定边县在脱贫攻坚实践中凝结出的新体系、新机制和新

① 包容性发展（Inclusive Development）是最早由亚洲开发银行提出的 21 世纪新的发展观。它有别于以往单纯地追求 GDP 增长的发展理念，倡导经济增长应当建立在机会平等的基础上，保证人人都能公平地参与增长过程，并享受各项基本公共服务。

做法，在此基础上提炼定边县民生为本的包容性社会发展的经验，让定边经验在脱贫实践和乡村振兴战略中得到推广、检验和完善，为中国乃至人类减贫行动贡献定边经验。

第一节　民生为本的包容性发展模式

20世纪80年代，费孝通先生在《贫困与脱贫》一文中写道：产生贫困的原因主要有历史上的原因、自然灾害、政策失误、落后的观念和社会制度等，不同地区贫困的原因不同，因此不能照搬其他地区的模式，要根据既有的客观条件和政策调整来进行帮扶和脱贫。脱贫和致富需要从总体上谋划，既离不开资金，也离不开政策，更离不开政策、技术和人才。[①]

定边县属于革命老区，地处偏远，地形复杂。北面地势平坦，经济社会发展水平较高。南边属白于山区，多山且土地较为贫瘠，亦无石油和矿藏，人居分散，不乏生活于黄土高原深深的褶皱之中的群众。面临如此不利的自然地理环境，定边县能够举全县之力，调动全县干部群众合力攻坚，较先脱贫摘帽，首批退出贫困县行列，毫无疑问，其脱贫经验值得总结、提炼和推广，不仅有助于脱贫攻坚的理论与实践创新，也有助于为中国乃至世界级县域减贫提供定边方案。就以民生为主实现包容性发展的定边县脱贫经验来说，主要得益于以下四方面经验。

首先，因地制宜，结合贫困现状和扶贫资源走自己的路。如在中央“五个一批”和陕西省提出的“八个一批”基础上，定边县结合自身实际，坚

① 熊跃根：《费孝通先生“志在富民”思想与当代中国的脱贫攻坚》，《社会科学研究》2014年第4期。

持以脱贫攻坚总揽经济社会发展全局，紧紧围绕实现贫困人口“两不愁三保障”和贫困摘帽目标，强化精准识别、精准帮扶、精准退出，提出“十个一批”的总体要求。可见，定边县从实际出发，参考其他地方经验，找出自己的优势，走自己发展的道路。

其次，以民为本，依靠基层干部，密切联系群众。在围绕民生主题实现包容性发展的过程中，相关扶贫政策修订、思路转换、工作机制完善和所提供的帮助、救助、服务种类等皆体现以民为本的原则，根据贫困群众所需制定扶贫政策，根据贫困群众扶贫效果转变思路，根据民众满意度创建和改善工作机制，根据民众“点菜”提供帮扶、救助和服务项目。

最后，以脱贫攻坚为契机，整体推进政治、经济、社会发展全局。在脱贫攻坚实践中，各方目标一致，团结一心，由此，基层政治体系和结构经过了重新拆装组合，摒除了以往互相推诿扯皮的弊病，使基层治理体制机制焕然一新。同时，通过合力攻坚，地方经济潜力被激活，社会服务体系亦得以建设和健全。这也是“用脱贫攻坚统领经济社会发展全局”的实质含义。

定边县作为革命老区和深度贫困区，能够在艰巨的脱贫攻坚战中脱颖而出、率先脱贫，靠的就是这些制胜法宝。脱贫攻坚“理论—政策—实践”互动转换，建构了意识形态话语与政策科学的研究空间，避免了学术研究成果与现实发展需求的割裂，也激发了学术与政策领域的研究活力。[①] 本章尚属对定边县脱贫攻坚战中民生为本的包容性发展经验的初步总结，具体包括教育、就业、医疗健康与社会兜底的具体实践，对于这一伟大实践中涌现出来的卓越的干部群众、生动活泼的工作方法和宝贵经验来说，本章仅为定边县在脱贫攻坚中关注民生工作一个缩影，深度总结减贫的中国

① 黄承伟、袁泉：《论中国脱贫攻坚的理论与实践创新》，《河海大学学报》2018 年第 2 期。

县域脱贫经验仍需要后续不竭的努力。

第二节　教育是“扶智”“治愚”的根本

贫困问题的解决从根本上说是一个物质领域的实现目标，但这一目标的实现不可忽视精神力量对物质状况改善的能动作用。积累和开发精神资源便能化作不竭的精神力量，进而在实践中转化为脱贫致富的强大物质力量。[①] 精神力量到物质力量的转化需要靠教育来实现。因此，习近平总书记提出“扶贫先扶志”“治贫先治愚”的扶贫工作原则，“把发展教育脱贫一批”作为“五个一批”重中之重来抓。定边县将教育作为“扶志”和“治愚”的根本，优先发展教育事业，以脱贫攻坚为契机，健全教育扶贫班组体系，开创了“三向三七”的工作机制，从而提供了教育扶贫的定边经验。

一、健全的班组体系：“个十百千万”格局是教育扶贫的制胜法宝

搭建好工作班子是解决具体工作问题的前提和基础，这也是中国共产党在革命和建设中做好基层工作的优良传统。健全的教育扶贫工作班子、好的带头人，是教育扶贫能够成功的关键，也是乡村振兴战略的工作机制保障。在教育扶贫领域，定边县首先健全班组体系，形成了“个十百千万”的教育扶贫班组格局，即在教育扶贫工作中形成了“一县一校来支援，数十名领导齐指挥，百名校长同上阵，千名教师全参战，万名学生总动员”的局面。

“个十百千万”教育扶贫班组在教育扶贫工作中有其具体的实践内涵。

---

① 黄钧儒、史昭乐、吴承旺：《精神资源与脱贫攻坚——贵州省罗甸县大关村调查》，《求是》1998 年第 4 期。

第一，“一县一校来支援”指具体落实苏陕协作战略部署，扬州宝应县与定边教育系统深度交流经验，陕西职业技术学院落实“双百工程”，利用高校优质师资，各方献策出力多方支援县域教育长足发展。第二，“数十名领导齐指挥”意指根据区域布局特点，将定边县内学校划分为 7 个教育区，教育局 7 名局领导分片包校、7 个局属单位分片督导，派第一书记、驻村工作队成员 3 名，常驻新安边镇店子坪村，选派 154 名党员干部分别在两个乡镇包扶贫困户 231 户。所有相关工作人员工作重心下沉，深入 7 个教育区、学校和具体贫困家庭，通过助困、助学、扶志等工作，激发贫困家长和学生脱贫发展的内在潜力。第三，“百名校长同上阵”是指全县 130 所学校、392 名正副校长以身作则，帮扶贫困生 874 名，从而为确保“不让一个孩子因贫辍学，不让学校管理水平滑坡”作出了重要贡献。更重要的是，“百名校长”的带头效应促进了定边县企事业单位及社会力量踊跃为教育扶贫事业捐款。以 2017 年为例，定边县在学前、义务教育、高中、中专和大学各阶段共资助约 2.9 万人，资助总金额达 2948 万元。第四，“千名教师全参战”意指全县 4762 名教师结对帮扶贫困生、学困生 11325 名。教育扶贫一线的教师们，根据所帮学生的学习、生活、家庭等情况，在学期初制订帮扶计划，期间严格执行计划，做好工作记录，并将帮扶工作成绩计入教师绩效考评体系，收到了良好效果。第五，“万名学生总动员”的实践内涵是集中在全县 58993 名学生中广泛宣传“学习改变生活，知识改变命运”的道理，形成教师、学生、家长近 20 万的教育大军，塑造了“大手拉小手，学生手拉手，小手牵大手”的教育成长环境。

上述教育扶贫工作班组体系在定边县教育扶贫工作中发挥了重要作用，是保障教育扶贫战略、政策落实的关键环节，是联结党和国家“扶贫先扶智，治贫先治愚”方针和贫困群众的桥梁和纽带，更是铸牢水乳交融的师生关系，党群、干群关系的有效机制，在此过程中增强了人民群众和受资助者对党和国家的认同。建立健全脱贫工作班组体系是定边县教育脱贫工作的制胜法宝，也是整个定边县成功脱贫经验的一条红线。

二、寓扶贫于教育:“三向三七”的工作机制

《教育脱贫攻坚“十三五”规划》中明确提出：要求精确瞄准教育最薄弱领域和最贫困群体，实现“人人有学上、个个有技能、家家有希望、县县有帮扶”，坚决打赢教育脱贫攻坚的重要内容，是解决家庭经济困难学生上学及其可持续发展的治本之策。[①] 扶贫于教育，在扶贫中提升教育质量，在教育中培育脱贫发展的内在动力。这是定边县教育扶贫工作的成功经验。

定边县现有学校 130 所，其中深浅山区 12 所、边缘乡镇 16 所（距县城 50 千米以上的 11 所），百人 8 所，形成了点多、分散、生源不均的教育格局，不利于教育资源合理投入和教育质量的有效提高，同时，也给居住在偏远山区的学生造成上学“行路难”的问题。在脱贫攻坚的背景下，定边县教育局带头，全体教育工作者齐心协力，以“阻断贫穷代际传递”为根本目标，抓住脱贫攻坚政策契机，将扶贫工作与教育教学工作紧密结合，充分联动社会资源，摸索出一套行之有效的寓脱贫于教育工作之中的——“三向三七”工作机制。

“三向”指以学生为桥梁，学校通过对学生的细节教育、无微不至的关爱，赢得家长对学校的认可，从而使家长关心教育支持学校，达到落实家校共育的目的。“三七”分别指“质量提升七扶制”“控辍保学七长制”“脱贫攻坚七包制”。“三向三七”的具体内容见表 7–1。

① 张永:《脱贫攻坚中高校学生精准资助的育人体系建构》,《思想教育研究》2017 年第 11 期。

表 7-1　定边县教育局“三向三七”扶贫工作机制

<table>
<tr><td>“三向”</td><td colspan="5">以学生为桥梁，学校关爱学生，家长关心教育，进而形成家校共育的良好局面</td></tr>
<tr><td rowspan="8">“三七”</td><td colspan="2">质量提升七扶制</td><td colspan="2">控辍保学七长制</td><td>脱贫攻坚七包制</td></tr>
<tr><td>扶志</td><td>励志教育，勉励学生树立远大理想</td><td rowspan="3">行政线控制辍学人数</td><td>县长</td><td>高校包县</td></tr>
<tr><td>扶行</td><td>教育学生讲规矩、知文明、识礼仪</td><td>乡长</td><td>领导包片</td></tr>
<tr><td>扶智</td><td>加强教学管理，提升学生综合素质</td><td>村长</td><td>单位包校</td></tr>
<tr><td>扶困</td><td>做好学困生转化，结对帮扶工作</td><td rowspan="4">教育线保障教学质量</td><td>局长</td><td>工作队包村</td></tr>
<tr><td>扶心</td><td>开展感恩教育，弘扬传统美德</td><td>校长</td><td>干部包户</td></tr>
<tr><td>扶贫</td><td>落实“两免一补”，完善自主体系</td><td>师长</td><td>校长包经济困难生</td></tr>
<tr><td>扶技</td><td>利用第二课堂让学生掌握一项技能</td><td>家长</td><td>教师包学习困难生</td></tr>
</table>

“三向”注重以学生为桥梁，学校关爱学生，家长关心教育，进而形成家校共育的良好局面。“三七”首先是“质量提升七长制”，要求全县教育工作者树立大扶贫意识，在具体教育工作中，贯彻因材施教，授之以渔，通过一点一滴、一言一行，潜心教育每一名学生，精心温暖每一个家庭，倾心提升教育质量，阻断贫困代际传递。其次，“控辍保学七长制”，即以县长、乡长、村长为主体的行政线，加之以教育局局长、学校校长、师长、家长为主体的教育线，层层签订责任书，层层落实控辍保学职责，确保定边县义务教育阶段，无一例因贫辍学学生出现。最后，“脱贫攻坚七包制”是指高校（如山西职业技术学院）包县、领导（教育局）包片、单位（教育局所属各单位）包校、第一书记和驻村工作队包村、党员干部包户、校长包经济困难学生、教师包学习困难学生，以及形成上下贯通、左右联动扶贫工作的新机制，并取得了显著的工作成绩。

经过两年多的努力，定边县教育局抓住脱贫攻坚政策契机，严格落实中央、省、市、县各项扶贫政策，以精准资助、结对帮扶、送教上门等多种形式，力保全县无一例因贫辍学学生。

三、教育扶贫的定边经验及其完善建议

抛开历史遗留因素和自然环境的制约，贫困的原因主要在于贫困人口创造收入的能力弱和机会少。因此，摆脱贫困首要的并不是摆脱物质的贫困，而是摆脱意识和思想观念的贫困。因此，要高度重视贫困人口的脱贫心态不良、知识技能欠缺、就业机会有限等方面的能力困境和机会困境并采取有效措施切实解决这些问题。① 习近平总书记反复强调要激发内生动力，调动贫困地区和贫困人口的积极性，鼓励贫困地区干部群众激发走出贫困的志向和动力，凝聚起打赢脱贫攻坚战的强大力量。

在理论上，定边县在教育扶贫工作中，为激发贫困群众脱贫发展的内生动力，将扶贫同扶智、扶志结合起来。“扶志”指扶思想、扶观念、扶信心，帮助贫困人口树立起摆脱贫困的斗志和勇气。“扶智”指扶知识、扶技术、扶思路，提升贫困人口参与经济社会活动而获得收入的能力。志智双扶是内生式扶贫的核心，其中，“扶志”是思想基础，“扶智”是智力保障，两者相互关联，缺一不可。

在实践中，教育是治贫的重要因素也是脱贫的根本环节。但让人民群众认识到这一点，筑牢脱贫致富的精神长城绝非易事。定边县教育工作部门联合有关部门通过调查走访和反复尝试，开创了“个十百千万”的工作格局，并摸索出了“三向三七”的工作机制，从而有效处理好物质财富与精神动力、教育与脱贫信心、精准与普遍推进、关键时期与长远发展的关系，以教育扶贫为抓手和契机，形成了健全的工作班子体系和有效的工作机制。

① 马玉娜:《增强内生动力是现阶段脱贫攻坚的关键》,《红旗文稿》2019 年第 4 期。

通过对特困生、学困生的切实资助帮扶和反复说服鼓励，消除了人们的畏难和怀疑情绪，使贫困学生家长认识到要尽最大努力让孩子受教育、学知识、长志气，不再悲观失望、怨天尤人，摒弃了“等靠要”的思想，希望通过教育培训将命运掌握在自己手上，依靠自己的力量改善生存环境，改变命运。定边县教育扶贫工作在脱贫攻坚战中开拓了有效的经验，但也需进一步改进和完善。首先要摆脱工具烙印，即在脱贫攻坚实践中创建的团结高效的工作班组和工作经验要转化为教育工作的长效机制，而不是随着脱贫攻坚战的胜利而结束。其次，定边县脱贫摘帽以后的教育工作要处理好精准推进和整体推进的关系。

第三节　就业扶持体系是解决民生之要

精准脱贫，产业是根本，就业是关键。就业扶贫是“解决民生之要”。按照榆林市转移就业一批、技能提升一批、创业脱贫一批“三个一批”要求，定边县结合自身经济社会发展实情，制定了“五个一批”的长效就业扶持体系，即秉持“精准”原则，坚持“扶贫扶智同步”理念，全县各部门、各乡镇、各企事业单位的干部群众合力攻坚，全力拓宽贫困劳动力就业渠道，对县里建档立卡贫困劳动力通过创建小微企业园、开拓就业扶贫载体、发掘扶贫公益岗位、发展劳务经济、就地就近就业等举措，达到“就业一人，脱贫一户”的政策效果，筑劳民生之本，为县域减贫和脱贫攻坚成果巩固提供了定边经验。

一、创建小微企业园，促动自主创业就业

针对贫困劳动人口较多，劳动就业机会紧缺的现状，定边县首先大力支持自主创业就业，即扶持定边籍贫困劳动力、贫困大学生自主创业，以

创业带动贫困人口就地就近就业，对有创业意愿的上述人员优先安排免费创业培训、优先享受创业贷款担保，积极培训创业致富带头人，发挥“扶一个，带一片”的辐射带动作用。县人社局、农商银行等部门精准对接各乡镇驻村工作组，为贫困劳动力和贫困大学生创业就业提供了创业平台、资金支持和组织保障。

首先，搭建创业平台，开创“孵化基地 + 创业户 + 就业”模式，以创业带动就业。定边县结合创业孵化基地建设，建成国家级就业扶贫基地 1 个、综合性创业孵化基地 2 个、省级农民工创业孵化基地 1 个，入孵创业实体 80 家，成功孵化小微企业 12 家，带动贫困劳动力就业 185 人。

其次，小额担保贷款政策成为助推创业带就业工作的着力点。定边县财政出资 1000 万元，注入小额担保贷款担保基金专户，对符合条件的创业者，给予 2 万～ 7 万元的贴息贷款。截至 2018 年底，共发放创业贷款 8300 万元（其中为贫困人员发放 27 笔 200 多万元），扶持 27 名贫困劳动力成功创业，带动贫困劳动力就地就近就业 1000 余人。同时，还出台并落实免费创业培训和创业指导的政策。截至 2018 年底，共开办 SYB 创业培训班 13 期，培训学员 496 名。

最后，树立信贷诚信标杆，破解基层创业“两难”问题。为了鼓励和支持贫困人口创业，进一步降低贷款门槛，简化办事程序，建立信用乡村试点，最大限度地释放创业担保贷款，破解基层创业人员融资难、担保难的“两难”问题，收到良好的扶持创业带动就业的效果。

二、开拓就业扶贫载体，健全订单式学制培训就业体制

针对贫困“两后生”及贫困家庭子女免费读技工院校或参加短期“订单式”培训上岗，提高职业技能，进而达到“技能培训一人、就业创业一人、脱贫致富一户”的目标。一方面，由县领导带队，赴西安、宝鸡、扬

州等地，考察调研学制教育培训工作。与西安商贸旅游技师学院、陕西交通技师学院、宝鸡铁路技师学院等 7 所院校签订长期合作协议。定边县人社局通过与乡镇劳动保障站、贫困村第一书记和驻村工作队的有效接续，对贫困“两后生”及其家长做政策宣传，动员贫困家庭子女就读技工学校，共向职业院校输送“两后生”312 人。另一方面，开展短期“订单式”定向培训工作。按着“村级推荐、乡镇审核、县级审定、企业面试、委托培训、就业上岗”的程序，全额资助 65 名贫苦“两后生”及贫困大学生赴宁夏水利工程学校开展短期技能培训，培训结束后，推荐至周边企业就业，实现“招生即招工、入校即入厂、毕业即上岗”的目的。

三、因地制宜发掘扶贫公益岗，健全岗位管理制度

针对特困人员、“三无”人员及贫困家庭的未就业毕业生，开发就业扶贫公益性岗位，进行过渡性就业兜底安置。一是一般公益性岗位，优先安置特困人员、残疾人、零就业家庭成员的贫困家庭劳动力，从事孤寡老人和留守儿童看护、社会治安管理、乡村道理维护、地质灾害监测、护林绿化、乡村保洁等公益性活动，对贫困劳动力进行过渡性就业兜底安置。二是特设公益性岗位，针对无法离乡、无业可扶、无力脱贫的“三无”贫困劳动力就业难的问题，在全县 79 个贫困村特设就业扶贫公益性岗位，主要包括村级卫生保洁、绿化等公益性岗位，通过村委会推荐、乡镇初审、扶贫办认定、县人社局审定的程序，安置 87 名贫困劳动力。三是公益性专岗，安置贫困家庭劳动力就业。四是见习岗位，指导用人单位合理设置招聘条件，帮助贫困家庭离校未就业的毕业生全部安置，并落实见习岗位补贴，使其实现过渡性灵活就业。截至 2018 年底，全县共开发公益性岗位 902 个。其中，公益性岗位协管员 56 个，特设公益性岗位 87 个，公益专岗 36 个，公益性岗位基层助理员 130 个，环卫园林公益性岗位 443 个，

大学生就业见习岗位 150 个。

四、发展劳务经济，提高贫困劳动力转移就业的组织化程度

定边县为拓展就业渠道，积极发展劳务经济。通过健全劳务输出服务机制，帮扶有劳动能力和就业愿望的农村待业贫困人口，向非农行业适岗灵活就业，实现“就业一个人，脱贫一家人”的目标。一是为提高劳务输出脱贫组织化程度，推进贫困劳动力转移稳定就业，定边县成立劳动力转移就业考察组，多次赴经济发达地区劳动密集型企业考察对接，进一步畅通了劳动力转移输出渠道。二是依托苏陕劳务协作机制，主动对接洽谈，签署宝应—定边劳务协作协议，建立长期合作伙伴关系。三是有序举办“春风行动”“民营企业招聘会”“贫困劳动力专场招聘会”等扶贫专场招聘会，主动为贫困劳动力提供政策咨询、岗位信息、职业指导和职业介绍等服务。供需双方搭建平台，促进转移就业。四是加强与西安、银川等地定边籍农民工集中地的劳务协作，积极对接劳动密集型企业，助推贫困人员转移就业，完善“培训—就业—维权”的服务机制，保障劳务人员基本权益。截至 2018 年底，实现贫困劳动力转移就业 6893 人（次），其中，向扬州输送贫困劳动力 20 余人，实现人均月收入增加 3000 元以上。

五、发展县域经济，拓展就地就近就业的领域

定边县坚持政策帮扶与市场作用相结合，积极对接中央、省、市、驻定国企，全方位、多层次挖掘就业岗位，加强协商，达成就业扶贫帮扶协议，形成建档立卡贫困劳动力就业援助常态化。县委、县政府与驻定各采油、采气、光伏、风电等省、市驻定国企达成就业协议，解决县贫困劳动力就业岗位 800 个。在县委、县政府和人社局的共同努力协调下，省、市驻定企业长庆油田吸纳贫困劳动力就业 202 人。

表 7-2　定边县建档立卡贫困户就业政策及其具体落实情况统计

就业类型	政策计划内容（2017 年）	落实（2018 年）
技能培训	围绕种植、养殖、农产品加工等重点产业培训	19351 人次
创业扶持	对有创业意愿的贫困劳动力和贫困大学生优先安排免费创业培训，优先给予创业担保贷款	382 人
教育培训	计划向西安商贸旅游技师学院、陕西交通技师学院、宝鸡铁路技师学院等三所院校输送两三百名贫困“两后生”	“两后生”、宝应务工分别 4、13 人
就业见习	2017 年，计划安排 150 名大学生到县就业见习基地见习，另安排 30 名大学生寒暑假期间到县政府见习	见习岗 150 个
转移就业	计划对接长庆油田股份有限公司解决就业 300 名，延长石油股份有限公司解决就业 200 名，新能源企业解决就业 300 名，重点解决移民搬迁至城区内的贫困劳动力就业	6560 人

本着“精准扶贫，就业先行”的理念，相关部门在党组织带领下，全县干部、群众合力攻坚、共谋脱贫，在就业扶贫工作中创造了“五个一批”就业扶持体系，即“自主创业就业一批、学制教育培训一批、公益岗位安置一批、劳务输出转移一批、驻定企业解决一批”。同时，在各个工作环节严守“精准”底线，安置贫困人口就业 1464 人，实现转移就业 6560 人，累计培训贫困人口 19351 人次，有效提高了农村贫困人口的收入。“五个一批”就业扶贫体系的建立，使建档立卡贫困户、贫困人口获得了自力更生的机会，真正做到了“劳有所得”。同时，以脱贫攻坚为契机，使以往“授之以鱼”的帮扶逻辑向“授之以渔”转变，并且获得了长效化成长途径。

六、就业扶贫的定边经验及其完善建议

针对就业扶贫劳动力数量大、就业机会不足、深度贫困地区就业帮扶

难度大、就业质量不高等问题，定边县在就业扶贫工作中积累了以健全的就业扶持体系为特色的经验模式。

首先，定边县就业扶贫成就依赖健全的就业扶持体系。这一体系既坚持因地制宜亦注重向外开拓，既注重贫困人口就业亦注重提升县域企业吸纳劳动力能力的培养，既着重就业扶贫工作亦助推经济发展。定边县就业扶贫体系正是兼顾了上述工作原则，就业扶贫工作才取得良好效果。其次，在就业扶贫工作中丰富了“劳动力”概念的实践内涵。劳动能力既可以指体力劳动能力和脑力劳动能力，也可以是全劳动能力或半劳动能力，也可以在适当条件下参与市场，将能力转化为贫困个体的收入。[①] 因此定边县既重视扶持全劳动力贫困群众就业，也重视对具有半劳动能力或脑力劳动能力的特殊贫困人口的扶贫开发。最后，定边县的就业扶持体现鲜明的寓扶贫于发展之中的理念。正确认知扶贫和发展的关系对提升发展主体的包容性具有重要意义，也是具体扶贫资源供给贫困对象时需要考虑的重要因素之一。

定边县作为较早脱贫摘帽县，其就业扶贫经验亦有需要完善的地方。一方面，距离全面脱贫还有一段历程，需要跟踪就业扶贫成效，以此作为在实践中不断修正就业扶持体系的依据，防止脱贫人口返贫，保持脱贫攻坚成果。另一方面，迫切需要研究制定脱贫攻坚与乡村振兴相衔接的就业保障体系，完善现有就业扶贫政策和公共就业服务体系建设，提高公共就业服务的可及性[②] 和精确性。

---

① 左停、金菁、于乐荣：《内生动力、益贫市场与政策保障：打好脱贫攻坚战实现“真脱贫”的路径框架》,《苏州大学学报》2018 年第 5 期。

② 张丽宾:《完善就业扶贫政策思路》,《山东人力资源和社会保障》2019 年第 5 期。

第四节　健康医疗是基本保障

没有全民健康，就没有全面小康。筑牢健康扶贫保障线是保持脱贫攻坚成效的“防火墙”。因病、因学、因房是贫困户致贫返贫最直接、最多发的因素。为帮助全县贫困户彻底斩断穷根实现早日脱贫、稳定，2016 年以来，全县卫计系统竭力整合社会资源，精准发力，围绕让建档立卡贫困户“看得起病、看得好病、看得上病、少生病”开展健康扶贫工作，取得了良好效果，也保持了脱贫攻坚战胜利的成果。

一、精准救治，让低收入人口看得起病

加大医疗投入，减轻建档立卡贫困户患者的经济负担。

首先，定边县政府为建档立卡贫困户代缴合疗费（包括大病保险费）、小额人身保险费。2016 年至 2018 年依次为 513.9 万元、605.268 万元、683.848 万元，政府逐年增加资金投入力度，极大地减轻了贫困人口的经济负担，使贫困人口的合作医疗、大病保险和新农合财政代缴率均达到 100%，全面落实了基本医疗有保障。

其次，为了防止贫困人口返贫和非贫困人口因病致贫，定边县财政每年按现有人口人均 35 元的预算标准，享受补助对象的合疗费在原有新农合大病保险基础上提高 20%，符合大病保险的患者，实施分段按比例报销。2017 年和 2018 年为非贫困户报销基金分别为 105.09 万元和 399.54 万元。

最后，在意外伤害补偿方面，县人寿保险公司对全县参合群众实施农村小额人身保险政策，2016 年至 2018 年，共计为贫困人口理赔金额 125.07 万元，有效弥补了新农合在意外伤害方面补偿的局限性。此外，为了进一步为贫困患者谋福利，自 2017 年开始，对建档立卡患者实施“一

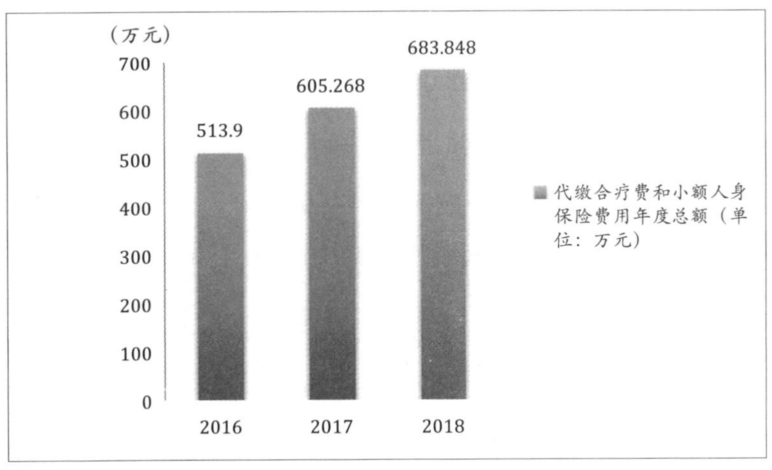

图 7-1　定边县财政代缴合疗费和小额人身保险费用（2016—2018 年）

降两提三免”政策。“一降”即大病保险起付线从 1 万元降至 3000 元。“两提”各级住院报销比例提高 10 个百分点，门诊特殊慢性病报销额度提高 20%。“三免”免除门诊一般诊疗费、乡镇卫生院起付线、县域内定点医院住院押金。

二、精准施治，让低收入人口看得好病

贯彻“精准施治”和提高医疗救治工作水平。对全县贫困患者进行分类救治，精准到人，精准施救。首先，针对大病患者，由全县定点医疗机构制定个性化诊疗方案，方案制定率达到 100%，对不具备医疗条件的患者，将其转诊至上级定点医院治疗。2017 年和 2018 年，全县建档立卡贫困人口 11 种大病患者总人数和救治率分别是：144/139 人（救治率 96.5%）、83/83 人（救治率 100%）。其次，针对慢性病开展《乡村医生签约服务协议书》，通过家庭医生签约服务团队与贫困户签约，为贫困人口提供基本医疗和公共卫生服务。最后，积极对接对口帮扶协作，引进先进医疗技术和教学理念，提高医疗工作水平。西安交通大学第二附属医院 10

名专家，赴定边县人民医院，开展专家门诊 7651 人次、手术 76 台、抢救危重患者 79 人次、教学查房 163 次、学术讲座 74 次、业务培训 909 人次。榆林市中医院进入定边县各乡镇卫生院开展大病集中救治工作，帮助乡村医生完善贫困人口签约服务、疾病分类并免费坐诊，专家门诊 700 人次。县人民医院、中医院、妇幼保健院与各乡镇卫生院开展结对帮扶，提高乡镇医院医疗服务水平。县里先后派 12 名专业技术人员到宝应县挂职学习，宝应县向定边县选派 6 名高层次专业技术人员挂职交流，并向县卫生局捐献 10 万元扶贫协作资金，为定边人民排忧解难。

三、精确落实，让低收入人口看得上病

通过完善医疗服务体系和加强医疗人才队伍建设，减缓贫困患者就医难的问题。第一，组织县乡两级有执业医师资格的医务人员，与 79 个贫困村村医分别开展“一对一”结对驻村帮扶工作，提高村医执业能力。第二，县财政投入 298.25 万元，为全县 79 个贫困村配置必要的医疗、办公设施、制度挂牌，使村卫生室就医环境达标化。第三，自 2017 年开始，对县人才库中具有大专及以上学历的医学类毕业生，放宽学历条件，通过考试为乡镇村招聘 60 名技术人员和 30 名健康扶贫协管员。2018 年县级公立医院和疾控中心招聘本科大学生 60 名。为乡镇卫生院招聘大专及以上学历专业技术人员 30 名，解决了贫困村无村医的问题。

表 7-3　定边县与全国每千人医疗卫生服务资源比较（2011—2017 年）

	2011	2012	2013	2014	2015	2016	2017
每千人病床数[①]							
定边	3.1	3.7	4.1	4.3	4.6	5.2	4.7

（续表）

	2011	2012	2013	2014	2015	2016	2017
全国	3.8	4.2	4.5	4.9	5.1	5.4	5.7
每千人卫生技术人员[②]							
定边	2.7	3.1	4.2	4.2	4.5	5.2	5.4
全国	4.6	4.9	5.3	5.6	5.8	6.1	6.5

四、普遍设防，让全县人民少得病

加大疾病预防和健康扶贫政策宣传力度，提高群众知晓率，降低患病概率。首先，县政府成立“八大行动”领导小组，由县卫计局（现卫健局）牵头，联合县委宣传部、财政局、妇联等19个部门，开展“实施疾病预防控制八大行动、服务百姓健康大型义诊、健康宣传咨询活动”。如县卫计局和教育局联合开展“合理膳食、改变不良生活习惯”为主题的健康教育进校园活动，历时28天，涉及47个中小学，引导40206名中小学生树立自我保健意识。全县开展“深化健康扶贫，服务百姓健康”等乡下义诊活动10余次，现场义诊千余次，解答咨询800人次，使“八大行动”融入基层广大群众的日常生活之中。其次，组织县疾病预防控制中心，妇幼保健院，帮扶各乡镇卫生院免疫规划及慢性病管理工作、孕妇产前检查、新生儿疾病筛查、贫困地区妇女“两癌”免费筛查等，完善公共卫生帮扶体系，使贫困地区重大传染病和地方病得到有效控制。最后，以喜闻乐见的形式，向广大民众宣传健康扶贫政策，提高贫困人口的知晓率。2017年

① 2017年每千人病床数，数据来源于《2017年我国卫生健康事业发展统计公报》。

② 2017年每千人卫生技术人员，由《2017年我国卫生健康事业发展统计公报》表40中卫生技术人员数、国家统计局网站总人口数计算。

至2018年，县卫生局发放政策明白卡、健康扶贫知识宣传材料15万份，在乡镇医院和村卫生室等公共场所设立电子屏幕、健康政策宣传栏等，向民众宣传各项政策，并定期更新。效果尤其好的是，利用陕北说书形式，让老百姓在欢乐的气氛中学习健康扶贫知识。定边县的各种努力，使全县贫困人口政策宣传惠及率100%。

表7-4 定边县居民健康状况统计（2014—2017年）

	2014	2015	2016	2017
健康人数（人）	24780	25005	27348	29353
患有大病人数（人）	1207	1127	893	726
残疾人数（人）	2483	2485	2616	2669
长期慢性病人数（人）	4249	4305	4748	3250
健康人数比例（%）	75.74	75.95	76.81	81.54
患有大病人数比例（%）	3.69	3.42	2.51	2.01
残疾人数比例（%）	7.59	7.55	7.35	7.41
长期慢性病人数比例（%）	12.99	13.08	13.33	9.03

脱贫攻坚以来，健康扶贫工作取得了可喜的成绩。政府财政投入和全面的医保和救治，使定边县医疗卫生服务资源稳定增长，整体医疗水平接近全省或全国水平，全县患病的居民比例不断下降。

五、健康脱贫的定边经验及其完善建议

在健康扶贫实践中，定边县通过精准救治、精准施治、精准落实和普遍预防四个维度举措，最终实现贫困患者看得起病、看得好病、看得

上病和少生病的实践效果，从而积累了可资借鉴的健康扶贫经验。首先，在健康扶贫工作中要处理好医疗保障投入和救治效率之间的关系。定边县积极响应党中央脱贫攻坚号召，加大对贫困患者的医疗保障投入，与传统的只注重投入环节不同，定边县通过审批、监督和修正三个环节保障了健康扶贫资金的使用效率。其次，定边县健康扶贫工作重在“治病”和“防病”双管齐下。一方面，通过医疗队伍建设、开发医师外援、加大救助力度、降低起付线、简化报销流程等措施帮助贫困患者治好病；另一方面，通过村落广告栏、电视节目、广播、讲座、入户走访等方式，提升全县人民的医疗保健知识，重防病，使人民尽量少得病。最后，定边县的健康扶贫工作既注重对贫困人口帮扶的精准，也注重对一般民众医疗服务水平的提高，以脱贫攻坚为抓手，全面提升医疗水平、健全医疗服务体系。

通过上述三方面的经验，定边县铸牢了健康扶贫保障线，保障了脱贫攻坚战的成果，并为接下来的乡村振兴奠定了基础。不过定边县的健康扶贫经验亦有需要完善的地方。首先，深入推进医疗体制改革与全国同步，从根本上解决看病难、看病贵的难题。这也是接下来乡村振兴战略的内在要求。其次，应该注重健康扶贫与其他脱贫发展举措协调配合，从总体上规划解决因病致贫、因病返贫的问题。最后，着力解决并稳步推进医疗卫生资源总量不足、质量不高和医疗卫生服务体系碎片化突出、共享机制不健全等问题。①

① 赵华、焦建彬：《西部脱贫攻坚小康化医疗卫生精准脱贫模式研究》，《中国软科学》2016年第7期。

第五节　社会兜底是全面建成小康社会的底线制度

帮助社会中各类处于生活窘迫和发展困境的群体渡过难关，是脱贫攻坚战中难啃的硬骨头，也是新时代民生建设和社会保障体系建设的内在要求。①

围绕“精准扶贫、全面小康”的奋斗目标，认真贯彻落实省、市、县各项政策措施和决策部署，切实加强社会救助工作与扶贫开发政策的有效衔接，以强有力的社会保障制度切实保障困难群众基本生活，解决后顾之忧，激发贫困群众自我发展的内生动力，形成政策合力，巩固脱贫成果，打赢脱贫攻坚战，实现同步小康。定边县民政局牵头，联合卫计局、人社局、县人民医院等，围绕“通”“扶”“兜”“振”四个方面开展扶危济弱工作，在脱贫攻坚实战中形成了助力社会兜底、织密民生保障网的定边经验。

一、“三通”兜底保障工作制度实现与群众沟通零距离

无论是对现阶段脱贫攻坚战略还是对全面建成小康社会而言，最贫困人口的最大福祉都是减贫和建设的必要工作理路。② 为了不让一个群众掉队，定边县民政局协同卫计局、人社局、县人民医院等部门，加大兜底保障力度，创建了“三通”兜底保障工作制度，即保障政令通、服务通和政策通，实现与弱势群众沟通零距离。

首先，政令通确保各项兜底保障工作顺利开展。在建立社会兜底脱贫

① 兰剑：《后脱贫攻坚期民族地区“弱有所扶”民生建设困境及其完善路径》，《云南民族大学学报》2019 年第 2 期。

② 慕良泽：《脱贫攻坚：中国民生建设和民生政治的时代表征》，《贵州社会科学》2018 年第 4 期。

工作领导小组的组织机构基础上，还建立了困难群众基本生活保障工作协调机制、救急联席会议制度。实行主管主责、主管解剖麻雀、考评标准化、信息公开化、暗访常态化、监督有力化和奖罚分明化等一系列工作制度。形成主要领导负主责、敢于担当，重要工作亲自部署、重大问题亲自过问、重点环节亲自协调、重要事件亲自督办，切实凝聚广大党员干部职工力量，充分发挥各自长处，围绕中心，服务大局，营造工作中讲原则不保守、讲程序不刻板、讲严谨不禁锢、讲创新不违规的良好工作氛围。

其次，服务通采取专题培训、以会代训、以学代训等多种形式培训。实现“被动、单一型业务通干部”通过“加强干部履职担当意识，提高业务水平，及时让干部熟知各级精准扶贫新政策、新动态、新标准，提高干部群众的工作能力，明白如何入户、如何送政策、送温暖、解难题，提升干部综合服务能力”等，向“主动综合型服务通干部”转变。

最后，政策通即通过电视台、广播电台、网络媒体和宣传资料，最大限度地让所有帮扶干部、第一书记、广大基层干部和贫困群众了解掌握兜底保障政策。让贫困群众和帮扶干部能够根据贫困户自身属性条件，申请享受应享受的兜底保障政策。让“知晓率”和“满意度”上升，让“误解率”下降。

定边县以“脱贫攻坚”为契机，在社会兜底保障工作中创建了“三通”工作机制，丰富了群众路线的内容。

二、加强社会救助工作与扶贫开发政策的有效衔接

从理论上讲，扶弱济困是民政部门的传统工作，但在脱贫攻坚的大背景下，为了在有限时间内实现弱势群众脱贫致富，共享改革和发展红利，各个部门必须打破壁垒，打好政策组合拳，加强社会救助工作与扶贫开发政策的有效衔接。

这一打好政策组合拳的工作机制可以概括为“扶”，即按照“保基本、兜底线、促公平、可持续”的要求，坚持“公开、公平、公正”的原则，以最低生活保障、特困供养、医疗救助、临时救助、残疾人补助、老年优待等社会救助政策，精准识别、精准救助、精准管理，助推精准扶贫工作。实际工作中根据工作进展情况和实际问题，及时发现问题、上报问题、研究对策、解决问题，以强有力的社会保障制度切实保障困难群众基本生活，形成政策形成合力，让困难群众放心、无后顾之忧地发展产业、创业、就业，实现同步小康。

2017 年，全县共保障农村低保对象 5512 户 12228 人，其中建档立卡贫困户 7578 人，确定分类施保（如图 7–2 所示）对象 4617 人、“渐退帮扶”对象 3080 人。全年累计发放低保金 4588.94 万元，分类施保金 430.59 万元。对低保家庭中的 70 周岁以上老年人、儿童、重度残疾人、丧失劳动能力的重病患者、单亲家庭中的未成年人、哺乳期妇女、非义务教育阶段学生实施分类施保，按照低保标准比例的 20% ～ 70% 增发低保金，切实提高救助水平。将特困供养对象分为分散供养对象、集中供养对象和养老服务设施供养三类，其具体做法如表 7–5 所示。

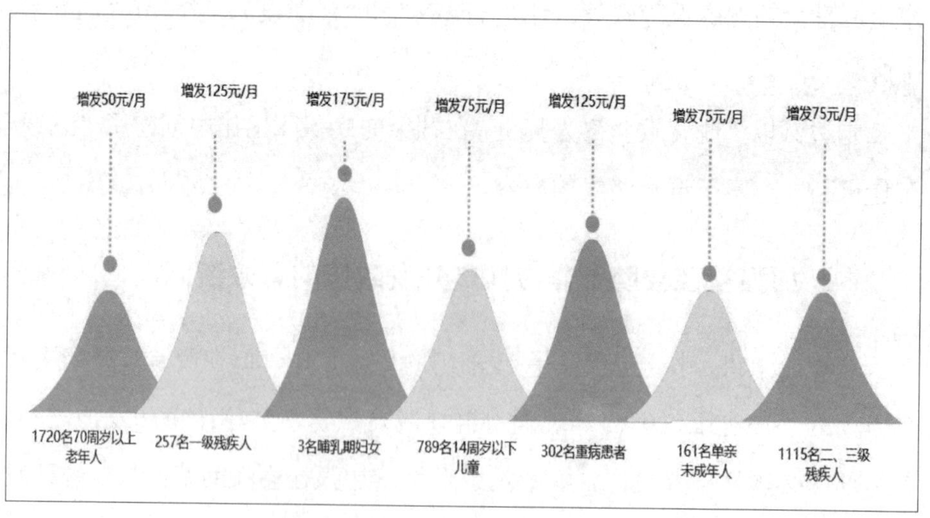

图 7–2　定边县精准分类帮扶困难群众

表 7–5　特困供养分类供养内容及成绩

供养对象	供养内容
分散供养	严格按照特困人员供养政策，规范审批程序，精准认定特困人员资格，对特困人员自理情况进行分类统计，并敦促分散供养对象与乡镇（街办）、村、监护人签订四方协议，进一步保障供养对象的合法权益。2017 年将符合条件的 446 户 506 名特困人员全部纳入分散供养保障范围，累计下拨供养资金 359.47 万元
集中供养	县中心敬老院于 2016 年正式投入运行，占地面积 58 亩，建筑面积 7000 平方米，总投资 2600 万元，设计床位 300 张，开展了亲情式、家庭式服务活动，提供人性化、标准化、精细化的护理服务，确保院内城乡特困人员衣、食、住、行、医、用、葬七个方面服务到位。截至 2018 年，供养城乡特困人员 122 人（男 92 人、女 30 人），失能 7 人，半失能 16 人，自理 99 人
养老服务设施供养	推进医疗卫生与养老服务融合发展，2017 年投入资金 98 万元，在定边协和医院启动了定边协和医院老年护理院医养融合项目试点建设工作；投入资金 246 万元，鼓励农村利用闲置资源建设农村互助幸福院等养老服务设施，实施了 29 个农村幸福院项目建设，努力推进养老服务设施全覆盖

与此相关，还要提高医疗救助扶贫。首先，扩大结算范围。把低保对象、特困供养人员和建档立卡贫困对象等 100% 纳入民政医疗救助范围，与全县 36 家新农合定点医疗机构签订协议，在政务大厅合疗窗口和民政局设立医后救助“一站式”服务点，提供便捷的“一站式”医疗救助服务。其次，资助参合补助。按照定边县 2018 年新农合 170 元 / 人的缴费标准，为 12096 名农村低保对象、506 名农村特困供养对象和 102 名孤儿对象全额资助参合补助资金 215.968 万元。最后，实施四重保障。严格按照“保险在前，救助在后”的救助原则，实施“四重保障”救助，使各类救助对象经新农合、大病保险、民政医疗、政府兜底救助后，实际救助比例达到 90% 以上。2017 年，共为符合条件的各类困难群众支付医疗救助金 1395.63 万元，累计救助 9017 人次，其中为建档立卡贫困户支付医疗救

助 737.082 万元，累计救助 5935 人次。

此外，在临时救助方面，依据《临时救助工作规程》，积极完善了“先行救助，分类审批”机制，将临时救助功能定位在基本生活救助和社会救助体系兜底保障上，突出了“救急难”的制度特点。各类困难群众因生活、突发事件、重大疾病、教育等造成基本生活暂时出现困难的家庭或个人，均可在本人所属乡镇提出申请，经民主评议、入户调查、审核后，金额较小的（2000 元以内）乡镇人民政府可自行审批；金额较大（2000 元以上）且事态紧急的可先审批救助，再报县民政局备案，使临时救助制度真正发挥拾遗补阙、托底保障的作用。

2017 年，共下拨临时救助资金 1738 万元，累计救助 2.84 万人（次），人均救助 612 元，重点帮助了因病、因学等遇到临时性、突发性困难的低保边缘群体和贫困户，解了燃眉之急。

图 7-3　定边县社会兜底临时救助申请流程

三、爱心超市积分机制激发自我发展的内生动力

与从前民政干部到户走访直接给米、面、粮油和衣服、被品等传统救助方式不同，定边县民政干部在社会救助工作中创建了爱心超市的物资救助模式。与此前按家按户平均配给物资不同，爱心超市充分考虑了被救助

群众的自尊心对自我发展意识的影响，使他们通过自身言行对社会的影响和贡献得分水平为自己“挣”得生产生活用品，这样既培育了弱势群众的自尊心，激发他们自我发展的意识，也实现了扶贫资源的再次精准配给。这一工作机制被当地民政干部概括为“振”。

为充分激发农户特别是贫困户主动摆脱贫困、自我发展的内生动力，定边县结合县村规民约和乡村振兴工作，制定了《定边县爱心超市建设工作实施方案》，探索实施“积分改变习惯、勤劳改变生活、环境提振精神、全民共建美丽乡村”的发展模式。2017 年，全县 20 个乡镇、便民服务中心全部建立“爱心超市”仓库，227 个行政村全部建立“爱心超市”。通过每季度对农户和贫困户在见义勇为、爱心捐助、建言献策、举报违法犯罪、响应脱贫政策、投身产业建设等方面的表现，定期给表现突出的农户发放奖励积分，可凭积分到爱心超市兑换相应物品。实现了“爱心超市”全覆盖，并投入 294.29 万元，调拨面粉、大米、食用油等 23 类生活用品，保证“爱心超市”顺利运行，让需要帮助的困难群众，能够有尊严地兑换到自己的生活必需品。

四、兜底是对特殊群体“一个不能少的真情关怀”

兜底保障是全面建成小康社会的底线制度安排，是解决深度贫困问题的必需举措，是坚决打赢脱贫攻坚战的最后手段。它凸现了党和政府“全面建成小康社会，一个不能少；共同富裕路上，一个不能掉队”对“鳏寡孤独”等特殊群体的真情关怀。根据《定边县精准扶贫兜底保障巩固提升方案》《定边县精准扶贫兜底保障工作实施方案》《关于对建档立卡县兜底户实行动态管理的通知》等文件，将贫困户中丧失劳动能力，没有自我发展能力，无法通过产业扶持、就业发展、搬迁安置和其他措施脱贫的困难家庭，纳入兜底保障范围分类给予政策支持。做到了应保尽保、应扶尽扶、分类保障、动态管理，不漏一户一人。按照户主申请、民主评议、入户调查、张榜公示、乡镇审核上报、县民政局与县扶贫办共同审批认定的程序。兜底保障标准以保障基本生活为底线，随着城乡人均可支配收入变化而变化。2017 年，共确定建档立卡贫困户兜底保障对象 544 户 691 人，其中 406 户 444 人纳入农村特困供养保障范围，138 户 245 人纳入农村低保范围，2 人纳入孤儿保障范围，实现了兜底保障对象社会救助政策全覆盖，确保了所有兜底保障对象同步实现脱贫。

五、社会兜底保障的定边经验及其完善建议

社会兜底保障是脱贫攻坚中对特殊人群的真情关怀，也是全面建成小康社会的底线制度。定边县民政局牵头协同相关部门，通过基层干部多次调查走访、反复实验、细致落实和检验，建成了“通”“扶”“兜”“振”四个维度严密的社会兜底保障扶贫体系。以此为基础，可以观察到定边县在社会兜底保障工作方面的有益经验。

首先，扶贫干部与贫困群众密切沟通，真正做到了想群众之所想、急群众之所急。社会兜底保障工作中的“三通”工作机制实现“政令”“政策”和“服务”通，各级领导干部下沉到扶贫一线，实现与群众沟通零距离，在脱贫攻坚工作中丰富了群众路线的实践内涵。其次，实现社会救助工作与扶贫开发工作的有效衔接。民政部门成为协同卫生部门、社会保障部门、财政部门，并联系贫困群众的组织者和协调者，这一过程使民政部门的传统职能进一步拓展，也实现了民政与其他部门和群众的联动。最后，以民为本，同步实现物质扶贫和精神扶贫，也使特殊贫困群众得到有效兼顾。如考虑到直接给予救济物资对贫困人口人格尊严及自我发展能力培养的忽略，而采用鼓励在社会道德行为方面表现好得分，再凭借得分到爱心超市换取生活用品。这一方式激发了贫困群体脱贫发

展的内生动力。

同时，在社会兜底保障工作方面，定边县或许也是全国所有县面临的一个难题，即如何处理扶贫效率与社会兜底伦理之间的矛盾问题。兜底保障的初衷是“不让一个人掉队”，要让所有人分享脱贫发展的成果。然而在实践中，因扶贫资源紧缺，而社会兜底需求较大，如何在理论和实践中处理二者的矛盾关系是一个难题。此外，以脱贫攻坚为契机，民政部门协同相关部门创建了生动活泼、全面有效的社会兜底保障体制机制，那么，在脱贫攻坚战略圆满完成之后，各部门是退回到原工作领域，还是要继续维持这种协同机制，如果要继续维持这种协同机制，又如何保持？

六、包容性发展扶贫的乡镇标兵：冯地坑乡

（一）冯地坑乡实际情况及整体工作思路

冯地坑乡位于定边县西南白于山区腹地，乡政府所在地距县城 50 千米，与红柳沟、白湾子、王盘山、姬塬相邻，西部有沟与宁夏盐池县为界。全乡地形复杂，北依羊圈山，中间一道相连的平漫梁塬，直达南端，东南西三面被纵横交错的沟壑割裂，交通不便。除少数梁塬地肥沃外，其余山坡、沟台地土贫瘠。

全乡总土地面积 218 平方千米（合 32.8 万亩），耕地面积 6.4 万亩，林（草）保留面积 52641 亩，全乡辖 11 个行政村 60 个自然村 1551 户，总人口 10149 人。其中，农业人口 6393 人，流动人口 3756 人。乡属企事业单位 6 个，一所完全小学（乡中心小学和中心幼儿园），有教职工 45 人，在校学生 182 名。有党支部 12 个（农村党支部 11 个，机关党支部 1 个），党员 329 名，其中女党员 44 名。乡域内沟壑纵横，立地条件较差，但石油资源丰富，肥沃的梁塬之地可以种植马铃薯、荞麦、小杂粮等农

作物。乡域内虽沟壑纵横，而特色优势明显，第一产业以种植马铃薯、荞麦、小杂粮等为主，养殖业以羊、生猪为主；第二产业以石油开发等为主体；第三产业以服务长庆采油五厂为对象的特色产业体系。形成了“第一产业为基础、第二产业为主体、第三产业为特色”的经济发展模式。

为此，冯地坑乡党委、乡政府探索出了脱贫攻坚的整体工作思路：在县委、县政府领导和县扶贫办的指导下，乡党委、乡政府以“农业立乡、工业兴乡、服务业强乡”为发展思路，把推进“经济强乡、生态美乡、文化荣乡、社会和乡”为奋斗目标，抓住脱贫攻坚战略契机，利用资源优势，抓“四支队伍”管理，聚焦“六个精准”，以“十个一批”为着力点，在精准施策上出实招，推进“乡村振兴”，助推“脱贫攻坚”取得显著成效。定边县全县共有贫困村 79 个，其中冯地坑乡有 5 个。目前在册建档立卡贫困户 315 户 1156 人，2015 年至 2017 年三年脱贫退出 289 户 1108 人，未脱贫 26 户 48 人，2018 年脱贫 8 户 20 人。

（二）强化驻村工作队建设，落实“十个一批”成效显著

按定边县委、县政府文件精神，冯地坑乡在其辖下的 5 个行政村建立驻村帮扶工作队，帮扶部门主要领导担任队长。同时，在 6 个非贫困村成立扶贫工作组，包村领导任组长。县级领导、各部门和乡级企事业单位负责人及村干部，分别对 315 户贫困户实现帮扶责任对贫困户全覆盖。将县级帮扶干部计算在内，冯地坑乡共有帮扶干部 194 人，根据县委组织部规定，县级党员干部帮扶 2 户，普通党员干部帮扶 1 户。但因帮扶干部人数有限，为了更好地完成脱贫攻坚任务，乡、村两级干部基本帮扶 2 户。帮扶人须全面掌握建档立卡贫困户的家庭状况和致贫原因，建立帮扶档案，再对应“十个一批”扶贫举措，帮助贫困户“选好菜”，量身制定脱贫计划，进行挂牌公示。在训练有素、执行有力的全体驻村工作队员共同努力下，冯地坑乡在落实“十个一批”扶贫举措时，取得了显著成绩，见表 7–6。

表 7-6 冯地坑乡“十个一批”脱贫举措及其成效

产业脱贫	种植业物资补助 112000 千克，农业保险免费投保马铃薯 1171.5 亩、玉米 1390 亩，建成设施农业塑料大棚 102 户（180 平方米 / 户，补 4000 元，兑付 40 万元），土地深松 8000 亩，“一亩田”工程 528 亩，全乡 50 户种养殖贫困户实施技术培训项目资金 8000 元，贫困户购置农机具补贴 35330 元，任塬村贫困户扶持猪崽 84 头共 79400 元，畜牧产业扶持 84 户兑付 68.8 万元
易地搬迁	对贫困户中的无房户和危房户实施搬迁，彻底消除在册贫困户中的无房户和危房户：全乡共实施移民搬迁 121 户 430 人，其中新乐小区 47 户 169 人，衣食梁移民社区 43 户 149 人，农村新建房 31 户 112 人，现已全部达到入住条件
转移就业	全乡贫困人口中有劳动力且有就业意愿 171 人，其中自主创业 22 人，参加就业培训 28 人，转移就业 108 人，公益性岗位或公益性专岗安置 9 人，企业安置 4 人
教育资助	教育扶持达到全乡义务教育阶段无辍学学生、学生上学有保障。学前教育共补助 100 人次，义务阶段共补助 133 人次，高中共补助 46 人次。同时进入陕西省旅游学校上学的贫困户学生 3 人，贫困户中大学生 44 人
健康扶贫	彻底解决全乡贫困人口“因病致贫”“因病返贫”问题。推进乡村医疗基础设施建设，实现全乡村村有标准化卫生室；为全乡贫困人口代缴合疗大病保险费 1157 人次共 17.355 万人；贫困人口住院报销坚持“四重保障”，建档立卡贫困人口住院实报比例达 90%，截至 2018 年，贫困户大病救助及二次报销共报 75 人次 227431 元
生态补偿	落实贫困户选聘护林员政策，共选聘 4 名护林员（1 万元 / 人 • 年），2017 年生态林补贴面积 140884.35 亩、退耕还林补贴面积 6287.9 亩
兜底保障	推进贫困人口和低保人口“两线合一”政策，全乡低保 66 户，低保贫困户 44 户，“五保”户 14 户，全部纳入建档立卡贫困户；全乡兜底 15 户 19 人，全面实现贫困户中无劳动力人口脱贫；全乡发放临时救助 61 万元（贫困户 21.15 元）；完成将一级残疾贫困人口纳入“五保”、二级残疾贫困人口纳入低保工作，通过社会兜底，彻底解决无收入来源户的生活
危房改造	全乡经过两次摸查、住建部门技术鉴定，确定全乡需改造危房危窑 55 户（其中贫困户 4 户），现已全部完工并入住，全面解决乡群众安全住房问题

（续表）

金融扶贫	落实“5321”金融扶贫政策：对于有劳动能力、具有贷款意愿、有志于发展增收产业的贫困户，通过诚信评价后，给予办理5万元以下贷款，贷款时限为3年，实行免担保、免抵押，政府对贷款利息进行全额补贴。2016年，全乡建档立卡贫困户共计贷款973万元，财政贴息20.1927万元；2017年这一数字为929万元、财政贴息20万元
社会扶贫	乡党委、乡政府经过认真规划和前期调研，利用长庆采油五厂驻地这一优势，邀请县委、县政府主要领导和长庆采油五厂主要领导协调、沟通，共同确定了“长庆五厂＋当地贫困人口”的用工模式，已累计为长庆采油五厂提供运输配属皮卡19辆，提供劳力57人，使贫困人口在保证家庭种养殖业发展的同时，就近务工获取劳动报酬，提升了贫困人口自我“造血”能力。另外，乡党委通过和驻地企业协调，争取企业支持，累计为贫困户免费发放树苗7000余株，提供猪崽94头，为部分贫困户免费提供用煤、用电便利

（三）企地共建：从“油耗子”到“护矿工”的转变

2017年是定边县脱贫攻坚年，乡党委坚持以党建“三令箭”，助推脱贫攻坚的工作模式，坚持党建“主业”与脱贫攻坚“业责”相结合，强化党建引领，助推脱贫攻坚①。冯地坑乡党委、乡政府，联同各种力量形成合力，服务于脱贫攻坚总目标，在精准施策上出实招，在精准帮扶上见实效，在脱贫攻坚战中展现了许多亮点。采取积分机制的爱心超市，通过让贫困人口有尊严地取得，激发脱贫的决心和潜力；发展塑料大棚种植反季蔬菜有效提高民众收入；驻新城滩村第一书记牛和平通过“省际外交”从宁夏盐城线引入自来水，解决全村145户669人的吃水难问题；以党建“三令箭”，助推脱贫攻坚；“牵责任‘牛鼻子’，推工作落实”等做法和工作机制，都是在脱贫攻坚战中涌现出来的可圈可点的经验。限于篇幅，此处仅择冯地坑新城滩村“企业＋贫困户”的用工模式作一阐释。

冯地坑是陕北地区石油分布比较集中的小片地区。当地石油资源丰

① 以“新时代”思想引领　筑固脱贫攻坚“时代梦”，定边县脱贫攻坚领导小组办公室，《定边县脱贫攻坚风采展》（乡镇篇），2018年6月30日。

富，新城滩村又是采油核心区。因此，驻定企业长庆石油专门在此地设第五采油厂，长期开采石油。

脱贫攻坚以来，在乡党委、乡政府的支持下，冯地坑新城滩村村支书充分利用当地石油企业的优势平台，通过村级担保，使有劳动能力的村民得以在当地石油企业务工，得以提高收入，创建了“企业 + 贫困户”的用工模式。

现在长庆第五采油厂中，劳务后勤岗位工作人员都是冯地坑的富余劳动力，实现就近就业。因为进厂当工人，属季节性务工，农忙季节可以辞掉，忙完农活再申请回厂上班。当然，如果无须种庄稼，则可以一直在厂里上班。普通工人上 20 天休 10 天，每人每月可赚 2000 ～ 3000 元工资，这使当地农民收入均有保障。此外，若以车入股参与运输，则按比例分红，约 4 ～ 5 年可以收回车本钱。

扶贫工作开展以来，冯地坑乡有 100 多人在采油厂务工，经过乡党委和政府的努力争取，为贫困户积极协调争取司机、看井、后勤等劳务岗位，累计就业 57 人，占全乡贫困人口的 5%，有效地增加了农户的收入，提高贫困户就业创业积极性。同时，在新城滩村以村集体形式入股长庆五厂运输车辆，紧握区域优势，实现企地共进、共荣。正如时任定边县委书记在全市乡镇党委书记脱贫攻坚研讨班上的讲课提纲中所说的，“精准扶贫是一场深刻的社会变革！”冯地坑过去企业和群众之间对立情绪突出，成为当地社会治理的难点之一。然而，精准扶贫开始以后，激发了新城滩村党支部政治智慧和解决问题的决心，通过反复研判，成立了新的务工工作队，通过与石油企业的有效沟通，成立了融合式支部，使原来的“油耗子”变身“护矿工”，并促使企地由过去的对立变成共存、共荣的发展模式。这不仅解决了一部分贫困人口的就业问题，提高了经济收入，更使基层社会治理模式发生了巨大变化。

第八章　巩固、提升与展望：走向乡村振兴

中国要强，农业必须强；中国要美，农村必须美；中国要富，农民必须富。2019 年新春伊始，中共中央、国务院公开发布《关于坚持农业农村优先发展做好“三农”工作的若干意见》，文中提到做好“三农”工作，要以习近平新时代中国特色社会主义思想为指导，全面贯彻党的十九大和十九届二中、三中、四中、五中全会以及中央经济工作会议精神，紧紧围绕统筹推进“五位一体”总体布局和协调推进“四个全面”战略布局，牢牢把握稳中求进的工作总基调，落实高质量发展要求，坚持农业农村优先发展的总方针，以实施乡村振兴战略为总抓手，对标全面建成小康社会“三农”工作必须完成的硬任务，适应国内外复杂形势变化对农村改革发展提出的新要求，抓重点、补短板、强基础，围绕“巩固、增强、提升、畅通”深化农业供给侧结构性改革，坚决打赢脱贫攻坚战，充分发挥农村基层党组织战斗堡垒作用，全面推进乡村振兴，确保顺利完成到 2020 年农村改革目标任务。

脱贫攻坚战打响以来，定边县认真贯彻《中共中央　国务院关于坚决打赢脱贫攻坚战的决定》和习近平总书记关于脱贫攻坚的系列重要讲话精神，在省市党委、政府的领导下，增强“四个意识”，紧紧围绕实现贫困人口“两不愁三保障”和贫困县摘帽脱贫目标，统筹实施了“菜单式”服务、“清单式”问效、“台账式”管理等一系列行之有效的脱贫攻坚举措，经

过全县上下合力攻坚，各级帮扶单位大力帮扶和社会各界广泛参与，圆满完成79个贫困村8892户34159人贫困人口的脱贫退出，贫困发生率降至0.68%。2018年9月28日，经国务院扶贫开发领导小组评估和陕西省政府批准，定边县正式脱贫摘帽、退出贫困县序列。

脱贫摘帽不仅是对定边县前期脱贫攻坚工作的肯定，更是对定边县继续奋斗的激励。为了进一步巩固扩大脱贫攻坚成果、提高脱贫质量，为了确保精准脱贫户收入持续增长、减少和防止贫困人口返贫；为了积极贯彻《关于坚持农业农村优先发展做好“三农”工作的若干意见》，下一步，定边县需要再接再厉，在巩固已有成果的扎实基础上，稳固提升，实现全面小康目标，推进脱贫攻坚工作与乡村振兴有效衔接，为迈向乡村振兴做好积极准备。

第一节　定边县脱贫攻坚巩固提升的目标方针

“巩固”意味着巩固既有脱贫成果，落实已有政策部署，防止脱贫人口返贫；“提升”意味着在此基础上进一步压实脱贫攻坚责任，确保至2020年现行标准下农村贫困人口实现全部脱贫，持续推动农村经济社会发展和群众生活改善，及早谋划脱贫攻坚与实施乡村振兴战略的衔接。

为稳步推进脱贫攻坚巩固提升工作，定边县在未来将继续全面贯彻党的十九大和十九届二中、三中、四中、五中全会精神，继续以习近平新时代中国特色社会主义思想为指导，紧紧围绕“四个全面”战略布局，牢固树立创新、协调、绿色、开放、共享的新发展理念，坚持以脱贫攻坚统揽经济社会发展，以脱贫攻坚彻底扭转干部作风，以精准扶贫、精准脱贫为基本方略，着力夯实稳定脱贫基础、加强扶贫领域作风建设、激发贫困人口内生动力，统筹开发式扶贫和保障性扶贫，推进改革创新，切实提高贫困人口的获得感和幸福感，确保定边县群众同全国群众一起进入全面小康社会，为实施乡村振兴战略打好基础。

一、巩固提升面临的问题

要想聚力精准施策，稳步巩固提升，首先需要找准开展下一步工作所面临的困难和短板。依据前期脱贫攻坚的实践经验，定边县目前面临以下三方面的问题。

一是产业契合度提升扩张的问题。前期结合定边县域实际，通过深入调研，已经引导帮扶贫困群众发展了适合他们自身的产业。然而，受市场价格等不确定因素影响，已有产业与市场衔接度不高，全产业链尚未打通，抵御市场风险能力较差，一部分群众的产业收益没有达到预想效果。如何保持产业发展和市场需求高效对接是今后指导实施产业扶贫面临的一大难题。

二是脱贫退出后政策延续性问题。由于一部分脱贫人口存在返贫风险，一部分非贫困人口也存在致贫可能。已有的脱贫攻坚帮扶工作的确使他们暂时摆脱了贫困，但脱贫基础还不够牢固，脱贫再发展的能力还不够强。脱贫退出后如若不能保持政策落实的延续性和稳定性，已有脱贫成果便存在不稳固的风险，必须引起高度重视。

三是调动贫困群众内生动力问题。在激发群众内生动力方面，定边县扶贫办已做了大量工作，大部分群众掌握了适宜自己的脱贫技能与本领，树立了脱贫光荣、安贫可耻的价值观念。然而，仍有个别困难群众没有树立起正确的价值观，尚未改变“等靠要”的怠惰陈旧观念，如何在今后工作中进一步激发这部分群众的内生动力，亦是面临的重要课题。

二、巩固提升的目标任务

依据中共中央、国务院《关于坚持农业农村优先发展做好“三农”工作的若干意见》中提出的至2020年确保现行标准下农村贫困人口实现脱贫、贫困县全部摘帽、解决区域性整体贫困的总目标，为确保顺利完成承诺的农村改革发展总目标，定边县依据本县实际情况，力争在未来的工作中，以建档立卡贫困村、贫困户为主要对象，按照“六个精准、五个一批”的总体要求，强力推进脱贫攻坚巩固提升工作。应该坚持把解决好“三农”问题作为全县工作重中之重，坚持农业农村优先发展，按照“产业兴旺、生态宜居、乡风文明、治理有效、生活富裕”的总要求，建立健全城乡融合发展体制机制和政策体系，统筹推进农村经济建设、政治建设、文化建设、社会建设、生态文明建设和党的建设，加快推进乡村治理体系和治理能力现代化，加快推进农业农村现代化，走中国特色社会主义乡村振兴道路，让农业成为有奔头的产业，让农民成为有吸引力的职业，让农村成为安居乐业的美丽家园。

在巩固提升阶段，定边县应着力建立防止返贫的工作机制，发挥县委、县政府主导作用，各乡镇、各部门要结合实际，制定巩固提升脱贫成果防止返贫的具体工作方案，明确对象范围和政策措施，坚持精准扶贫、精准脱贫。坚持综合施策、持续发力，坚持“输血”与“造血”相结合，坚持外界帮助与内生动力相统一。保持帮扶政策连续性，千方百计增加脱贫户收入，帮助减少支出，改善生产生活条件，提升脱贫质量和效果，确保实现稳定脱贫。

此外，定边县应着力完成以下四大基本任务：一是至2020年确保现行标准下定边县农村贫困人口全面脱贫，消除绝对贫困，实现贫困村农民人均可支配收入增长幅度高于全国平均水平。二是继续推进基础设施建设，提高公共服务水平，实现贫困地区基础公共服务主要领域指标接近全国平均水平，包括乡镇和行政村通硬化路，动力电贫困村全覆盖，全面彻底解决贫困人口住房和饮水安全问题，贫困村村容村貌达到人居环境干净整洁的基本要求。三是继续排查解决影响“两不愁三保障”实现的干扰因素。全面实现义务教育阶段无因贫失学辍学学生，基本养老保险、医疗保险、大病保险实现贫困人口全覆盖，最低生活保障实现应保尽保。四是分批次、有步骤确保如期完成全面脱贫任务。截至2020年，共实现1285户3280人脱贫，1个贫困村退出。2020年坚持防返贫与抓脱贫并重，全面巩固脱贫成果，为推进乡村振兴打好基础。

三、巩固提升的方针与策略

定边县的脱贫攻坚工作不仅要在2020年实现全县范围内消除绝对贫困的目标，而且将以此创造定边县巨大的发展新机遇和第一民生工程。通过“三个基本”“三个引领”“三个阶段”的强干实干，定边扶贫模式可概括为:“强”“变”“实”。“强”在思想战略上，加强干部群众对于脱贫攻坚的认识。“变”在脱贫政策上，依据中央政策指导，紧密联系定边实践，参考省市意见，制定定边的脱贫攻坚政策，保证所有的政策适用于定边县情并具有可操作性。“实”在实干和实效上，要实际去干还要干到实处，要看到实际的脱贫成效和贫困人口的获得清单。

为决战决胜脱贫攻坚，定边县在巩固提升阶段中应积极构建脱贫攻坚项目库，依据《定边县2018—2020三年滚动项目库》，按计划分步骤有序实施能力建设、产业扶贫、基础设施等项目，以确保贫困户受益。此外，应坚持围绕党建引领、改革创新等以下几点具体工作方针：

一是坚持党建引领。发挥县乡村三级党委总揽全局、协调各方的作用，严格落实脱贫攻坚“一把手”负责制，切实增强“四个意识”，集中精力抓脱贫攻坚。建强基层党组织，选好配强乡镇和村“两委”领导班子，强化“四支队伍”管理，发挥好基层党组织在脱贫攻坚中的战斗堡垒作用。

二是坚持目标导向、问题导向。坚持精准扶贫、精准脱贫基本方略，聚焦贫困对象，开展精准帮扶，因村因户因人施策，做到一户一本台账、一户一个脱贫计划、一户一套帮扶措施，确保贫困对象能够如期实现稳定脱贫。统筹乡村振兴与农村人居环境整治工作，提高农民整体获得感，巩固好脱贫成果。围绕激发贫困人口内生动力、夯实贫困人口稳定脱贫基础和加强扶贫领域作风建设等重点问题，开展常态化督导检查，统筹实施“菜单式”服务、“清单式”问效、“台账式”管理、“哑巴式”佐证、“大数据”统筹等行之有效的措施。通过问题整改，促进责任落实、政策落实、工作落实，确保脱贫过程扎实、脱贫结果真实，脱贫成效经得起实践和历史检验。

三是坚持政策不变。严格执行现行扶贫标准，既不降低标准、影响质量，也不擅自拔高标准、吊高胃口。坚持“两不愁三保障”贫困人口脱贫标准和贫困村退出标准，着力提升脱贫攻坚工作质量。脱贫攻坚所涉民生政策，攻坚期内保持稳定。

四是坚持改革创新。发挥自然资源丰富、特色产业基础良好和企业众多的优势，持续推行农村集体产权制度改革和“三变”改革，大力支持和积极推广各类产业、就业扶贫创新模式。坚持扶贫与扶志、扶智、扶技、扶德相结合，全面推广生产奖补、劳务补助、以工代赈、孝老敬老奖补等措施，强化脱贫光荣导向，提高贫困人口自我发展能力。

五是坚持全社会动员。充分发挥政府和社会两方面作用，强化政府责任，引导市场、社会协同发力，全面落实宝应一定边扶贫协作、国企合力团、百校帮百县、优质医疗资源下沉等社会扶贫各项工作，不断完善政府、市场、社会互动和专项扶贫、行业扶贫、社会扶贫互为补充的大扶贫格局。

第二节　定边县建立脱贫长效机制的探索

脱贫攻坚绝不是一蹴而就、一朝一夕的工作，意欲既巩固扩大已有脱贫成果，又稳固提升、有效推进新一轮的扶贫工作，就需要有持之以恒的精神与可持续运用的长效脱贫举措。基于前期脱贫工作的实践经验，遵循乡村发展规律，规划先行、分类推进，从而探索出一套行之有效的长效脱贫机制，对于确保精准脱贫户收入持续增长、减少和防止贫困人口返贫，对于指导定边县未来的脱贫攻坚巩固提升工作不可或缺。

一、加强和完善党对脱贫攻坚工作的领导

（一）进一步落实脱贫攻坚责任制

继续推行县、乡、村精准扶贫工作“一把手”负责制，增强政治担当、责任担当和行动自觉，从实际出发推动脱贫攻坚各项政策措施落地生根。乡镇党委、政府对扶贫开发工作的领导不能松懈，强化县乡抓落实工作机制和党政“一把手”负总责责任制，明确县乡村责任分工，建立落实台账，各级党政“一把手”要亲自研究解决扶贫开发中的重大问题。继续强化脱贫指挥战区作战机制及“一抓三包”机制。县级领导、五大作战片区、20个行业办公室、各职能部门、包村单位（企业）和“四支队伍”要“深耕”作战区域、加强脱贫攻坚工作检查指导、明确精准扶贫工作任务、推进精准脱贫工作措施。继续实行精准扶贫工作联席会议制度。建立扶贫信息共享平台，县委、县政府和脱贫攻坚领导小组主要领导为召集人，相关部门主要负责人为成员，召开会议统筹解决工作中存在的问题。

夯实行业部门责任。县脱贫攻坚领导小组负责分解落实行业部门脱贫目标任务，签订目标责任书，制定年度目标任务清单，明确脱贫具体举措，将任务分解到年、细化到量、具体到点、落实到人。县脱贫攻坚指挥部负责统筹协调、严督实考和服务保障等工作，建好指挥系统，提升指挥水平。县级有脱贫攻坚任务的部门、单位要按照中央、省、市、县决策部署，对照年度脱贫任务，找准短板问题，制定完善配套政策举措，细化三年行动方案，抓好组织实施，确保行业部门承担的任务保质保量完成。

（二）强化扶贫领域作风建设

严格遵守约束机制规定要求，持续开展扶贫领域腐败和作风问题专项治理，集中力量解决扶贫领域存在的责任落实不到位、工作措施不精准、工作作风不扎实、资金管理使用不规范以及形式主义和腐败等突出问题，保障脱贫攻坚工作精准施策。坚决纠正责任落实不到位、扶贫措施不精准、资金管理不规范、工作作风漂浮、考核不严不实等突出问题，对未完成脱贫攻坚目标任务的乡镇和县直部门，实行预警制度，年度目标责任考核实行“一票否决”制，对其主要领导人进行约谈或问责。对扶贫措施未精准落实到村到户，扶贫资金监管不力的相关干部给予问责，对贫困村第一书记和驻村工作队队员推动工作不力或考核不合格的视情形进行通报批评或问责，并及时安排调换。同时，建立正面激励机制，强化正面宣传报道，总结脱贫攻坚先进典型，形成“想干事、能干事、好干事”的扶贫社会风尚，定期表彰县、乡镇中工作突出的先进集体和个人，对脱贫工作中表现优秀的干部优先提拔任用，增强脱贫攻坚中干部干事创业的荣誉感，增强扶贫干部干事创业的积极性。

（三）加强基层党组织建设

一是深入推进村级党组织标准化建设。深化“星级创建、追赶超越”活动，创建市级五星级村党组织（示范村），使 90% 以上的村建成标准化村级党组织。二是落实村“两委”工作制度。全面落实村“两委”联席会议、“四议两公开”和村务监督等工作制度，健全落实村干部报酬待遇、人文关怀、晋升渠道和正常离任村干部生活补贴等各项规定，推动村干部把精力用在为民服务、脱贫攻坚、全面小康、乡村振兴等村级事务上来。三是全面强化农村基层党组织的领导核心地位，大力整顿软弱涣散村的党组织。对村党组织的运行情况和党组织书记的履职能力逐村进行全面分析研判，对组织领导力不强、运转不顺畅的村党支部及时进行整顿，对工作不胜任、不尽职的村党支部书记坚决予以撤换。此外，从外出务工经商创业人员、生产大户或致富带头人、农民专业合作组织负责人、大学生村官等人员中选配村干部。对本村确无合适人选的，从机关事业单位人员、乡村医生、乡村教师中委派或选派。四是扎实开展村级后备干部培养的“雏雁”工程。每个村动态培养40周岁以下、初中以上学历的后备干部。加大在青年农民、外出务工青年中发展党员力度，支持党员领办创办脱贫致富项目，发挥党员在脱贫攻坚中的示范引领作用。五是加强“四支队伍”管理考核和指导工作。持续优化整合驻村工作队、第一书记、乡镇包村干部、村“两委”成员等“四支队伍”力量，对不适应的及时召回调整。派出单位要严格落实项目、资金、责任捆绑要求，加大保障支持力度。六是推行“党建+产业”发展模式。整合特色农业产业优质资源，建立“产业大党委”，把组织优势转化为产业发展优势、组织活力转化为产业发展活力，形成“组织联建、项目联动、服务联手、实事联办”的工作模式，推进农业产业体系化建设，构建大党建大服务格局。七是持续开展脱贫攻坚“擂台赛”。构建“党建+擂台赛”工作机制，通过搭建党委与党委、支部与支部、党员与党员之间的比武擂台，让强与强对垒、弱与弱比拼，有效激发每个基层党组织和党员带动引领的内生动能，形成“抓党建、促脱贫、比实力、争先进”的良好氛围。八是压实乡镇、村两级党组织书记责任。

将抓党建促脱贫攻坚作为基层党建述职评议的重要内容，对重视不够、推进措施不力的，上级党组织要及时约谈相关责任人，后果严重的要问责追责。九是加强扫黑除恶专项斗争。进一步拓展排查范围和渠道，依纪依法严肃处理涉黑涉恶村干部，坚决防止家族势力、宗族派性、黑恶势力、违法违规宗教活动等侵蚀基层政权、干扰破坏农村公共事务。

（四）锻造过硬的脱贫攻坚干部队伍

一是树立鲜明的选人用人导向。充分运用“三项机制”，鼓励激励干部有担当、敢作为，在全县树立鲜明的选人用人导向。出台扶贫干部干事创业激励办法，每年提拔重用一批优秀扶贫干部。建立召回制度，凡选派的干部因其个人主观原因被召回的，档案一律收归市、县组织部门管理，五年之内不得提拔重用。对不服从单位选派和工作中不作为、乱作为，群众认可度低的，坚决调整出后备干部名单。二是深化运用职级抵押。继续深化运用好“职级抵押”，选派后备干部、新任干部到脱贫攻坚一线工作，扶贫期间的工作表现作为提拔使用、晋升职级、评聘职称、评选先进的重要依据，确保巩固提升脱贫成效。三是进一步加强扶贫工作力量。择优选派一批优秀年轻干部到扶贫一线工作，为脱贫战场注入新鲜血液，把脱贫攻坚一线作为锻炼干部、选拔干部的主战场，进一步加强扶贫工作力量。四是加强基层干部扶贫工作培训。通过采取案例教学、现场教学等实战培训方法，提高实战能力，增强精准扶贫工作本领。加大对贫困村干部培训力度，每年对“四支队伍”集中轮训一次，突出需求导向和实战化训练，着重提高落实党的扶贫政策、团结带领贫困群众脱贫致富的本领。

二、夯实精准扶贫、精准脱贫的基础性工作

（一）完善扶贫对象动态管理工作

推进农村低保与扶贫政策有效衔接。坚决贯彻以户施保政策，每季度

开展低保摸底排查，健全完善低保档案，规范审核审批程序，坚决取消“关系保”“人情保”和“政策保”，将符合农村低保条件的建档立卡贫困人员全部纳入农村低保范围，坚决有效落实好保障对象有出有进，补助水平有升有降的动态管理机制。一是加强农村最低生活保障制度与扶贫开发政策有效衔接，低保动态管理始终坚持“三共同”的原则，精准识别农村贫困人口，将符合农村低保条件的建档立卡贫困人员全部纳入农村低保范围，将符合建档立卡条件的农村低保对象全部纳入建档立卡范围。二是提高农村低保保障标准。农村低保保障标准综合考虑全省经济社会发展水平、农村居民可支配收入、农村居民人均生活消费水平、物件上涨等因素，按照省民政厅的相关政策文件，适时提高最低限度保障标准。三是完善分类施保。对低保家庭中 70 周岁以上的老年人、儿童、重度残疾人、丧失劳动能力的重病患者、单亲家庭中的未成年人、哺乳期妇女、非义务教育阶段学生等人员，按照低保标准比例的 20%～70%增发低保金，切实提高救助水平。四是实施渐退帮扶。对实现就业或接受扶贫开发项目取得收入尚不稳定，且已不符合低保条件的低保家庭，实行“渐退帮扶”政策，残疾家庭可在此基础上适度延长救助时限。

认真开展扶贫对象动态调整工作，严格按照贫困人口“两评议、两公示、一比对、一公告”识别程序，及时纳入因病、因灾等突发意外致贫的符合条件、遗漏在外的贫困人口和返贫人口，做好年度贫困人口自然增减及错退户、返贫户识别和录入工作。剔除清退各类不符合建档立卡条件的贫困人口，切实做到应纳尽纳、应扶尽扶，确保返贫即入、脱贫即出，实现扶贫对象动态管理，进一步提高建档立卡数据质量。严格执行中央、省、市贫困退出标准和程序，贫困户脱贫对照“一收入两不愁三保障”标准，按照村民代表大会民主评议、村“两委”组织信息核实、村内公示、乡镇核查、县级抽查标注的程序进行。贫困村退出对照退出标准，按照乡镇组织民主评议、交叉检查、镇内公示公告、县级核查、市级抽查标注的程序进行。

（二）积极搭建数据信息共享平台

积极学习应用全国扶贫开发信息系统和省级扶贫开发大数据平台信息管理、系统考核评估以及扶贫信息化系统，做到“见人、见项目、见资金”，建立以数据共享使用一体化为总抓手，以信息分析比对办法和数据质量责任追究制度为保障的“一体两翼”数据管理体系。各乡镇各部门信息系统数据要及时更新，及时对接省级大数据平台，促进户籍、教育、健康、就业、社保、住房、银行、农村低保、残疾等信息与贫困人口建档立卡信息互联互通、资源共享，确保扶贫部门建档立卡数据信息与行业扶贫部门数据信息一致。加强贫困人口建档立卡数据和农村贫困统计监测数据衔接，为脱贫攻坚决策、工作指导、督查考核提供科学依据和数据支撑。加大对贫困发生率较高乡镇、村跟踪监测和预警评估，建立脱贫成效巩固提升监测机制，对脱贫户实施跟踪和动态监测，及时了解脱贫后生产生活情况。加强扶贫数据信息人才队伍建设，各有关行业部门、各乡镇要固定1—2名扶贫信息员。注重建档立卡数据信息安全保密工作，确保扶贫系统和建档立卡人口数据信息安全。

（三）分类施策帮扶特殊贫困群体

加强特殊贫困群体的识别和动态管理，加大对特殊贫困群体的爱心帮扶和救助。建立因病、因残和老年贫困人口等特殊贫困群体台账，分类精准施策。对因病致贫返贫的，尤其是患重病大病、严重慢性病的群体，探索建立县、乡、村三级“医养结合”机构，加强医疗救助。对基本生活难以保障、失能、半失能人口和事实无人抚养未成年人，实施居家或集中救助帮扶。对重度残疾、重特大疾病人员，符合低保条件的，加大分类施保力度。继续加大资产收益对特殊贫困群体的扶持力度，对特殊贫困群体实行差异化的收益分配。积极为特殊贫困群体提供护林员、保洁员等农村特设公益性岗位，解决其就业问题。

继续筑牢兜底保障网，将建档立卡贫困户中丧失劳动力或没有自我发展能力，至 2020 年无法通过生产扶持、就业发展、搬迁安置和其他措施脱贫的困难家庭，全部纳入兜底保障。完善特困人员供养。进一步落实好农村特困人员救助供养制度，严格按照特困人员供养政策，规范审批程序，精准认定，保障供养对象合法权益，做到应救尽救、应养尽养。落实老年优待政策。将 70 周岁以上老年人全部纳入保障范围，严格申请、审批、保障标准、档案、资金等相关程序，随省、市、县老年人优待政策动态管理，确保 70 周岁以上老年人生活保健津贴按时足额发放。

对遭遇突发事件、意外伤害、重大疾病或其他原因导致基本生活陷入困境，其他社会救助制度暂时无法覆盖或救助之后基本生活仍有严重困难的建档立卡贫困家庭，及时给予临时救助。对于因火灾、爆炸、交通事故、溺水、人身伤害等意外事件造成家庭财产重大损失或者主要经济来源中断，或家庭成员突发重大疾病等原因导致基本生活暂时出现困难、需要立即采取救助措施的建档立卡贫困家庭，落实“分级审批”“先行救助”，为其提供应急性、过渡性救助。对于重大生活困难的，可采取“一事一议”的方式，适当提高救助额度。

三、加强精准脱贫巩固提升的支撑保障

（一）加大财政投入保障

优化扶贫资金运作方式，加大资金整合力度，拓宽整合的深度和广度，打破现有各类涉农资金条块分割的管理体制，采取有效措施、调动各方资源，形成推进脱贫攻坚工作合力。继续加大县级财政扶贫资金投入。县级财政专项扶贫资金，每年按照不低于地方一般预算收入 2% 的比例安

排下一年度专项扶贫资金，并确保增幅不低于 20%。深入推进财政涉农资金整合工作，持续加大统筹整合财政涉农资金工作力度，严格按照修订后的《定边县统筹整合财政涉农资金管理办法》规定，分年度编制和调整财政涉农资金整合工作方案，科学合理整合使用各类财政涉农资金，避免资金使用管理分散和项目重复现象，实现整合范围内各类资金在“大类间打通”“跨类别使用”的目标要求，做到“按需整合”“应整尽整”，形成部门联动、齐抓共管的良性工作机制。

加强扶贫资金管理。一是加大监督检查力度。建立监督检查长效机制，健全扶贫资金追踪问效制度，将扶贫资金管理使用情况列入年度监督检查计划，作为监督检查的重点内容，采取日常检查和专项检查相结合的方法，进一步加大项目和资金监管力度。二是强化财政资金支出管理。简化扶贫资金拨款和报账流程，实行国库集中支付制度。县级项目计划一经批复下达即拨付扶贫资金到乡镇或施工单位，采取预拨清算或先建后补、“一卡（折）通”直补到户等方式予以拨付。三是强化扶贫资金监管和绩效评价。对财政扶贫资金按照预算层级、使用部门、支出功能分类等进行监控，实现对财政扶贫资金的分配、下达、使用和绩效等方面全流程管理和全程监控。在扶贫资金绩效评价工作中贯彻执行财政专项扶贫资金绩效评价制度，考评年度扶贫资金使用和管理情况。将扶贫项目资金绩效评价结果作为业务主管部门年度考核和资金分配的重要依据，实行奖优罚劣，按照评价结果安排财政扶贫资金。

（二）加大金融扶贫支持力度

加强扶贫再贷款的使用管理，优化运用扶贫再贷款发放贷款定价机制，引导金融机构合理合规地加大对带动贫困户就业的企业和贫困户生产经营的信贷投放。加强金融精准扶贫服务，支持定边农商银行增加扶贫信贷投放，鼓励地方法人银行成立普惠金融事业部。创新产业扶贫信贷产品和模式，建立健全金融支持产业发展与带动贫困户脱贫的挂钩机制和扶持政策。加强扶贫信贷风险防范，完善风险补偿机制。通过优化信用环境、打击恶意逃债、打击非法集资、财政风险补偿等形式，落实风险防范化解主体责任。规范扶贫小额信贷发放，在风险可控的前提下可办理无还本续贷业务。对确因非主观因素不能到期偿还贷款的贫困户，协助其办理贷款展期业务。加大金融知识宣传和教育，加强金融扶贫绩效评估，确保金融扶贫政策精准有效落实。支持相关机构开发农业险种，开展扶贫小额贷款保证保险等业务。

（三）强化土地政策支持

积极修改完善土地利用总体规划和年度建设用地计划，全面落实县域内城乡建设用地增减挂钩政策，支持脱贫攻坚和易地扶贫搬迁用地，引导节余建设用地指标公开、公平、有偿调剂使用，指标流转价款优先用于脱贫攻坚。深入挖掘全县增减挂钩拆旧复垦潜力，全面开展城乡建设用地增减挂钩工作，涉及移民搬迁户、避灾类搬迁户旧宅基地腾退复垦以及全县各乡镇废旧宅基地腾退复垦，按照实地测量，数据库比对，与村民协议签订面积后为准。光伏扶贫项目中，光伏方阵使用未利用地或在不破坏农业生产条件前提下使用永久基本农田以外的农用地。

（四）实施人才和科技扶贫计划

实施重大人才工程，协调相关单位加大县、乡镇、村继续紧缺专业技术人才引进、培养、选派和交流挂职力度。统筹人力资源，充分利用县级专家工作站等平台，针对贫困群众的产业需求和脱贫意向，通过“人才+”基地、产业、培训等多样形式，拓展扶贫新路径。全面启动农村实用人才培养工程，大力促进农村人力资源开发，培养各类农村实用人才。

此外，实施科技扶贫精准脱贫行动，继续推进科技特派员（含三区人才）科技精准扶贫工作。结合县域实际和特色优势产业，建立产业扶贫技术专家组，聘请专业技术人才组建产业扶贫技术团队，为全县农户提供技术服务。积极搭建创新创业服务平台，支持科技特派员、大学生、返乡农民工、职业农民等开展创新创业，促进产学研深度融合，推动产业升级和机构优化。全面实施农技推广特聘计划，从农村乡土专家、种养能手等一线服务人员中招聘一批特聘农技员，作为科技扶贫带头人。加强对创业致富带头人培育培养，提升创业项目带贫减贫效果。建立科技特派员与贫困村（含已退出）结对服务关系，实现科技特派员对贫困村（含已退出）科技服务和创业带动全覆盖。

（五）合理运用社会多方力量参与扶贫

积极引导社会力量，调动和吸引县内外各类社会组织和个人参与精准脱贫，实现社会资源和精准扶贫有效对接。

抓好定点包村扶贫。积极配合中央、省、市各级单位、企业在定开展定点扶贫工作，统筹协调，发挥“万企帮万村”的积极作用，着力引导企业单位把产业扶贫作为带动贫困群众长期脱贫的有力措施，积极争取世行等国际非政府组织投资的贫困农村社区发展项目，整合用于脱贫攻坚巩固提高。加强苏陕扶贫协作。建立与对口帮扶宝应县的协调对接制度，积极沟通协调，加强合作帮扶，引导帮扶资金或措施兼顾非贫困村、非贫困户，聚焦产业帮扶、劳务协作、人才交流、科技合作、教育卫生、基础设施建设等方面，不断深化扶贫协作，落实扶贫项目，确保苏陕协作发挥最大效应。强化“3+×”帮扶体系。进一步加强同榆林市国企合力团第二工作组、陕西职业技术学院、西安交通大学第二附属医院的对接，推进实施已对接的产业扶贫项目、教育扶持、医疗技术扶持等，争取更多的合作帮扶，取得更大的帮扶成效。

激励社会组织参与扶贫。持续深化各级工会、共青团、妇联专项扶贫行动，支持慈善协会等社会组织参与脱贫攻坚，加快建立社会组织帮扶项目与贫困地区需求信息对接机制，通过冠名、表彰等方式引导，加强年检、评估等制度监管，优化环境、整合力量、创新方式，提高扶贫效能。将互联网与社会扶贫深度融合，鼓励引导社会各界使用定边产品和服务，推动贫困地区和贫困户融入大市场。充分发挥扬州“万人爱心团”引领作用，搭建爱心企业、爱心人士助力脱贫攻坚网上平台，积极对接贫困需求。

四、加快补齐基础设施和公共服务设施短板

（一）基础设施提升建设

加快构建安全通畅的农村公路交通运输网络体系。推广靖边县典型经验，推进“四好农村路”建设。推进全县建制村通客车工作，鼓励建立通村客运班线补贴机制，具备条件的建制村通客车。加快建设农村公路安全生命防护工程，以通客车、通校车、通旅游客车、出行需求旺盛路段为重点，逐步消除县、乡公路安全通行隐患，实施生命安全防护工程 50 千米。实施交通扶贫资源路、旅游路、产业路，带动贫困地区旅游、产业开发。

加快实施农村饮水安全巩固提升工程，因地制宜加强供水工程建设改造，2020 年全县农村饮水集中供水率达到 45% 以上，自来水普及率达到 92.9% 以上，供水保证率达到 90% 以上，水质达标率达到 100% 以上。全面解决贫困人口的饮水安全问题，有效防范水质性地方病。落实农村饮水安全工程管护责任，建立长效运行管护机制，强化水源保护和水质保障。通过管网铺设、高位调节池、加压泵站等，实施定边县安全饮水进村入户管网工程。针对管网破损的采取重新铺设管网的方式巩固提升，对年久失修的水窖及集雨场破损的采取修补或重建的方式巩固提升，对返乡户等彻底无设施的采取新建蓄水池及混凝土硬化集水场来解决，进一步巩固脱贫成果。提高县城防洪排涝能力，全面建设完成县城防洪排涝工程。

加快建立健全贫困地区电力普遍服务监测评价体系，做好贫困地区农

村电力建设管理和供电服务，及时对损坏的电力设施进行维修维护，确保所有农户接通并正常使用生活用电，所有行政村正常使用动力电。实施农网改造升级工程，不断提高供电可靠性，保障贫困户脱贫致富用电需求。提高新能源就地消纳能力，大力推进农村可再生能源开发利用，做好光伏项目并网发电工作，对纳入国家“十三五”光伏扶贫电站项目，建设配套接入电网工程，将光伏扶贫电站接网工程优先纳入电网改造升级计划，确保村级扶贫电站和接入电网工程同步建成投产，保障光伏扶贫项目优先调度与全额消纳。深入实施网络扶贫，统筹推进网络覆盖、农村电商、网络扶智、信息服务、网络公益五大工程向纵深发展，创新“互联网 +”扶贫模式。实施网络扶贫，积极争取国家电信普遍服务试点项目，确保至 2020 年基本实现建档立卡贫困村 4G 网络全覆盖。鼓励基础通信企业针对贫困地区和贫困群众推出资费优惠举措，鼓励运营企业将中国社会扶贫网 App 等精准脱贫社会公益软件内置于手机内。

（二）扎实有序推进易地扶贫搬迁与危房改造

继续抓好易地扶贫搬迁后续入住工作。强化政策宣传力度，逐户宣讲易地移民搬迁政策，帮助搬迁户深入了解掌握搬迁政策；全力推进入住工作，夯实工作责任，创新工作方法，统筹各方力量，破解入住难题，积极动员入住。

做好旧宅基地腾退复垦工作。一是紧密结合脱贫攻坚工作，通过召开村组干部会、群众大会、进村入户等方式，宣传旧宅基地腾退政策及腾退复垦的重要意义，阐明腾退范围、时限和奖补标准等，充分调动群众的积极性和主动性，实现依法和谐腾退。二是严格按照时间节点与任务总量，细化分解工作，明确复垦阶段任务，严格质量标准，倒排工期、制定时限表，将所有干部分划到区域、到地块，形成合力，强力推进。

着力解决“搬得出、稳得住、能致富”。一是发展特色农林业脱贫一批。

对于采取行政村内集中安置或部分进城安置户，采取技能培训、技术服务、示范带动等扶持政策措施，鼓励引导搬迁户发展特色种植、高效养殖、林下经济、设施农业、休闲农业。二是发展劳务经济脱贫一批。对依托县城、农业园区、小城镇安置的搬迁户，不断拓宽就业创业渠道，加强就业指导和劳务输出工作，鼓励引导搬迁户向服务业、商贸流通业、交通运输业转移。采取创新订单式培训模式，与劳动密集型企业建立长期合作关系，根据企业用工需求，开展订单式培训，培训合格后直接安置到企业就业，实现培训即就业的目的。三是发展现代服务业脱贫一批。充分发挥县城、小城镇、中心村等区位优势，积极鼓励支持搬迁户从事农副产品销售、餐饮、家政、电子商务等服务业，支持搬迁户自主创业和发展产业。四是资产收益扶贫脱贫一批。结合县域石油、天然气、风能、太阳能自然资源，统筹谋划，合理安排，充分利用搬迁户闲置土地建设项目，搬迁户通过土地入股形式，获得资产收益。

紧盯建档立卡贫困户、低保户、农村分散供养特困人员和贫困残疾人家庭等四类重点危房改造对象，明确鉴定程序，规范认定办法，严格改造建设标准，实行危房改造信息全程公示制度，执行改造基本安全要求，因地制宜推广危房加固改造。鼓励通过闲置农房置换或长期租赁等方式，兜底解决特殊贫困群体基本安全住房问题。落实各级补助资金，加强补助资金使用管理和监督检查，确保补助资金及时足额通过“一卡（折）通”拨付到户。加大农村危房排查力度，发现一户解决一户，确保所有农户安全住房得到切实保障。

（三）公共服务设施提升建设

结合美丽乡村建设，以治理脏乱差为重点，深入开展农村人居环境整治行动。充分考虑不同村落的自然条件、资源禀赋、经济发展、民俗文化等要素，坚持统一标准和尊重差异相结合，结合移民搬迁、生态建设政策，根据不同的村庄类型，因村施策，突出特色，彰显地域文化。因地制宜，以重点镇和美丽宜居示范村、高速路、铁路、国省道、县道沿线和城乡接合部村庄、贫困村庄为重点，按照由近及远、集中连片推进的原则，全面开展村庄人居环境整治，加大垃圾处理、污水处理、村庄绿化美化力度，有序推进美丽宜居乡村建设。广泛动员民间资本和社会力量积极参与，形成政府引导、各方联动、综合治理的工作机制。

此外，继续建设"县级图书馆、乡镇文化站、村级文化服务中心"三级文化服务设施，实施贫困村健身工程和搬迁点体育设施配送工程，优先为贫困村和移民点配套健身器材和体育设施。进一步提高广电服务设施建设水平，着力进行"宽带乡村"建设，努力实现宽带网络村村通。推动医疗保险、养老保险和低保精准到户，加快乡村物流配送体系建设，保障乡村居民生活无忧。

五、加快特色产业巩固升级

（一）打造区域品牌，实施质量兴农战略

一是大力推广和培育马铃薯、红花荞麦、种羊、八眉猪、小杂粮等区域品牌特色农产品，实施质量兴农战略，加快商标的注册工作和知名品牌、著名品牌、驰名品牌的申报工作，特别是要将广大贫困户紧紧捆绑在产业链上，从品牌销售中获得实实在在的收益，用品牌产品的实际增收激发经营主体培育特色品牌产品的积极性和主动性。二是探索推行农产品深加工项目。重点支持农业经营主体建设贮藏、烘干、净化、分级等农产品产地加工设施，推广普及科学实用的贮藏保鲜和烘干技术；支持马铃薯、荞麦、畜禽屠宰、畜产品深加工企业，不断提高特色优势农产品的附加值，延长产业链，推动产业健康稳定发展。三是推广农业政策性保险。按照"政府引导、政策支持、依法合规、自主自愿、协同推进"的基本原则，全额承

保贫困群众无法抗拒的自然灾害，包括暴雨、洪水、内涝、风灾、雹灾、冻灾、旱灾、病虫害和动物疫病等种植养殖保险。

以定边马铃薯优势产业为基础，深入挖掘产业潜力，做大做强马铃薯产业，发挥马铃薯作为主导产业对脱贫致富的带动作用。以榆林市“大漠蔬菜”品牌建设为契机，做大做强西（甜）瓜和辣椒产业，大力发展设施农业和特色蔬菜产业，新建日光温室、塑料大棚及蔬菜预冷库。深入发掘红花荞麦“地理保护标志”产品价值，打造陕西优质红花荞麦产业基地，引进推广荞麦新品种、新技术、新机械，建设新品种实验基地，组织召开荞麦机械化作业研讨会和演示会，筛选适合荞麦种植情况和地理条件的最佳荞麦机播、机收机型，提高荞麦播种的机械化水平，为提质增收提供优良的荞麦籽种。加快实施旱作农业技术推广项目，采取“五统一”（统一品种、统一机覆膜、统一施肥、统一机播、统一防治）推广模式，建设残膜回收示范点，引导群众重点对田间地头、沟渠河道等区域开展农田残膜综合整治，做到及时收集、定点堆放，降低地膜残存。按照“以奖代补、先建后补”的原则，鼓励发展种养结合畜禽生态养殖，大力推广良种畜禽。

（二）发展壮大新型经营主体

一是围绕贫困村主导产业，加快发展合作社、家庭农场等新型经营主体，建立生产基地，提供全产业链服务，吸纳贫困劳动力就业，带动贫困户增收。二是加强新型经营主体规范化管理。加强合作社、园区、家庭农场等新型经营主体规范化管理，不断完善经营主体带贫机制，鼓励引导经营主体通过订单、股份、服务、保底分红等方式，带动贫困户共同发展产业，帮助贫困户获得劳务、股权收益或分工协作经营等收入。实施特色产业推广项目，以提升耕地地力、增加贫困户收入为目标，实施贫困户种植特色产业推广补助项目。至 2020 年，争取让 30% 的贫困户通过股份合作、订单生产等方式与新型经营主体建立稳定的利益联结机制。

（三）深入推进农村“三变改革”

坚持“有清晰的思路、有普遍的试点、有典型的范例”原则，抓点示范，梯次推进，以全县贫困村为主，开展农村集体产权制度改革及“三变”改革，通过财政资金注入，因村施策，对村集体土地、闲置房屋等充分利用，吸引本村能人、成功人士、社会名人等投资兴建企业，对全县贫困村实施村集体经济发展扶持资金项目，有效壮大和盘活村集体经济，使“三变”改革成果变为农民增收的主渠道。完成10个省级试点村和65个贫困村、4个非贫困村“三变”改革。到2020年，逐步推进覆盖所有行政村的农村集体产权制度改革，破解改革难题，制定配套政策，形成制度成果，凝练典型经验，激活农村要素，优化资源配置，释放改革红利，壮大集体经济。

（四）提升科技扶贫、光伏扶贫与电商扶贫

提升科技扶贫能力。一是建立示范基地和培育科技带头人，开展新品种、新技术、新机具的引进、试验、示范和技术培训。指导贫困村培育科技带头人，确保每个贫困村至少有一位科技带头人，辐射带动所有贫困户。二是加大贫困户培训。结合贫困户需求、意愿和发展实际，围绕特色优势产业，分产业、分层次开展实用技术培训。确保每个产业贫困户至少有1人懂技术，实现贫困户农业科技全覆盖，培训入户率达到100%。

有序推进光伏扶贫。建设完成光伏扶贫电站46.7兆瓦，加强光伏扶贫电站收益分配使用管理和运营维护，完成扶贫电站的资产确权，确保光伏扶贫电站正常运营和收益合理分配。村级扶贫电站收益用于开展公益岗位扶贫、小型公益事业扶贫、奖励补助扶贫等。在脱贫攻坚巩固提升阶段对全县所有贫困村的建档立卡贫困户每人每年帮扶不少于1000元；集中式扶贫电站收益用于帮扶全县非贫困村建档立卡贫困人口脱贫及村集体经济社会发展。

逐步实施电商扶贫。结合县域实际，对主要农副产品、畜产品、农村地区加工品及手工艺品等进行网络宣传销售，促进农产品网络销售快速增长；完善农村物流快递配送体系，形成乡镇全覆盖，行政村辐射范围70%以上的物流配送网络；建设县域运营服务中心、物流仓储配送中心、乡镇级电商综合服务站、村级电商服务点，为农村居民提供信息发布、网络购销、线下体验、质量追溯、售后服务等功能，全面提升农村现代化流通水平，为统筹城乡发展作出积极贡献。

六、大力拓展就业、创业扶贫行动

（一）依托产业发展，拓宽对外输出空间

摸清基本情况，建立动态监测就业台账。以全县“一库五册”动态数据为基础，组织开展调查摸底，掌握贫困劳动力数量、层次、分布等动态数据，收集贫困劳动力就业状况、就业意向及培训愿望等信息，及时更新贫困家庭就业台账。

依托优势产业发展，积极发挥基层就业服务平台作用，开展“就业援助月”“春风行动”“民营企业招聘周”“就业扶贫专场招聘推介会”等公共就业服务活动，免费为各用工企业和贫困劳动力搭建用工供需平台，不断开发就业岗位，吸纳贫困劳动力就业，进一步增强主导产业吸纳贫困劳动力就业的能力。充分发挥扶贫车间和社区工厂的示范效应，引领带动更多贫困劳动力实现稳定就业，积极培育扶贫车间和社区工厂，吸纳贫困劳动力就业，落实场租补贴、水电补贴和就业补贴政策。

拓展对外输出空间，有序组织转移就业。建立劳务输出协作对接机制，重点为贫困劳动力提供转移就业信息、招聘、维权等服务，帮助贫困劳动力转移就业。对组织贫困劳动力输出达到一定规模、输出效果明显的社会中介组织或劳务输出带头人给予一定的劳务输出补贴。继续深入开展扬榆

扶贫协作，拓展双方合作广度与深度，引导农村劳动力尤其是贫困劳动力有组织输出并实现稳定就业。

（二）提供多样化培训，安排就业见习

开展各类培训，提高贫困人员就（创）业能力。一是根据培训意愿和贫困村的产业特点，以乡镇、贫困村为培训点，外聘专业技术人员采取理论知识和实践操作相结合的教学方法，以“手把手教，面对面学”“走进田间地头，走进农户”等方式开展农民工短期技能培训，力争使每位参训的贫困劳动力都能够掌握一门技术。二是根据产业特色，探索组织贫困人员用“走出去”的方式，学习借鉴先进地区发展现代农业的先进经验，通过“看得见、摸得着”的学习模式，开阔眼界，创新思路，促进农业现代化和产业化快速发展。三是继续拓展学制教育培训工作，对接就业率较高的职业院校，鼓励贫困“两后生”参加学制教育培训，力争向周边省市各类职业院校输送各类人才。

帮助贫困家庭高校毕业生参与暑期见习和就业见习。优先安排困难家庭高校毕业生参加一次为期不超过半年的就业见习，提升工作技能和就业竞争力，扩展就业机会。见习期内，按规定发放生活补贴。对见习期满考核合格的，动员和鼓励用人单位积极接收。

（三）鼓励创业带动就业，开发公益性岗位

鼓励贫困劳动力、贫困大学生自主创业脱贫。对有创业意愿并具备一定创业条件的贫困劳动力、贫困大学生，给予免费创业培训和创业指导等政策扶持，对首次创业的贫困劳动力，且正常运营 6 个月以上，给予一次性创业补贴。对符合规定条件的给予小额担保贷款贴息扶持，贷款期限为 2 年，并予全额贴息。对在电商网络平台开办“网店”的贫困劳动力、贫困大学生，可认定为灵活就业人员，享受灵活就业人员的扶持政策，并按规定享受上述小额担保贷款贴息政策。

根据实际需要，在乡镇、村开发一批公路养护、街道保洁、治安巡逻、山林防护、学校安全管理等公益性扶贫岗位，并将符合公益性岗位要求、就业困难的贫困家庭劳动力纳入招聘范围，进行筛查、考核及培训后，就地就近安置就业。将扶贫特设公益性岗位扩大到有贫困户的行政村，重点吸纳无法离乡、无业可扶、无力脱贫的“三无”贫困劳动力。同时在各党政机关、事业单位和财政拨款的社会组织编制外新增和腾退的服务性、辅助性岗位全部纳入公益专岗，用于安置建档立卡贫困人员。对公益性岗位过渡性安置贫困劳动者就业的，按规定给予社会保险补贴及适当岗位补贴。

七、持续推进生态扶贫

（一）生态效益补偿一批

至 2020 年采取“一卡通”直接到户的方式，向贫困户兑现中央财政森林生态效益补偿基金。

（二）建档立卡贫困人口转化一批

至 2020 年每年续聘生态护林员 108 名，由生态护林员所在乡镇人民政府管理，县林业局、县财政局根据考核结果以一卡通的方式向生态护林员发放工资。

（三）退耕还林增收一批

至 2020 年继续完成市下达的退耕还林工程任务。按照贫困户自愿优先的原则，大力向贫困村贫困户倾斜。每亩补助标准为 1600 元（每亩补助种苗造林费 400 元，每亩补助现金 1200 元），种苗造林费于当年验收合格后兑现。补助现金五年分三次兑现，第一年验收合格，每亩兑现 500 元；第三年验收合格，每亩兑现 300 元；第五年验收合格，每亩兑现 400 元。新一轮退耕还林属个人造林的，以一卡（折）通的方式补助到户；属大户承包造林的，由造林承包大户根据合同向贫困户兑现。在树种设计上，在充分尊重群众意愿的前提下，遵循适地适树的原则，大力提倡贫困户栽植适宜生长的山杏、山桃等经济林树种。通过新一轮退耕还林工程的实施，山杏、山桃等经济林树种产出的杏核、桃核在 6 ～ 8 年后将为群众带来可观经济收入，实现生态、经济效益双赢。

（四）“以奖代补”奖励补助一批

自愿新栽植核桃、山杏、山桃、黑枸杞等经济林的贫困户，且每户种植面积达到 5 亩以上，经行政村、乡镇人民政府上报，经过一个生长季节，县林业局验收合格，按照 300 元 / 亩给予一次性补助。自愿新栽种沙柳、红柳、柠条等灌木树种的贫困户，且每户种植面积达到 5 亩以上，经行政村、乡镇人民政府上报，经过一个生长季节，县林业局验收合格，按照 100 元 / 亩给予一次性补助。贫困户有育苗的，可自找地块、自主造林，经县林业局验收合格，按照栽植年度当年低于同类标准投资的 10% 给予一次性补助，主要树种为樟子松、油松等。

（五）千村万户绿化工程绿化美化一批

积极对贫困村道路、广场等公共区域进行绿化美化，设计栽植垂柳、香花槐等绿化树种，有效改善贫困村人居环境。

八、巩固教育扶贫成果，均衡城乡教育体系

（一）扩大资助面与学前教育比例，关爱特殊学生群体

对建档立卡贫困家庭学龄孩子在优先享受现行资助政策的基础上，予以最大限度的资助，继续实施农村义务教育学生营养改善计划。根据新的人口政策，建立学前教育公共服务体系，帮助农村贫困家庭幼儿接受学前教育。大力推进第三期学前教育三年行动计划，提高公办幼儿园占比，加强普惠性幼儿园认定和管理工作。

逐步配齐特殊教育基本的教育教学和康复设备，为残疾学生提供个性化教育和康复训练。严格按照国家有关标准，加强特殊教育经费保障。采用普通学校随班就读、特殊教育学校就读及送教上门的方式，全力、全面保障残疾儿童少年受义务教育的权利。

（二）均衡城乡教育体系，提升职业教育效益与信息化建设

进一步加快乡村教育改革与发展步伐，促进全县教育持续快速健康发展，优化乡村教育资源配置，完善管理体制机制，提升教育教学质量。提升农村教师素质，加大农村教师培养培训力度，探索建立全科教师培养模式，加强乡村教育本土化人才培养，重点为农村培养全科教师，“国培”“省培”项目重点向农村倾斜，培训经费向农村教师倾斜。采用“请进来”的方式扩大培训覆盖面，实现农村教师年度培训全覆盖。

持续加大职业学校投入力度，确保学校基础能力达到规定标准，满足办学规模和培养要求。支持职业学校办好一批社会有需求、办学有质量、就业有保障的涉农特色优势专业，满足地方产业发展与扶贫开发需要。以贫困人口为重点，以职教中心为主阵地，构建与县域经济发展相适应的专业结构和培训体系，为贫困家庭子女搭建更高水平的技能培训平台。继续加强中小学信息技术基础设施建设，通过信息技术手段，将优质教育资源输送到农村学校，加强“宽带网络校校通”“优质资源班班通”“网络学习空间人人通”的应用。加强优质数字资源的开发和应用，逐步扩大“在线课堂”开设规模，让城乡之间的孩子“同在蓝天下，共享优质资源”。

九、稳步提升健康扶贫工作

（一）全面落实贫困人口医疗补助保障与公共卫生服务均等化

落实贫困人口参加新农合大病保险财政代缴政策，确保贫困人口参合率、参保率达到100%。实施贫困人口“四重保障”兜底政策，有效减轻

贫困人口医疗负担。开展“三个一批”（大病集中救治一批、慢性病签约服务管理一批、重病兜底保障一批）分类救治工作，实施“光明扶贫工程”，为患有白内障的贫困患者免费实施医疗救治。落实“先诊疗后付费”和“一站式”结算服务；实现全县“一站式”即时结算服务窗口全覆盖。

全面实施基本公共卫生服务项目，落实14大类55项国家基本公共卫生项目，确保农村贫困人口免费享受国家基本公共卫生服务。不断深入实施疾病预防控制“八大行动”，深入开展爱国卫生运动。落实重点传染病专病专防策略，开展预防、筛查、治疗、康复、管理的全过程综合防治，降低发病率。加强严重地方病患者专项救治，制定临床路径，确定救治医院，健全救治机制。加强慢性病患者的管理工作，提高管理干预水平。将脱贫攻坚与落实生育政策紧密结合，倡导优生优育，利用基层计划生育服务力量，加强出生缺陷综合防治和优生优育宣传教育。

（二）全面推进县乡村医疗卫生机构基础设施与人才建设

实施好县人民医院搬迁工程，通过申报项目争取资金，新建县中医院国医馆、疾病预防控制中心综合办公楼和妇幼保健院门急诊楼建设，对部分乡镇卫生院业务用房进行改扩建，不断提高基层卫生院医疗基础设施设备建设。不断巩固提升村卫生室标准化建设，提高村卫生室综合服务能力，不断加强乡镇卫生院现代化接种门诊建设。

全面加强县域内医疗卫生计生服务体系建设。统筹做好县域内医疗卫生服务体系规划建设工作。结合全县人口分布特点，紧紧围绕县城15分钟医疗服务圈，乡村30分钟医疗服务圈，做好全县医疗卫生服务体系建设的统筹规划工作。加强县、乡、村三级医疗卫生服务机构标准化建设，落实《全国医疗卫生服务体系规划纲要》，按照“填平补齐”原则，实施县级医院、乡镇卫生院、村卫生室标准化建设，达到“三个一”目标。即县域内有1～2所二级甲等公立医院（含中医院），每个乡镇有1所政府举办的标准化乡镇卫生院，每个行政村有 1 个标准化卫生室。加强远程医疗能力和信息化建设，提高医疗服务水平。

加快医疗卫生人才培养，为县乡医疗卫生机构订单定向免费培养医学类本科生，实施全科医生和专科医生特设岗位计划，制定符合实际的人才招聘引进办法。加快人员招聘引进步伐，每年为县级医疗机构、公共卫生机构和乡镇卫生院招聘医技人员，招聘一定数量的公共卫生协管员补充到乡、村两级医疗卫生机构，同等条件下优先录用贫困家庭医技类毕业生，解决县、乡、村三级医疗机构卫生专业人员短缺问题。加强继续医学教育。积极争取住院医师规范化培训、骨干医师等培训计划向贫困地区倾斜的政策，确保县、乡镇医疗卫生机构专业人员 3 年内每人接受半年以上的培训，提高技术水平。加强乡村医生队伍建设。分期分批轮训乡村医生，至 2020 年，每个村卫生室至少有一名达到中等医学专业毕业水平的乡村医生。落实乡村医生报酬待遇，提高补助标准，稳定乡村医生队伍。支持和引导符合条件的乡村医生按规定参加城镇职工基本养老保险。落实县级医疗卫生机构医师晋升中级职称前必须到基层服务一年的规定。

（三）健全医疗救助制度

对因病致贫返贫的，尤其是患重病大病、严重慢性病的群体，探索建立县乡村三级“医养结合”机构，加强医疗救助。扩大医疗救助“一站式”结算范围，把农村低保对象、特困供养人员和建档立卡贫困对象等困难群众 100% 纳入民政医疗救助范围，使建档立卡贫困人口在政策范围内住院医疗费用救助补偿比例达到 80%，有效减轻农村贫困人口医疗救助负担，杜绝“因病致贫、因病返贫”现象发生。资助参加新型农村合作医疗。农村特困供养对象、农村低保对象个人缴费部分由民政部门按政策标准定额资助，建档立卡贫困人口个人缴费部分由县财政通过整合涉农资金按政策标准解决。

（四）开展精准助残康复扶贫工作

开展农村基层党组织助残脱贫工作，确保每一个建档立卡残疾人贫困户都有帮扶人、帮扶措施、帮扶资金。发挥驻村工作队、四支队伍、帮扶干部的扶持作用。结合健康扶贫、社区（村）医生签约服务和辅助器具适配下乡入户等工作，推动实现有需求的残疾人享有基本康复服务，改善残疾人身心状况，提高贫困残疾人生活自理和参与生产劳动的能力。为残疾人提供电商培训，扶持有意愿且有能力的贫困残疾人实现电商创业，帮助贫困残疾人从事与电商相关的增收项目。通过选送残疾人参加省市残联开展的手工技能培训等，帮助有就业能力和愿望的残疾妇女从事手工编织与制作，帮扶残疾妇女实现增收。发动各级共青团、青联、青年志愿者组织和广大志愿者，依托现有扶贫和助残政策项目，针对贫困残疾人开展日间照料、支教助学、扫盲、康复服务、文体活动、爱心捐赠、技能辅导培训、生产服务、创业扶持等志愿扶助。依托农村贫困残疾人实用技术培训项目，对 15—50 周岁有扫盲意愿的贫困残疾人文盲开展扫盲，着力加强教育脱贫，提高参加生产劳动的能力和信心。资助贫困残疾学生入学行动。全面落实《残疾人教育条例》和《第二期特殊教育提升计划（2017—2020 年）》，加大贫困残疾儿童、贫困残疾学生和贫困残疾人家庭子女入学资助的力度，优先帮助贫困残疾儿童、学生和残疾人家庭子女接受学前教育、义务教育和职业教育。

十、扶贫扶志，持续激发内生动力

（一）营造良好舆论氛围

广泛宣传发动，营造脱贫攻坚良好舆论氛围。借助报刊、广播、电视和网站、微博、微信、移动客户端等网络媒体平台，积极开办专栏、专题，深入宣传阐释习近平总书记关于扶贫工作的重要论述，宣传中央、省、市精准扶贫、精准脱贫的重大决策部署，宣传脱贫攻坚伟大成就，为打赢脱贫攻坚战注入强大精神动力，在全社会形成人人关心、人人支持、人人参与脱贫攻坚的良好局面。设立脱贫攻坚奖，每年开展一次脱贫攻坚模范评选表彰，选树脱贫攻坚先进典型。每年组织报告团，分区域巡回宣讲脱贫先进典型。充分运用融媒体手段，多渠道、立体化开展宣传，深入挖掘、宣传报道一批脱贫攻坚先进事迹和先进典型，讲好榆林扶贫故事，推广脱贫经验，营造幸福扶贫、光荣脱贫的浓厚氛围。健全涉贫舆情分级管理和处理机制，加强对脱贫攻坚舆情监测，坚决打击新闻敲诈勒索干扰脱贫攻坚工作。

塑造农村乡风民情好氛围，培育农民向上向善美心灵。以集镇、村部为点，通村道路为线，所辖区域为面，通过制作宣传栏、墙体画、主题广场、文化大院等形式，大力宣传核心价值观、传统美德、移风易俗等主题内容，营造浓厚宣传氛围。建好村广播室、农家书屋和道德讲堂，设置善行义举榜、“一约四会”牌，帮助农民了解国家大政方针，帮助群众接受道德洗礼、感悟道德力量、提升自律意识。以社会主义核心价值观为根本，以身边人讲身边事、讲自己事、教身边人的形式，在所有村讲孝道美德、家风家训、“三农”政策等，弘扬传统美德，凝聚道德力量，培育文明风尚。每季度开展对好人好事、善行义举进行说事，对少数群众“等靠要”“不道德”突出问题进行“说论亮”。通过宣讲和评议树立鲜明的正确舆论导向和道德价值引领。

（二）深化文明村镇创建

积极创建“美丽乡村、文明家园”，有效提升乡村基础设施建设和精神文明建设水平，组织发动群众在更新观念、脱贫致富、勤俭持家、改善环境上“比干劲”，结合爱心超市积分活动，鼓励群众自立自强、勤劳致富。

加强移风易俗，破除陈规陋习。红白理事会牵头，倡导红白喜事新办、俭办。在婚丧嫁娶中做到礼金、待客范围、饭菜标准、烟酒档次、待客秩序等“五个明确”，遏制农村婚丧陋习和不良社会风气，把人情负担减下来，把新风正气树起来。加强典型培育，引领新风正气。按照宣传发动—对标创建—农户自评—群众互评—评审定星—张榜公示—授星挂牌—资料存档的程序，在全县农户中开展十星级文明户评选创建活动，广泛开展诚实守信、孝老爱亲、自强励志等先进典型评选表彰活动，大张旗鼓地进行表彰，强化正面引领，以身边的模范感召和带动群众，弘扬中华民族勤劳致富、勤俭持家的传统美德。

（三）动员乡贤与志愿服务团队，构建文明乡风

深入挖掘村规、家训等传统道德规范，结合时代要求，融入核心价值观、传统美德、婚丧嫁娶等新规，修订村规民约、规章制度、家教家训等。健全“四会”组织，用“四会”组织明导向、正民心、树新风，组织“公道正派、德高望重、敢于直言、热心公益”老党员、老教师、老干部等成立村民议事会、道德评议会、红白理事会、禁毒禁赌会。坚持依托党建带动、乡贤助动的办法，发挥乡贤亲缘、人缘、地缘优势，以乡贤聚力引领乡风文明新风尚。组建文艺骨干队伍、乡土文化能人，充分挖掘民间文化资源，开展剪纸、木雕、面人等民间工艺项目，说书、秧歌、花灯、腰鼓等民间艺术和民俗表演项目，农民运动会、农民文化节、丰收节等文化活动，丰富群众精神文化生活。组织开展晒家风、传家训活动，弘扬真善美，传播正能量，在农村形成良好家风、民风、社风，建设新时期乡贤文化。

制定落实扶贫志愿服务支持政策，动员组织各类志愿服务团队、社会各界爱心人士开展扶贫志愿活动。实施社会工作专业人才志愿服务系列行动计划，支持引导专业社会工作和志愿服务力量积极参与精准扶贫。推进扶贫志愿服务制度化，建立扶贫志愿服务人员信息库，鼓励国家机关、企事业单位、人民团体、社会组织等组建常态化、专业化服务团队。

第三节　定边县2020年后的反贫困工作与乡村振兴

党的十九大报告首次提出“实施乡村振兴战略”以来，习近平总书记多次强调，实施乡村振兴战略，必须坚持农业农村优先发展这个总方针，多次指示，实施乡村振兴战略，是决胜全面小康社会、全面建设社会主义现代化国家的重大历史任务，是新时代做好“三农”工作的总抓手。农业强不强、农村美不美、农民富不富，决定着全面小康社会的成色和社会主义现代化的质量。要深刻认识实施乡村振兴战略的重要性和必要性，扎扎实实把乡村振兴战略实施好。

脱贫攻坚期内，定边县乡村振兴主要任务是脱贫攻坚，乡村振兴相关支持政策优先向贫困地区倾斜，全面补齐基础设施和公共服务设施短板。乡村振兴示范村选取及资金使用适当向贫困村倾斜，农村人居环境整治财力物力优先保障贫困村，争取以乡村振兴巩固脱贫成果。此外，统筹巩固脱贫成果，高度关注非贫困村、边缘非贫困户的帮扶工作。对符合建档立卡条件的，严格按照标准和程序纳入建档立卡贫困村、贫困户管理和扶持，对不符合建档立卡条件的，统筹财力给予必要的项目、资金帮扶和支持，防止造成贫与非贫的“悬崖效应”，为实现乡村振兴奠定坚实基础。

实施乡村振兴战略是一项大事业，需要统筹规划先行、科学有序推进。要推动乡村产业振兴，调整优化农业结构，加快构建现代农业产业体系、生产体系、经营体系，紧紧围绕发展现代农业与农村一、二、三产业融合，构建乡村产业体系；要推动乡村人才振兴，加快培育新型农业经营主题，实现乡村人才、土地、资金、产业汇聚的良性循环；要推动乡村生态振兴，坚持绿色发展，打造农民安居乐业的美丽家园，让良好生态成为乡村振兴支撑点；要推动乡村组织振兴，打造千千万万个坚强的农村基层党组织，培育优秀的农村基层党组织书记，建立健全党委领导、政府负责、社会协同、公众参与、法治保障的现代乡村社会治理体制；要充分尊重广大农民意愿，调动广大农民积极性、主动性、创造性，把广大农民对美好生活的向往化为推动乡村振兴的动力，把维护广大农民根本利益、促进广大农民共同富裕作为出发点和落脚点。

依托前期脱贫攻坚的实践经验，脱贫攻坚目标顺利完成后，定边县将持续完善党委领导的自治、法治、德治融合的基层社会治理体系，发挥基层党组织的战斗堡垒作用，夯实党对“三农”工作的领导，加强县域治理规范化制度化建设，推进乡镇精神文明建设；继续调整优化农业结构，加快突破农业关键核心技术，培育农业战略科技创新力量，推进新品种新技术示范推广和全方位机械化，促进农业机器装备升级，加快选育和推广定边优势特色农作物，打造定边县驰名农业品牌，实施农产品质量安全保障工程，健全农业与畜牧业的监管、检测与追溯体系。因地制宜创新发展具有定边特色的多样性产业，构建定边县域产业链，利用互联网大数据走数字化产业道路，发展乡村新型服务业，促进拓宽农民多渠道转移就业和收入渠道，完善定边创新创业支持服务体系。基于完备的农村基础设施与公共服务，立足定边县经济发展水平，依托本地文化和风土人情，持续美化村容村貌，退耕还林、治沙造林，提高植被覆盖率，建设亲近自然、风景秀美的宜居村庄。

定边县于2018年实现了脱贫摘帽，顺利退出贫困县序列。脱贫摘帽难，巩固脱贫成果更难。在脱贫攻坚历程中，形成的有效机制、制定的产业政策、激发的群众脱贫发展动力需要巩固坚持。部分脱贫干部脱贫摘帽后的思想变化、巩固过程中发现的困难、中央成效考核反馈的问题、群众的内生动力的持续提升需要重点关注和改进提升。加强定边县乡村各级干部的培训学习，增强脱贫干部的责任感与使命感，提高干部带领群众脱贫致富能力。严格落实习近平总书记在解决“两不愁三保障”突出问题座谈会上强调的“做到四个不摘”，即摘帽不摘责任，摘帽不摘政策，摘帽不摘帮扶，摘帽不摘监管。一是“不摘责任”：定边县党政领导干部尤其是主要领导需要持续强调责任意识和主体意识。二是“不摘政策”：虽然贫困户的收入水平已经超过脱贫标准，但定边县的产业短板和基础设施薄弱问题、公共服务城乡不均衡问题依然需要做大量艰苦的工作，需要为县域内贫困人口稳步脱贫、防止返贫预留缓冲期、成长期。三是“不摘帮扶”：定边县还有 2000 人口处在贫困线以下，这仍然是工作的重点。已经脱贫的人口也需要持续帮扶，脱贫人口如同一个刚刚会走路的孩子，还需要继续扶持一段时间。加强村“两委”和村致富带头人的建设培育工作，以持续帮扶促脱贫致富能力，确保农村贫困人口致富能力增强，实现长期持续增收。四是“不摘监管”：定边县在摘帽后仍然有部分贫困人口，而且已经脱贫的群众收入不够稳定，随时可能返贫，应加快制定定边县社会保障体系和风险防范措施，促进城乡一体，谋求为定边县经济发展提供更多就业机会。对所有建档立卡户和边远贫困户实施动态监测，防止返贫。总之，定边县将高举习近平新时代中国特色社会主义思想，通过“四个不摘”深入实施 2020 年后的贫困治理与乡村振兴战略，勇往奋进不顿挫，真抓实干地持续提升定边县人民的获得感、幸福感与安全感，不断实现人民群众对美好生活的向往。

附录一

定边县“菜单式”扶贫政策一览表（2017 年版）

<table>
<tr><th>序号</th><th>帮扶政策</th><th>项目类别</th><th>财政投入（万元）</th><th>建设标准或内容</th><th>补助标准</th><th>补助方式</th><th>政策解答人及联系方式</th></tr>
<tr><td rowspan="8">1</td><td rowspan="8">农业产业</td><td>日光温室建设</td><td rowspan="2">1022.7</td><td rowspan="4"></td><td>3 万元 / 亩</td><td rowspan="8"></td><td rowspan="8">姓名：××
电话：××</td></tr>
<tr><td>塑料大棚建设</td><td>3000 元 / 亩</td></tr>
<tr><td>种植业物资补助</td><td>900</td><td>20 元</td></tr>
<tr><td>农业保险</td><td>217</td><td></td></tr>
<tr><td rowspan="2">农机补贴</td><td rowspan="2">2200</td><td>60 马力（含）以下拖拉机</td><td rowspan="2"></td></tr>
<tr><td>购买马铃薯收获机</td></tr>
<tr><td rowspan="2">科技助推产业脱贫</td><td rowspan="2">30</td><td>农业产业扶贫科技工作队开展对口帮扶工作</td><td></td></tr>
<tr><td>定边特色餐饮业后厨、管理人员上岗培训</td><td>对贫困户待业青年、退伍军人、未就业大学生等进行培训，学员实训期发放 2200 元 / 月生活补贴</td></tr>
</table>

（续表）

序号	帮扶政策	项目类别	财政投入（万元）	建设标准或内容	补助标准	补助方式	政策解答人及联系方式
2	畜牧产业	牲畜保险	1700		育肥猪40元/头，奶牛600元/头，能繁母猪60元/头		姓名：×× 电话：××
		牲畜养殖		养羊户羊舍硬棚面积40平方米以上，同时存栏白绒山羊基础母羊20只以上或肉绵羊基础母羊10只以上	3000元/户		
				养猪户猪舍面积20平方米以上，同时存栏能繁母猪1头以上或育肥猪5头以上	3000元/户		
				养牛(驴)户牛(驴)舍硬棚面积达到20平方米以上，同时存栏牛(驴)1头以上	2000元/头，每户最高补助10000元		
				养鸡户鸡棚面积达到30平方米以上，同时，存栏鸡100羽以上	3000元/户		
				养兔户兔舍面积达到20平方米以上，同时，存栏兔100只以上	3000元/户		
				养蜂户蜂箱达到15箱以上	3000元/户		

（续表）

序号	帮扶政策	项目类别	财政投入（万元）	建设标准或内容	补助标准	补助方式	政策解答人及联系方式
2	畜牧产业	家庭农场		在项目验收时需提供农业局颁发的《陕西省家庭农场认定证书》，具备下列条件之一： ①羊存栏 100 只以上，羊舍硬棚面积达到 150 平方米以上，草料库 50 平方米以上，配套饲槽及饲草加工机具； ②牛（驴）存栏 15 头以上，牛（驴）舍硬棚面积达到 80 平方米以上，草料库 30 平方米以上，配套饲槽及饲草加工机具； ③猪存栏 50 头以上，猪舍面积达到 150 平方米以上，料库 30 平方米以上，配套饲喂设施及饲料加工机具； ④鸡存栏 1000 以上，鸡舍硬棚面积达到 100 平方米以上，料库 20 平方米以上，配套饲喂设施及饲料加工机具。棚舍、饲草库结构要求为砖木、砖混彩钢	30000 元 / 场		姓名：×× 电话：××

（续表）

序号	帮扶政策	项目类别	财政投入（万元）	建设标准或内容	补助标准	补助方式	政策解答人及联系方式
3	健康扶贫	合疗代缴	150	建档立卡贫困户合疗费用	150元/人	财政代缴	姓名：×× 电话：××
				大病救助起报点降低为3000元；凡贫困人口参合患者在各级定点医疗机构住院治疗报销时报销比例较其他患者提高10个百分点。贫困人口在乡镇卫生院住院取消起付线，报销比例为95%。贫困人口门诊统筹报销比例提高10%，封顶线不变，乡镇卫生院提高至80%，村卫生室提高至90%，门诊一般诊疗费全额报销	3000～30000元按30%比例报销；3万～5万元按40%比例报销；5万～10万元按50%比例报销；10万～15万元按55%比例报销；15万～20万元按60%比例报销；20万元以上按65%比例报销（封顶线贫困人口70万）		
		民政救助		民政救助参照低保户，剩余合规费用按70%比例报销	合规费用按70%报销，封顶2万元		
		二次报销（兜底）		按照审核后剩余合规医药费用（自然年度内住院患者各类报销、救助后剩余合规医疗费用累计达3000元及以上）	剩余合规医疗费用按90%比例报销		

（续表）

序号	帮扶政策	项目类别	财政投入（万元）	建设标准或内容	补助标准	补助方式	政策解答人及联系方式
3	健康扶贫	农村小额意外保险	20	意外医疗费用报销比例为80%，免赔额100元，意外医疗最高补偿1000元（0—70周岁）；70周岁以上最高补偿10000元。意外伤残根据伤残比例最高补偿3万元；意外身故一次性给付3万元	20元/人	财政代缴	姓名：XX 电话：XX
		非贫困户二次报销		2016—2017年参合农民且为因病致穷户（非贫困户）；自然年度内住院累计总费用达到10万元及以上的参合住院患者；且年度内累计合规自付费用达到3万元（含3万元）以上的住院患者	自然年度内住院合规费用减去新农合补偿费用以及大病救助费用和民政部门救助费用。剩余年度累计合规费用达到3万元（含3万元）以上，在此基础上一律按70%予以报销		
4	教育扶贫	教育全程资助	1200	学前教育阶段	家庭经济困难幼儿750元/人·学年		姓名：XX 电话：XX
				义务教育阶段	贫困寄宿生生活补助：小学1000元/人·学年；初中1250元/人·学年		

（续表）

序号	帮扶政策	项目类别	财政投入（万元）	建设标准或内容	补助标准	补助方式	政策解答人及联系方式
4	教育扶贫	教育全程资助		普通高中教育阶段	高中贫困生助学金：特困 2500 元 / 人 · 学年；贫困 1500 元 / 人 · 学年		姓名：XX 电话：XX
				中等职业教育阶段	一次性补助 3000 元 / 人 · 学年		
				高等教育阶段	学生资助贷款每人每年不超过：本专科生 8000 元 / 人 · 学年；12000 元 / 人 · 学年		
5	就业创业扶贫	技能培训		围绕种植、养殖、农产品加工等重点产业培训			姓名：XX 电话：XX
		创业扶持		鼓励贫困劳动力、贫困大学生自主创业。对于有创业意愿的贫困劳动力和贫困大学生优先安排免费创业培训，优先享受创业担保贷款政策			
		学制教育培训		计划向西安商贸旅游技术学院、陕西交通技师学院、宝鸡铁路技师学院等三所院校输送两三百名贫困“两后生”			

（续表）

序号	帮扶政策	项目类别	财政投入（万元）	建设标准或内容	补助标准	补助方式	政策解答人及联系方式
5	就业创业扶贫	大学生就业见习		2017 年计划安排 150 名大学生到县就业见习基地见习，另安排 30 名大学生寒暑假期间到政府见习			姓名：XX 电话：XX
		转移就业		计划对接长庆油田股份有限公司解决就业 300 名，延长石油股份有限公司解决就业 200 名，新能源企业解决就业 300 名，重点解决移民搬迁至城区内（新乐小区）的贫困劳动力就业			
6	金融信贷扶贫	小额贷款	1000	县上出资 5000 万元（其中陕西荣民控股集团出资 1000 万元），设立贫困户小额信贷担保基金，由县农商行放大 10 倍，向符合条件的贫困户发放贷款	对 5 万元及以下的贷款，严格执行"两免一补"政策；5 万元以上的执行人民银行同期同档基准利率，财政不贴息，按银行相关程序办理		姓名：XX 电话：XX
7	生态扶贫	聘用护林员	中央财政	聘用建档立卡贫困人口生态护林员 108 人，聘用贫困人口天保护林员 26 人	生态护林员 1 万元 / 人·年，根据考核结果按月发放；天保护林员 1000 元 / 月，据考核结果半年发放	直接打入护林员个人农行账户	姓名：XX 电话：XX

（续表）

序号	帮扶政策	项目类别	财政投入（万元）	建设标准或内容	补助标准	补助方式	政策解答人及联系方式
7	生态扶贫	2016 年核桃种植	市级财政	2017 年秋季由林业部门进行检查验收，验收合格的，兑现第二次资金（总投资每亩 300 亩，根据验收结果分三年按 4∶3 的比例兑现）	90 元 / 亩	属于个人造林的，直接到户；属于大户承包造林的，由造林承包大户根据合同向贫困户兑现	姓名：×× 电话：××
		2016 年退耕还林（2017 年实施）	中央财政	每亩兑现 300 元种苗费；2017 年秋季由林业部门进行检查验收，验收合格的，兑现第一次补助资金	种苗费 300 元 / 亩 第一次资金 500 元 / 亩		
		国家级公益林森林生态效益补偿	中央财政	根据市林业局、财政局的新要求，向国家级公益林的所有者（使用者）贫困户兑现 2017 年度中央财政森林生态效益补偿基金，需经村民大会讨论、制订村组分配方案、村级公示、乡镇公示，经公示无异议后，县林业局会同县财政局以一卡（折）通的方式向贫困户兑现补偿基金	个人承包经营的 13 元 / 亩 村组统一经营的 7.5 元 / 亩	一卡通到户	

（续表）

序号	帮扶政策	项目类别	财政投入（万元）	建设标准或内容	补助标准	补助方式	政策解答人及联系方式
7	生态扶贫	2016 年雨季柠条	县级财政	根据县政府的安排，由林业部门进行检查验收，验收合格的，兑现补助资金	300 元 / 亩	属于个人造林的，直接到户；属于大户承包造林的，由造林承包大户根据合同向贫困户兑付	姓名：×× 电话：××
8	兜底保障	农村低保		将符合低保条件的建档立卡贫困户纳入农村低保保障范围，完善“分类施保”，实施“渐退帮扶”	人均月补差 205 元	社会化发放	姓名：×× 电话：××
		分散农村特困供养		将建档立卡贫困对象中符合农村特困供养条件的全部纳入	5500 元 / 人·年	社会化发放	
		临时救助		因遭遇火灾、交通事故、突发重大疾病或者其他特殊困难，导致基本生活暂时陷入困境的建档立卡贫困对象，给予应急性、过渡性救助	依据《榆林市临时救助办法》，各乡镇根据实际情况实施分类救助	现金或社会化发放	

（续表）

序号	帮扶政策	项目类别	财政投入（万元）	建设标准或内容	补助标准	补助方式	政策解答人及联系方式
8	兜底保障	医疗救助		将建档立卡农村贫困人口100%纳入民政医疗救助范围，同时可享受"一站式"救助服务。已纳入低保、特困供养对象按原标准救助，未纳入对象参照农村低保对象标准救助	救助标准：经农合疗、大病保险救助后个人担负合规费用的70%，基本医疗年封顶线2万元，重特大疾病年封顶线10万元；农村特困供养对象全额救助	社会化发放	姓名：×× 电话：××
9	交通扶贫	通村水泥路建设	53788（建安费）	针对全县87个贫困村人口分布特点和交通基础条件，完成571.8千米水泥路建设任务，通畅率将达到100%			姓名：×× 电话：××
10	易地搬迁	易地扶贫搬迁安置房建设	55995（2016年度）	对符合搬迁条件的建档立卡贫困户实施易地扶贫搬迁，解决安全住房问题，建房面积人均不超25平方米、户均不超120平方米	1. 集中安置：建房人均补助2.5万元、基础和公共服务设施配套人均补助2万元、旧宅基地腾退人均奖励性补助1万元。2. 分散安置：建房人均补助1.5万元、旧宅基地腾退人均奖励性补助1万元		姓名：×× 电话：××

（续表）

序号	帮扶政策	项目类别	财政投入（万元）	建设标准或内容	补助标准	补助方式	政策解答人及联系方式
11	安全饮水	农村自来水配套设施补助	400	用于全县水窖、单户饮水井配套设施（水泵、水管、电缆线等）进行补助，资金不足部分由各乡镇筹措解决	补助金额由乡镇根据县级下达补助资金及自筹资金确定		姓名：XX 电话：XX
		移民点饮水整合补助	1244.4	1380户15立方米砖砌蓄水池，1388户100平方米砼硬化集水场	6000元/单座蓄水池、3000元/100平方米砼硬化集水场		
		张崾先镇人饮补助	85.5	285户100平方米砼硬化集水场	3000元/100平方米砼硬化集水场		
		人饮补助	763.2	785户15立方米砌砖蓄水池及100平方米砼硬化集水场，159户其他形式	9000元/15立方米砌砖蓄水池及100平方米砼硬化集水场、2000元/户管网材料费、7000元/王滩子村机井1眼和每户管网及配套、15000元/小滩子村机井1眼和每户管网及配套、15000元/营盘梁村机井1眼和每户管网及配套		
12	危房改造	农村危房改造	2175	针对全县各乡镇1500户农村危房改造户进行补助	D级户均14500元	现金补助	姓名：XX 电话：XX

| 附录二 |

定边县扶贫大事记

1978 年

1 月 26 日，灵武马家滩至定边县砖井 110 千伏输电线路和砖井至定边 10 千伏输电线路架设完毕，砖井变电所竣工，宁夏青铜峡水电站电力输入定边县。

1980 年

春，部分公社的生产队划分作业组，实行以组为单位的生产制度。夏，县委全面进行“纠正”。

1981 年

春，全县普遍实行包干到户的农业生产责任制。

1983 年

7 月中旬，全县抽调县、社干部 385 名，分 32 个调查队，开展自然资源调查和农业区划工作。首先在马沟泉等生产队进行试点，然后在全县铺开。

1986 年

定边县被确定为国定贫困县。

8 月，《定边县农业资源调查和农业区划报告汇编》铅印出版，计 46.8 万字。县委、县政府向各级发出学习、应用此书的通知。

是年，陕西省委、省政府决定，定边县为陕西省油料生产基地县，定边县委、县政府决定年播种油料 2.67 万公顷。

是年，定边县首次接受世界银行贷款，继续进行农村改水工作。

1987 年

是年，全县严重干旱，从上年 12 月 21 日至本年 5 月 22 日的 153 天中，出现 0.1 毫米以上的降水过程 7 次，累计降水 18.1 毫米，至年底共降水 173 毫米，是 1957 年以来 30 年中干旱最严重的一年。草木不生，庄稼歉收，各级党政部门投入救灾工作。

1988 年

1 月，县人民政府决定从 1987 年 10 月 1 日至 1988 年 10 月 1 日，农村因灾免征农民自食猪羊屠宰税和牲畜交易税。

1989 年

是年，陕西省决定投资 13800 万元，与甘肃、宁夏兴修盐（池）环（县）定（边）扬黄工程。定边于 1990 年开工，1992 年竣工，预计解决西滩、北滩和县城附近 4 万人、0.6 万头大家畜和 0.53 万公顷农田的用水。1990 年 7 月 12 日，陕甘宁盐环定扬黄定边供水工程破土动工，开工典礼暨剪彩仪式分别在县城和宁、陕分界处墩山举行。1997 年 11 月 11 日，引黄入定主体工程竣工，通水（试水）典礼在辛圈水厂隆重举行。

1990 年

4 月 5 日，海子梁乡四大壕村村民石光银治沙造林成绩显著，荣获全国“绿化奖章”。

1991 年

5 月 8—18 日，盐场堡、周台子、白泥井、海子梁、红柳沟、砖井、安边、堆子梁 8 个乡镇和县城各机关单位统一行动，进行灭鼠、防鼠疫活动。

是年，石油公司投资 55 万元修建的向阳小学教学大楼竣工、交付使用。

1992 年

8 月上旬，省人大常委会副主任牟玲生到定边氟病区看望氟病患者，回省后拨专款 320 万元，用以解决氟病区改水工程资金。时隔 3 年后，他又于 1995 年 7 月 25 日二次来定边氟区调查，并追加拨款 250 万元，新建 10 个甜水厂，使 7.4 万名群众彻底摆脱长期使用氟水的困苦。

1993 年

10 月 28 日，县财税大检查组进驻副食公司，清收职工欠款专项工作。该公司 37 名职工共欠公款 224402.39 元，其中 4 名领导个人共欠款 28307.41 元。

11 月 21 日，时任陕西省长白清才来定边检查石油勘探有关工作。

1994 年

9 月 4 日，经过县乡党政领导及各单位各部门领导和群众的共同努力，抗洪救灾取得了阶段性的胜利。自 7 月 2 日至 8 月 31 日，全县降水量310～360毫米。洪水3次冲进县城。东大街、北关旅社等处房屋大部分浸泡水中，不少平房倒塌。盐化厂和东部滩区的堆子梁、石洞沟、砖井、安边等乡镇的损失严重。据统计，全县受灾为19430户98721人。死亡9人，死亡大家畜、猪、种羊等3850多头（只）。冲毁及淹没农田5.1万公顷、盐田162.3公顷、原盐3224吨、新盐24320吨、水硝9500吨、风化硝317吨。倒塌房屋（窑洞）7363间（孔），形成危房9388间（孔）。损坏各类家具18200多件。损毁库存粮食36.6万千克。塌垮库坝348座（道）。淹没水井（包括机井）935眼、水窖734眼。损坏路基440千米（其中油路59千米、石子路98千米）、涵洞163处、桥梁8座、高压线36千米、低压线27千米。经济损失约达1.58亿元。

10月1日，“陕澳（安边小学）”和“北园了”两个希望小学教学大楼竣工剪彩。

1999年

10月21日，县政府印发《定边县绿色长城工程和绿色通道工程建设实施方案》。工程规划造林5.31万公顷，其中人工营造4.98万公顷，飞播造林0.33万公顷，绿化长城100千米，国道及县乡公路526.7千米，3年至5年内完成。

11月8日，县委、县政府召开山川秀美工程建设动员大会，实施退耕还林，羊全部实行舍饲圈养。

2000年

12月1日，定边新区总造价为550万元的南大街主干道路主体工程竣工。该工程于1999年9月1日破土动工，历经120天有效工期的紧张施工，已完成了新区两条直径600毫米雨污合流干管的铺设，38000平方米水泥路硬化工程。

2002 年

定边县被确定为国家扶贫开发工作重点县。

2015 年

9 月 2 日，中共定边县委办公室、定边县人民政府办公室发布成立定边县脱贫攻坚领导小组的通知：为加强全县脱贫攻坚工作的组织领导，全面打赢脱贫攻坚战，成立以县委书记为第一组长的定边县脱贫攻坚领导小组。

9 月 9 日，中共定边县委、定边县人民政府为贯彻落实习近平总书记在陕甘宁革命老区脱贫致富座谈会上的重要讲话精神和中共榆林市委、榆林市人民政府《关于实施“老区三年稳定精准脱贫　五年全面建成小康”战略的意见》，印发了定边县实现精准脱贫的实施方案。

11 月 3 日，中共定边县委、定边县人民政府为实施扶贫方案，针对定边县的具体扶贫工作内容进行了各部门科室分工的工作。

12 月 25 日，中共定边县委组织部印发《定边县村级党组织第一书记管理考核办法（试行）》，文件强调要加强对全县选派到村任第一书记干部的管理。

2016 年

3 月 1 日，定边县人民政府印发《定边县金融信贷扶贫实施方案》，决议建立贫困户小额信贷扶贫担保基金，作为扶贫基金放大 10 倍给予全县建档立卡贫困户发放优惠利率贷款，助贫困户增加收入，实现早日脱贫。

3 月 29 日，中共定边县委、定边县人民政府印发《定边县打赢扶贫攻坚战实施方案（2016—2020）》。

6 月 28 日，中共定边县委办公室、定边县人民政府办公室印发方案，加速落实“广电扶贫・宽带乡村”工程，推动贫困村 Wi-Fi 热点覆盖，提升信息化服务水平。

8 月 1 日，定边县人民政府办公室印发《定边县 2016 年危房改造实施方案》，开始对本县内 1100 户第一批危房实施改造。

9 月 5 日，定边县人民政府办公室印发《定边县人民政府三年稳定精准脱贫社会兜底救助方案》，针对本县建档立卡贫困户中的低保户，“五保”户，一、二级残疾人，因灾、因病不能脱贫的对象实施兜底保障。

9 月 7 日，定边县人民政府办公室印发《定边县 2016 年贫困“两后生”及贫困大学生就业技能培训的实施方案》，对全县范围内有就业愿望的贫困“两后生”及贫困大学生开展就业技能培训、就业帮扶，提高定边县就业技能培训的精准性和实效性。

9 月 8 日，定边县人民政府办公室印发《定边县脱贫攻坚玉米马铃薯保险实施方案》，对全县建档立卡贫困户实行政策性农业保险。

9 月 18 日，定边县人民政府办公室印发《定边县建档立卡贫困家庭学生（幼儿）教育全程资助方案》，通过建立基础教育扶助机制，斩断贫困代际传递链条，到 2016 年底实现在校（园）建档立卡贫困家庭学生（幼儿）自主全覆盖。

同日，定边县人民政府办公室印发《定边县精准扶贫贫困人口合疗费代缴工作实施方案》《定边县精准扶贫贫困人口农村小额人身保险费代缴工作实施方案》《定边县精准扶贫贫困人口住院治疗医药费用二次报销救助工作实施方案》，通过帮助贫困户代缴合疗及小额人身保险费用、减轻贫困户住院治疗医药花费，逐步解决精准扶贫贫困人口因病致贫、因病返贫问题。

9月28日，定边县人民政府印发《定边县“十三五”脱贫攻坚移民搬迁工作实施方案》，在“十三五”期间实现全县6496名建档立卡贫困户和4683户确需同步搬迁的农民的移民搬迁，确保到2020年全县农村居民生产生活条件明显改善，收入和基本公共服务水平明显提升，迁出区生态环境明显改善，同步迈入全面小康社会。

10月8日，定边县人民政府印发《定边县2016年脱贫攻坚移民搬迁工作实施方案》，方案要求在2016年对全县4790户无房危房贫困户和37户地灾户实施移民搬迁，到该年底确保圆满完成省市下达的移民搬迁任务。

同日，定边县脱贫攻坚领导小组发布关于划分全县脱贫攻坚作战片区的通知：为全面完成县脱贫摘帽任务，县脱贫攻坚领导小组决定将全县20个乡镇（含原纪畔乡）划分为五大作战片区，各片区分别由县委领导分工负责指挥。

10月19日，中共定边县委办公室、定边县人民政府办公室发布调整定边县脱贫攻坚领导小组的通知：由于人事变动和工作需要，对定边县脱贫攻坚领导小组成员进行调整。组长仍由县委书记担任。

10月21日，中共定边县委、定边县人民政府印发《定边县脱贫攻坚工作队伍管理暂行办法》，将干部考核与晋升同扶贫成效相结合，落实驻村干部工作队伍制度。

12月31日，中共定边县委组织部印发《定边县村（社区）党组织第一书记考核办法（试行）》《定边县驻村工作队考核办法（试行）》，文件要求切实加强对全县选派到村任第一书记干部以及驻村工作队的管理，增强工作的实效性。

2017 年

3 月 8 日，定边县农机办、县财政局、县扶贫办印发《定边县 2017 年农机补贴县级精准扶贫实施方案》，文件强调要通过进一步贯彻落实精准扶贫政策，发挥农业机械化在现代农业生产中的提质、节本、增效作用。

3 月 28 日，定边县交通运输局印发《交通运输系统 2017 年精准扶贫实施方案》，文件要求集合交通运输实际，贯彻实施交通运输方面的精准脱贫方案。

3 月 29 日，定边县林业局印发《2017 年林业精准扶贫实施方案》，文件要求以产业扶贫、生态扶贫为抓手，全力构建完善林业体系、发达的林业产业体系和繁荣的生态文化体系。

3 月 30 日，中共定边县委办公室、定边县人民政府办公室印发《定边县 2017 年精准扶贫工作实施方案》，按照“集中攻坚、巩固提高、全面小康”脱贫攻坚的阶段安排，在该年度内以更加有力的措施巩固现有脱贫成果。

4 月 6 日，定边县人民政府办公室印发《定边县 2017 年贫困户畜牧产业扶持巩固提高工作实施方案》，文件强调加强畜牧产业的扶持，为贫困户增收致富奔小康夯实基础。

4 月 10 日，定边县人民政府办公室印发《定边县 2017 年度精准扶贫兜底保障工作实施方案》，文件强调通过扶贫支持和社会救助两条路径，巩固脱贫成果，实现脱贫致富。

同日，定边县人民政府办公室印发《定边县教育扶贫工作实施方案》，文件要求进一步提升全县教育水平、建立控辍保学工作机制、贯彻落实教育助学政策、教育系统精准扶贫结对帮扶工作。

同日，定边县人民政府办公室印发《定边县卫生计生扶贫工作实施方案》，文件要求加强村卫生室标准化建设，强化当地医疗卫生公共卫生服务能力。

同日，定边县人民政府办公室印发《定边县 2017 年农业产业扶贫项目实施方案》，文件要求在 2017 年进一步转变县域贫困村、贫困户农业生产经营方式，实现农民增收。

同日，定边县人民政府办公室印发《定边县 2017 年脱贫攻坚移民搬迁工作实施方案》，文件要求在 2017 年围绕“建设推进年”这一中心工作，协调推进安置房建设、安置社区基础和公共设施建设等内容，推动移民搬迁安置工作有序开展进行。

同日，定边县人民政府办公室印发《定边县 2017 年贫困“两后生”及贫困大学生就业技能培训实施方案》，文件要求对全县范围内有就业愿望的贫困“两后生”及贫困大学生开展就业技能培训，切实提高本地就业技能培训的精准性和实效性。

4 月 18 日，定边县民政局印发《定边县民政局精准扶贫工作实施方案》，文件要求结合本县民政局实际情况，制定具体方案，发挥民政局在精准扶贫工作中的重要作用。

4 月 21 日，定边县脱贫攻坚领导小组办公室印发《定边县扶贫对象核实及数据清理工作方案》，文件要求要对本县目前扶贫对象存在的信息不全、不实、不精、不准等问题进行及时纠正。

4 月 28 日，定边县人民政府办公室印发《定边县推进农户安全住房工作实施方案》，文件要求对辖区内农户目前住房安全情况进行逐村逐户认定，确保不漏一村，不少一户。到 5 月 31 日前全面结束。

5 月 2 日，定边县脱贫攻坚领导小组发布关于完善建立脱贫攻坚作战区及书记抓脱贫责任体系的通知：县脱贫攻坚领导小组经研究决定完善建立脱贫攻坚作战区及三级书记责任体系，以进一步贯彻落实五级书记抓脱贫、党政同责的要求。

5月15日，中共定边县委宣传部、定边县扶贫开发办公室印发《关于开展全县“激发内生动力·合理脱贫攻坚”主题宣传活动的实施方案》，文件要求要结合本县实际，抓好宣传任务的贯彻落实，形成脱贫攻坚的良好舆论、社会氛围。

5月18日，定边县教育局印发《定边县教育局精准扶贫工作实施方案（修订）》，主要针对前期教育精准扶贫工作开展情况进行补充指导。

5月19日，中共定边县委组织部、定边县脱贫攻坚领导小组办公室发布关于整合脱贫攻坚队伍的实施意见，文件要求结合本县脱贫攻坚工作实际需要，整合驻村工作队伍。

5月21日，定边县脱贫攻坚领导小组办公室发布关于进一步加强精准脱贫工作督查考核的通知：脱贫攻坚领导小组研究决定，成立3个督查考核组对本地精准脱贫工作进行督查考核，以进一步做好全县精准扶贫工作，突出问题导向，使精准脱贫各项政策落地生根。

5月26日，定边县脱贫攻坚领导小组办公室发布关于进一步整合脱贫攻坚队伍的通知，通知要求通过整合贫困村驻村工作队、包村干部、第一书记和村“两委”班子（以下简称“四支队伍”），进一步加强基层扶贫工作力量，确保“四支队伍”高度融合，形成合力推进脱贫攻坚，提高脱贫攻坚工作效率。

5月31日，定边县脱贫攻坚领导小组办公室发布关于调整定边县脱贫攻坚领导小组各行业脱贫工作办公室的通知：将原有15个行业脱贫办公室增加至18个行业脱贫办公室，与省市“八办两组”进行充分对应。

6月9日，定边县人民政府办公室制定《定边县贫困家庭劳动力就业创业工作方案》，文件要求建立各部门、乡镇合理推进的就业扶贫机制，通过就业促进贫困户脱贫。

6月10日，中共定边县委办公室、定边县人民政府办公室印发《定边县财政专项扶贫资金使用管理试行办法》，文件要求加强财政专项扶贫资金管理，提高财政专项扶贫资金使用效益。

6月22日，定边县人民政府办公室印发《定边县2017年度精准扶贫户农村小额人身保险保费代缴工作方案》，文件要求为减轻精准扶贫贫困家庭的经济负担，要在2017年进一步完善多层次的医疗保障体系。中共定边县委组织部印发《定边县抓党建促脱贫攻坚工作的实施意见》，文件要求要在推进全县脱贫攻坚工作的过程中，切实发挥党的政治优势、组织优势。

6月25日，定边县脱贫攻坚领导小组办公室发布关于整理精准扶贫工作档案的通知：县脱贫攻坚领导小组办公室经研究决定，对全县精准扶贫档案进行统一规范、整理、归档。

6月30日，定边县脱贫攻坚领导小组办公室、定边县财政局印发《定边县扶贫贷款贴息资金管理办法》，对本县金融扶贫贷款贴息资金的监管与使用提出进一步的要求。

同日，定边县脱贫攻坚领导小组办公室发布关于调整定边县脱贫攻坚领导小组各行业脱贫工作办公室的通知：将原有18个行业脱贫办公室增加至20个行业脱贫办公室，以进一步加大精准扶贫精准脱贫工作力度。

7月6日，定边县脱贫攻坚领导小组办公室印发《定边县贫困村互助资金管理办法（试行）》，文件要求要积极探索创新财政扶贫资金使用管理新机制，进一步壮大本县农村集体经济，有效规范搞好贫困村互助资金工作。

8月1日，定边县人民政府印发《定边县贯彻落实〈陕西省脱贫攻坚指挥部关于进一步健全机制全面推进扶贫小额信贷工作的通知〉的实施意见》，文件要求要使更多符合贷款条件的建档立卡贫困户享受到扶贫小额信贷，本县政府要积极贯彻落实。

8 月 17 日，定边县脱贫攻坚指挥部印发《定边县脱贫攻坚“四支队伍”管理考核办法（试行）》，文件要求要切实加强对脱贫攻坚“四支队伍”（第一书记、驻村工作队、包村干部和村“两委”班子）的管理考核，增强全县抓党建促脱贫攻坚工作的合力。

同日，定边县脱贫攻坚指挥部印发《定边县脱贫攻坚百日大会战实施方案》，文件提出脱贫攻坚领导小组决定用 100 天时间在全县开展脱贫攻坚百日大会战。

8 月 28 日，定边县发展改革委、定边县扶贫开发办公室报送《定边县光伏扶贫实施方案（2017—2020 年）》的报告文件，提出充分发挥光伏扶贫产业带动作用，建立贫困人口持续增收长效机制。

9 月 8 日，定边县商贸办公室、定边县扶贫开发办公室办印发《定边县电商扶贫工作实施方案》，文件要求通过加快本县农村电子商务发展，增进农村扶贫开发效果。

9 月 19 日，定边县扶贫开发办公室下达 2017 年全县开发利用公益专岗安置贫困劳动力就业任务的通知，通知提出在脱贫攻坚期内，各乡镇、各部门要有效开发利用就业公益专岗安置贫困劳动力就业，以实现“就业一人、脱贫一户”的目标。

10 月 10 日，定边县脱贫攻坚领导小组办公室印发《定边县加强疾病预防控制推进健康扶贫工作实施方案》，文件提出要对实施疾病预防控制采取八大行动。

11 月 24 日，定边县脱贫攻坚指挥部办公室发布关于进一步夯实脱贫攻坚重点工作责任的通知，文件强调为了进一步做好当前脱贫攻坚各项重点工作，要夯实工作责任，明确工作任务，确保本县年底顺利脱贫摘帽。

同日，定边县脱贫攻坚领导小组发布关于成立定边县社会扶贫暨中国社会扶贫网建设工作领导小组的通知：通过成立定边县社会扶贫暨中国社会扶贫网建设工作领导小组，进一步动员社会各方面力量参与脱贫攻坚，贯彻精准扶贫、精准脱贫方略。

11 月 28 日，定边县人民政府办公室印发《定边县农村居民大病保障实施方案》，文件要求在 2017 年度要增大对新农合大病患者的保险补助力度，进一步提高全县参合农村居民医疗保障水平，减轻就医负担。

11 月 29 日，定边县脱贫攻坚指挥部发布关于调整产业脱贫办公室成员单位的通知：定边县参照市产业脱贫办公室组织机构，结合本地工作实际，充实产业脱贫办公室组成单位，进一步加大产业扶贫工作力度，切实把产业脱贫各项政策落到实处。

11 月 30 日，定边县脱贫攻坚领导小组办公室、中共定边县委组织部印发《定边县 2017 年度驻村联户扶贫工作考核方案》，文件要求要加强对各单位脱贫攻坚帮扶责任落实情况，进行精准考核。

12 月 1 日，中共定边县委办公室、定边县人民政府办公室印发《定边县宝应县扶贫协作与经济合作工作实施方案》，文件要求通过深化陕苏扶贫协作深度广度，完善结对帮扶体系、健全结对帮扶机制，加强扬州宝应县与定边县在扶贫协作上的实施效力。

12 月 2 日，定边县脱贫攻坚指挥部办公室发布关于组建专项督查组开展脱贫攻坚工作督查的通知：督促指导各乡镇、各部门高质量完成本部门所承担的脱贫攻坚任务，为年底顺利脱贫摘帽提供组织和纪律保障。

12 月 14 日，定边县脱贫攻坚领导小组发布关于成立定边县“爱心超市”建设工作领导小组的通知：通过建立定边县“爱心超市”建设工作领导小组，加强村一级“爱心超市”建设工作的领导，切实推进“爱心超市”建设进度。

12 月 19 日，定边县人民政府印发《定边县易地搬迁九寨基地腾退复垦工作实施方案》，文件要求通过加快易地搬迁宅基地腾退复垦，促进本地建设用地总量不增加、耕地面积不减少、质量有提高。

12 月 25 日，中共定边县委组织部印发《定边县村级党组织第一书记管理考核办法（试行）》，文件要求切实加强对全县选派到村任第一书记干部的管理，增强工作的实效性。

12 月 30 日，定边县脱贫攻坚指挥部印发《定边县金融扶贫信贷风险防范体系建设方案》，文件强调要在发展普惠金融的同时，构建起责任明确、上下联动、部门协同、严格有效的扶贫信贷风险防范体系。

同日，定边县脱贫攻坚指挥部办公室发布关于开展脱贫攻坚冬季会战大排查、大走访的紧急通知：集中检查与监督县各乡镇脱贫攻坚的实际情况。

2018 年

5 月 22 日，中共定边县委宣传部印发《2018—2020 三年脱贫攻坚行动实施方案》，文件提出 2018 年是脱贫攻坚工作进入决胜阶段的关键一年，实施本方案既要巩固脱贫成果，也要完成新的脱贫任务，为 2020 年实现全面小康奠定扎实基础。

同日，中共定边县委组织部、定边县脱贫攻坚领导小组办公室发布关于对全县扶贫干部培训的有关事项通知，通知强调通过加强对全县扶贫干部的培训，进一步提高扶贫干部脱贫攻坚理论政策水平，确保贫困退出评估工作顺利开展，打好脱贫攻坚战。

9 月 10 日，定边县脱贫攻坚领导小组办公室发布关于整合培训资源做好 2018 年扶贫技术。培训工作通知：因地制宜，对有培训意愿、有劳动能力和内生动力不足的贫困户开展培训，提升建档立卡贫困户劳动力技能和致富本领。

9 月 28 日，经国务院扶贫开发领导小组评估同意，陕西省人民政府批准，定边县正式脱贫摘帽、退出贫困县序列。

后记

贫困和贫困治理是世界性问题。中国自1978年改革开放以来经过长时间的探索与奋斗，走出了中国特色扶贫道路，使7亿多农村贫困人口脱贫。中共十八届五中全会明确了实现全面建成小康社会的目标，到2020年我国现行标准下贫困人口实现脱贫，852个贫困县全部摘帽，解决区域性整体贫困问题。同时将“扶贫攻坚”改为“脱贫攻坚”。由此，为全面建成小康社会的决胜之战在全国紧张有序地推进。定边县脱贫攻坚战就是在这一背景下轰轰烈烈地展开的。

定边县位于陕西省西北部，榆林市最西端，是陕甘宁蒙四省（区）七县（旗）交界处。定边县于1986年被确定为国定贫困县，2002年被确定为国家扶贫开发工作重点县。脱贫攻坚以来，定边县以习近平总书记关于扶贫工作的重要论述为指导，学习贯彻中央精准扶贫精准脱贫方略，在省、市尤其是定边县委、县政府的直接领导下，全县35万人民勠力同心集中精力打好脱贫攻坚战。到2018年7月，全县贫困人口大幅下降，农村面貌明显改观，公共服务设施大幅提升，基础设施建设全面加强，群众生产生活水平明显改善，贫困发生率下降到0.69%，“两不愁三保障”目标圆满实现。2018年9月28日，定边县正式脱贫摘帽、退出贫困县序列，成为陕西省率先退出的第一批贫困县之一。《定边：脱贫攻坚引领发展》一书，以定边县为研究对象，从贫困治理现代化的角度，对定边县脱贫攻坚以来的巨大成就、典型经验做了全面系统的总结和概括。

本课题研究报告是集体智慧的成果。课题的负责人是北京大学政府管理学院常务副院长燕继荣教授。燕继荣教授带领课题组成员于 2018 年 12 月下旬深入定边县综合调研，通过与定边县召开县级层面座谈会、扶贫办专题座谈会及与 22 个机关、单位进行访谈，深入 9 个乡镇、21 个行政村进行入户调查和访谈，调研了当地龙头企业、易地搬迁集中安置小区，在收集和整理了大量的文献和资料的基础上，围绕定边脱贫攻坚的实践，撰写了本案例研究报告。

研究报告的综合调研由燕继荣教授带队，北京大学政府管理学院博士研究生王禹澔负责具体联络和组织，北京大学杜晓娜、张栋杰、吴笑崴、陈思危、冯歌、张鑫同学，中央民族大学博士后牛玲玲讲师、代琳燕同学，陕西省社科院景晶研究员，西北大学齐钊副教授、王宇同学参加调研并收集整理了资料和数据。在综合调研之后，王禹澔、杜晓娜、张鑫组织同学先后两次进行了访谈和数据采集的补充调研。

报告的写作由燕继荣教授总体设计、拟设框架并修订。报告的撰写先后经过初稿、修改稿和再修稿三个版本过程。在初稿框架确定后的中期研讨会上和后期成稿过程中，北京大学王浦劬教授、牛大勇教授、杨立华教授、彭莹莹讲师提出了宝贵的意见，同时，定边县主要领导同志、定边县脱贫攻坚指挥部成员也结合定边脱贫攻坚实际情况给出了具体的建议。具体的章节分工如下：研究概要由景晶、王禹澔负责整理，导论部分由王禹澔负责，第一章由乐繁兴负责，第二章由梁贞情负责，第三章由齐钊负责，第四章由景晶负责，第五章由杜晓娜负责，第六章由杜晓娜、王禹澔负责，第七章由牛玲玲负责，第八章由景晶负责。王禹澔、景晶、张恩对报告的成稿进行了整理和校对工作。

研究报告的最后修订和统稿工作，由燕继荣教授负责。

本次研究报告从立项申请、实地调研到最后的整理成稿，在北京和定边举行了多场调研和座谈会，得到了各方领导的大力支持。国务院扶贫办、陕西省扶贫办及榆林市扶贫办提供了很多帮助，尤其是定边县委、县政府主要领导、定边县扶贫办主要领导和全体工作人员给课题组提供了多方的支持与密切的配合。正是有他们的支持和帮助，课题组才得以顺利完成预期的调研任务。为此，课题组向他们一并表示诚挚的感谢。

另外，国务院扶贫办中国扶贫发展中心主任黄承伟研究员、中国社科院王晓毅研究员、中国农业大学左停教授、中国地质大学李海金副教授对调研及研究设计、内容提出建设性的宝贵意见。该研究项目的顺利完成同时还得到了北京大学国家治理研究院许艳老师和王京京老师的大力支持，课题组向他们表示衷心的感谢。

在脱贫攻坚进入决战决胜的阶段，对定边脱贫攻坚进行全面、系统、深入、客观的总结，具有重要实践意义。脱贫攻坚对于定边来说，是“一项刚性的政治任务，一场脱贫带动的深刻的社会良性变革，新时代基层县域治理现代化的生动实践”。在调研撰写研究报告的过程中，我们由衷地感受到定边的脱贫攻坚战开启了定边经济社会全面发展的新纪元。北京大学国家治理研究院课题组能够参与此项研究、助力2020年中国全面打赢脱贫攻坚战，是一项光荣的任务也是国家治理智库的使命担当。通过对定边县脱贫攻坚的案例总结研究，我们坚信中国2020年实现打赢脱贫攻坚战、全面建成小康社会的目标一定能够实现。

课题研究虽然结束，中国贫困治理的任务仍然任重道远。定边县虽然已脱贫摘帽，但是摘帽不是终点，是脱贫致富路上新的开始。巩固前期脱贫攻坚的成果，确保“四个不摘”，保证建档立卡贫困户及贫困人口的稳定增收与持续发展仍然是一项长期艰巨的任务。课题组在调研和后期研究中投入了大量的时间精力，但由于课题组成员的学识和水平所限，本书肯定存在诸多不足之处，敬请各位专家、学者和读者批评指正。

北京大学国家治理研究院贫困治理课题组

2020 年 12 月